空间与社会评论

REVIEW of SPACE and SOCIETY

城市更新与可持续发展
Urban Renewal and Sustainable Development

NO. 1　2023 VOL.1
2023年第1期　总第1期

总主编
周俭　于海

主　编
上海同济城市规划设计研究院有限公司城市与社会研究中心
同济大学社会学研究所
中国社会学会社会地理学专业委员会

同济大学出版社
TONGJI UNIVERSITY PRESS
·上海·

图书在版编目（CIP）数据

空间与社会评论.2023年.第1期,城市更新与可持续发展/上海同济城市规划设计研究院有限公司城市与社会研究中心,同济大学社会学研究所,中国社会学会社会地理学专业委员会主编.--上海：同济大学出版社，2023.6

ISBN 978-7-5765-0855-0

Ⅰ.①空… Ⅱ.①上… ②同… ③中… Ⅲ.①城市发展－研究－中国②城市经济－经济可持续发展－研究－中国 Ⅳ.① F299.2

中国国家版本馆 CIP 数据核字 (2023) 第 110839 号

空间与社会评论（2023年第1期）
城市更新与可持续发展

总　主　编：周　俭　于　海
主　　　编：上海同济城市规划设计研究院有限公司城市与社会研究中心
　　　　　　同济大学社会学研究所
　　　　　　中国社会学会社会地理学专业委员会

责任编辑：徐　希　孙　彬　｜　责任校对：徐春莲　｜　装帧设计：完　颖

出版发行：同济大学出版社　www.tongjipress.com.cn
　　　　　（地址：上海市四平路 1239 号　邮编：200092　电话：021-65985622）
经　　销：全国各地新华书店、建筑书店、网络书店
印　　刷：上海安枫印务有限公司
开　　本：787mm×1092mm　1/16
印　　张：12.75
字　　数：318 000
版　　次：2023 年 6 月第 1 版
印　　次：2023 年 6 月第 1 次印刷
书　　号：ISBN 978-7-5765-0855-0
定　　价：98.00 元

本品若有印装质量问题，请向本社发行部调换　　版权所有　　侵权必究

空间与社会评论
城市更新与可持续发展

Review of Space and Society
Urban Renewal and Sustainable Development

2023 年第 1 期
总第 1 册

No.1 2023
Vol.1

顾问委员会（中文名按姓名笔画排序）

委　　员：王天夫　王　宁　文军　冯仕政　边燕杰　成伯清
　　　　　朱伟珏　伍　江　刘　欣　阳建强　李强生　吴缚龙
　　　　　何雪松　陈向明　郑时龄　雷　青
　　　　　John R. Logan　Laurence Roulleau-Berger
　　　　　Sharon Zukin　Tetsuo Mizukami
　　　　　Yasushi Matsumoto

编辑委员会（按姓名笔画排序）

委　　员：于一凡　王世骏　王甫勤　王　林　王　颖　王雪梅
　　　　　方长春　冯斐菲　刘玉照　刘佳燕　孙秀林　陈　蕊
　　　　　李志刚　李丽梅　李君甫　杨　辰　肖　扬　吴开泽
　　　　　吴　军　何玉宏　沈　洁　肖黎宇　张中海　张　俊
　　　　　陈　晋　周建高　郑中玉　郑雄飞　赵晔琴　赵　蔚
　　　　　钟晓华　袁奇峰　袁　媛　夏循祥　陶希东　黄卫东
　　　　　黄　怡　黄建中　黄　瓴　章　超　梁浩翰　戴翔华

总 主 编：周　俭　干　海
副 主 编：张　俊　钟晓华
编　　辑：李燕宁
助理编辑：冯梦雯
主办单位：上海同济城市规划设计研究院有限公司
主编单位：上海同济城市规划设计研究院有限公司城市与社会研
　　　　　究中心
　　　　　同济大学社会学研究所
　　　　　中国社会学会社会地理学专业委员会
编 辑 部：《空间与社会评论》集刊编辑部
　　　　　上海市国康路 38 号同济规划大厦 2 楼城市与社会研
　　　　　究中心
邮　　编：200092
电子邮箱：rosas@tjupdi.com

城市更新的本质内涵与特征属性
The Essential Connotation and Characteristic Attributes of Urban Regeneration

阳建强　宁雅静
YANG Jianqiang　NING Yajing

■ 摘要 ABSTRACT

城市更新是我国新型城镇化的重要课题和主要任务。"十四五"时期以来，从中央到各地方城市更新政策密集发布，为城市更新的开展构建了政策环境。同时，各地结合实际情况从城市整体层面到社区街道微观层面积极推进城市更新工作。在这一背景下，对城市更新本质属性的回溯和再认识显得尤为重要。从国际城市更新发展的理论和实践趋势出发，对照我国城市更新的现实背景，本文从广义的理论化概念和狭义的实践化概念探讨城市更新的基本内涵，归纳对城市更新的理解与定义。并从城市更新的复杂性、多元性、系统性和政策性等方面探讨城市更新的特征属性。对这些问题的清晰认识将有助于我们在种种政策和实践背后回归城市更新的本质，对提高城市更新的科学性和合理性，积极响应实施城市更新行动，走向持续、健康、安全与和谐的发展具有重要的学术价值与深远的现实意义。

Urban regeneration is a critical topic and a significant task in China's New Urbanization Policy. National, provincial, and municipal-level policies have been developed during the 14th Five-Year Plan period, while local governments across various cities have promoted urban regeneration practices at different scales, ranging from city to community streets. To fully comprehend the essential attributes of urban regeneration, it is necessary to examine the theoretical and practical trends of international urban regeneration as well as the development of Chinese urban regeneration. In this paper, we provide definitions of urban regeneration from both theoretical and practical perspectives and summarize the understanding and definition of urban regeneration. We then discuss the key attributes of urban regeneration, including its complexity, diversity, systematicness, and policy-orientation, which will help us better understand the essence of urban regeneration and improve the effectiveness and rationality of urban regeneration practices. This knowledge has academic and practical significance in promoting sustainable, healthy, safe, and harmonious urban development through the implementation of urban regeneration actions.

■ 关键词 KEYWORDS

城市更新　概念内涵　特征属性　公共政策
urban regeneration　conceptual connotation　characteristic attributes　public policies

基于人民城市理念的城市更新三重逻辑及价值导向研究
Three Logics and Value Advocacy of Urban Regeneration Based on the Concept of People's City

朱　盼　田晓晴　王　颖
ZHU Pan　TIAN Xiaoqing　WANG Ying

■ 摘要 ABSTRACT

建设人民城市是当前中国城市建设与发展的目标。立足这一基本目标，本文从城市政府、城市更新相关群体和市场资本方的不同立场出发，构建城市更新的三重逻辑，即政府逻辑、个体逻辑和市场逻辑。在以人民为中心发展思想的指导下，政府逻辑的价值取向逐步从提升城市风貌转向深入关注民生需求，并兼顾城市的整体利益和长远发展；个体逻辑的价值取向从直接利益群体追求居住或使用空间条件的改善转向多元主体共同追求生活幸福感和提升获得感；市场逻辑的价值取向从营利主导的经济理性转向兼顾城市公共责任的复合取向。文中还运用三重逻辑的价值框架对三个城市更新实践案例进行评述分析，只有三重逻辑良好有序地运行，才能最终导向以人民城市为目标的城市更新建设。

People's City is the general guide and value advocacy of urban development in China. Based on this target, from the point views of the city government, different stakeholders of the urban regeneration activities and investors respectively, this paper builds three logics as government logic, individual logic and market logic. To fulfill the people-centered urban development concept, in terms of the government logic, urban government should not only focus on the economic efficiency and improvement of physical appearance, but also guarantee the citizens' welfare. Meanwhile, the individual logic has shifted from the direct stakeholders' pursuit of improvement in living or using space conditions by direct interest groups to the various relevant interest groups' concern of shared benefits and well-beings. As for the market logic, besides pursuing economic interests, more public responsibilities should to be taken into account. This paper also uses the framework of three logics to analyze three urban regeneration cases. As a conclude, only when the three logics work well and orderly, can the overall benefits of urban regeneration be maximized.

■ 关键词 KEYWORDS
城市更新　人民城市　政府逻辑　个体逻辑　市场逻辑
urban regeneration　People's City　government logic　individual logic　market logic

P.044-059

城市更新中的政企协同治理机制研究
A Research on the Mechanism of Government-Enterprise Collaborative Governance in Urban Regeneration

毛俊松　刘　健　杨永恒
MAO Junsong　LIU Jian　YANG Yongheng

■ 摘要 ABSTRACT
城市更新有赖于政企协同、公私平衡的有效治理。本文聚焦城市更新中的政企协同，采用文献研究和多案例比较的方法，通过发掘城市更新发展历程，确立区域视角的研究层次，基于协同治理理论，并引入空间选择性，建立政企协同治理框架，进而选择北京、深圳、巴黎和底特律进行比较，厘清针对城市更新行动实现政企协同的治理机制。研究发现，城市更新中的政企协同关系会受到空间规划约束、土地发展赋权的复合影响，作为政策背景的空间选择性会通过这一复合影响过程影响政企协同；当空间选择性、空间规划约束、土地发展赋权都达到较高水平时，可以实现政企高水平协同治理；同时，引入公私合作的公共机构能够有效促进政企协同。

Urban regeneration depends on effective governance of government-enterprise collaboration and public-private balance. This paper focuses on government-enterprise collaboration in urban regeneration. It adopts the research methods of literature study and multi-case comparative analysis, as well as regional perspective in view of the transformation of urban regeneration. It establishes a theoretical framework of government-enterprise collaboration based on the theory of collaborative governance and by introducing the concept of spatial selectivity, which is then used for a comparative analysis of four cases of Beijing, Shenzhen, Paris and Detroit to clarify the mechanism of governmental-enterprise collaboration in urban regeneration. This paper finds out that the government-enterprise collaboration in urban regeneration is influenced comprehensively by spatial planning constraints and land development right empowerment. Meanwhile, as the policy context, spatial selectivity also affects government-enterprise collaboration through this combined influence process. When spatial selectivity, spatial planning constraints and land development right empowerment all reach a high level, good government-enterprise collaborative governance can be achieved. At the same time, the involvement of public institutions based on public-private partnership can effectively promote government-enterprise collaboration.

■ 关键词 KEYWORDS
城市更新　政企协同治理　空间选择性　空间规划约束　土地发展赋权
urban regeneration　government-enterprise collaborative governance　spatial selectivity　spatial planning constraints　land development right empowerment

城市更新中降低城市人口密度的必要性和意义
Necessity and Significance of Reducing Population Density in Urban Regeneration

周建高　杨慧萌
ZHOU Jiangao　YANG Huimeng

■ 摘要 ABSTRACT

当代中国作为政策的城市更新是鉴于城市化高速发展中住房等建设数量充足，而城市病突出、人居环境质量较低等现象，而实施的完善、提高城市空间品质的行动。迄今为止的城市更新研究和政策中，罕见降低城市人口密度的内容。事实上人口过密是影响城市空间质量的关键因素。中国城市平均人口密度比日本和欧美城市高得多。人口过密导致安全问题、邻居互相干扰、交通拥挤拥堵等多种问题。造成人口过密的原因主要是垄断资本追求土地效益最大化、指标计划管理城市空间等。从贯彻以人为本的新发展理念、满足城市发展新阶段的需要、实现城市更新自身目标看，都需要降低城市人口密度，创造适应现代文明生活需求的高质量城市生活空间。

Urban regeneration, as a policy in contemporary China, is an action to improve the quality of urban space, to relieve the urban disease and low-quality human settlement environment, while the number of housing and other facilities is sufficient in the rapid development of urbanization. So far, in the urban regeneration research and policy practice, the topic of reducing the urban population density is rarely involved. In fact, overpopulation is the key factor affecting the quality of urban space. The average population density of Chinese cities is much higher than that of Japanese, European and American cities. Overpopulation has led to many problems, such as safety, mutual interference between neighbors, traffic congestion, etc. The main reasons for urban overcrowding are the pursuit of land efficiency maximization by monopoly capital, the concentration of planning and construction power, and the indexing management of urban space. From the perspective of implementing the new concept of people-oriented development, meeting the needs of the new stage of urban development, and achieving the goal of urban regeneration, we need to reduce the urban population density, and create high-quality urban living spaces that meet the needs of modern civilized life.

■ 关键词 KEYWORDS

城市更新　建成区人口密度　土地利用　人居环境　宜居
urban regeneration　population density of built-up area　land use　human settlement environment　livability

制度引领与多元协同：深圳城市更新路径探索
Institutional Leadership and Multiple Collaboration Exploring the Path of Shenzhen's Urban Regeneration

黄卫东
HUANG Weidong

■ 摘要 ABSTRACT

随着我国城镇化水平不断提升，城市发展逐步由粗放型外延式发展向集约型内涵式转变。城市发展中既有问题和利益主体的复杂程度剧增，给城市规划认识和实践带来巨大挑战。文章通过回潮和比较西方城市20世纪60年代和深圳21世纪初进入存量阶段后城市规划认识和实践转型过程，得出基于系统性思维和博弈论思维将城市更新行动制度化是应对复杂城市问题、协同多元主体诉求的关键。进而尝试为我国其他城市进入存量发展阶段后的制度准备提出四个重点问题和若干建议。

With the continuous improvement of urbanization in China, the mode of urban development has gradually shifted from extensive to intensive modes, which is from urban expansion to urban regeneration. As a result, the complexity of existing problems and interests in urban development is increasing dramatically, which brings great challenges to the understanding and practice of urban planning. By tracing back and comparing the transformation processes of urban planning between Western cities in the 1960s and Shenzhen in the early 2000s, this paper concludes that the institutionalization of urban regeneration based on systemic thinking and game theory thinking is the key to addressing complex urban issues and coordinating the demands of multiple subjects. In this way, we try to propose four key issues and suggestions for the institutional preparation of other cities in China to enter the regeneration phase.

■ 关键词 KEYWORDS
深圳 城市更新 制度建构 系统论思维 博弈论思维
Shenzhen urban regeneration institutionalization systemic thinking game theory thinking

P 091-104

都市自然生产与治理：广州荔枝湾涌的转型
The Production of Urban Natures and Nature Governance: The Transformation of Lizhiwan Stream, Guangzhou

杨一萌
YANG Yimeng

■ 摘要 ABSTRACT

以广州荔枝湾涌为例，本文将都市自然的"治理"安置在"生产"脉络中，检视晚近河涌治理机制为何会在政治经济转型下流变：如何因应了不同的政经目标；当下荔枝湾涌又因此内蕴了怎样的多重治理议程。本文认为，20世纪50年代至今，荔枝湾涌先后卷入三轮不同但又有重合的政经脉络，并历史性地累积了三种治理机制，包括：国家引导的自然之现代化治理；拉锯中浮现的自然之文化治理；合作式的自然之生态／绿色治理。本文尝试以"自然治理"作为更广泛的视角，概括人对自然的介入和挪用，以更好地把握嵌入当今中国城市治理结构中的河涌治理现状。

Taking Lizhiwan Stream in Guangzhou as an example, this article situates nature "governance" in the context of "production" and examines how and why the governance mechanisms of Lizhiwan Stream have changed in the context of political economic transformation; how they have responded to different political economic objectives; and what multiple governance agendas are embedded in contemporary Lizhiwan Stream. This article argues that since the 1950s, Lizhiwan Stream has been involved in three different but overlapping political economic contexts, and has historically accumulated three governance mechanisms, including: modern governance of nature led by the state; cultural governance of nature emerging from the conflicts and negotiation; and ecological/green governance of nature in a collaborative manner. This article tries to use "nature governance" as a broader perspective to outline human interventions, appropriations and deployments of nature, helping to better understand the multiple governance agendas embedded in the river in contemporary urban China.

■ 关键词 KEYWORDS
自然生产 自然治理 都市化 文化保存 绿色治理术
the production of nature nature governance urbanization cultural preservation green governmentality

P 105-119

从城市政体理论透视历史街区保护更新的风貌变迁逻辑：以成都少城为例
A Research on the Logic of Feature Changes of Historical District Protection and Renewal from the Perspective of Urban Regime Theory: A Case Study on Chengdu's Shaocheng District

黄龙颜 沈瑶
HUANG Longyan SHEN Yao

■ 摘要 ABSTRACT

在全球化背景下，现代都市风貌趋同、特色丧失的问题愈发突出，在城市更新中保护历史街区风貌已经刻不容缓。推动城市更新、历史文化保护的高质量发展，有必要了解其背后的政治经济学逻辑。本文以成都市少城片区为例，采用城市政体理论的分析框架透视其保护更新过程中的风貌变迁逻辑。将少城历史街区的保护更新进程划分为"地方政府决断（维持型政体）""政企部门联盟（发展型政体）"和"多元主体共治（进步型政体）"三个阶段，认为不同的城市政体决策模式、价值取向会导致不同阶段的风貌差异。最后，本文总结了少城更新中的城市政体演变特征与风貌变迁特征之间的对应关系，并探讨了存量时代中城市政体的演化趋势和保护更新规划的转型方向。

In the context of globalized era, when the homogenization of feature and lack of characteristic become the outstanding issue, historical district feature's protection has become an urgent task. In order to protect the historical district feature in the process of urban renewal, it is necessary to understand the deep logic of political-economics. For this reason, this paper takes Chengdu's Shaocheng District as an example, and puts forward the analysis framework of Urban Regime Theory to find out the logic of historical district feature's changes. It is found that the urban regime in Shaocheng District's renewal has experienced "Caretaker Regimes Period", "Development Regimes Period", and "Progressive Regimes Period". Moreover, different urban regime could result in different historical district feature. Finally, this paper elaborates the relationship between urban regime changes and landscape feature changes of Shaocheng District, and discusses the evolution characteristics of urban regime and transformation direction of protection and renewal planning in the urban regeneration era.

■ 关键词 KEYWORDS

城市政体理论　城市更新　历史街区　风貌变迁　少城
urban regime theory　urban renewal　historical district　feature changes　Shaocheng District

P 120-129

城市变化的观察者和思考者：莎朗·佐金访谈录
Observer and Thinker of Urban Change: The Dialog with Professor Sharon Zukin

钟晓华　周瑛
ZHONG Xiaohua　ZHOU Ying

■ 摘要 ABSTRACT

美国著名城市社会学者莎朗·佐金教授现任教于美国纽约市立大学研究生院，本刊顾问委员会专家，长期致力于现代城市生活相关问题的研究。自20世纪80年代以来，佐金教授敏锐地跟踪观察着所在城市纽约的变迁，深入思考城市文化、消费、创新等因素对城市空间，以及其重塑机制的影响。除了深入而持续的田野调查，她的研究还活用了诸多音像资料及网络媒体资料，这是社会学家及都市作家鲜少运用的方式。本次访谈以回顾漫谈的形式展开，佐金教授同本刊读者深入分享了自己的学术思想演进历程和最近的研究进展。

Professor Sharon Zukin, a famous urban sociologist in the United States who specializes in the study of issues related to modern urban life, is currently a professor in the Sociology Department of the Graduate School of the City University of New York. She is also the expert on the advisory committee of this journal. Since the 1980s, Professor Zukin has keenly observed and tracked the changes of her city, New York, and deeply considered the impact of urban culture, consumption, innovation, and other factors on the reconstruction mechanism of urban space. In addition to in-depth and continuous field research, her research also uses a variety of audio-visual and online media materials, which are rarely used by other sociologists and urban writers. This interview was conducted in the form of a retrospective dialog. Professor Zukin shared her academic thought evolution and recent research projects with the readers.

■ 关键词 KEYWORDS

莎朗·佐金　纽约　城市创新　原真性　城市文化
Sharon Zukin　NYC　urban innovation　authenticity　urban culture

P 130-141

完整社区视角下大都市边缘转型社区特征研究
A Study on the Characteristics of Transitional Community in Metropolitan Fringe from the Perspective of Integrated Community

袁奇峰　韩帅
YUAN Qifeng　HAN Shuai

■ 摘要 ABSTRACT

大都市边缘转型社区是当前我国快速城镇化进程中大都市郊区社会形态的微观呈现，因此完整社区应该成为其城乡社区治理的理论视角与行动指南。本文基于完整社区的理论内涵与所研究社区的治理实践，尝试构建"制度—空间—行为"的分析框架，指出大都市边缘转型社区是我国大城市近郊特定地域单元在特定发展阶段里，多类型制度、多尺度空间、多主体行为等要素博弈磨合与互动耦合的结果。制度中的转型社区表征为城乡村社趋同化而积分制度有效限定新市民；空间中的转型社区体现为协调公共服务与居民生活的多尺度动态空间；行为中的转型社区表现为两类家庭日常生活圈协同三类主体自主行为。

The transitional community in metropolitan fringe is the microcosmic manifestation of the social form in the suburbs of metropolis in the process of rapid urbanization. Therefore, the integrated community is expected to be the theoretical perspective and action guideline of urban and rural community governance. Based on the theoretical connotation of integrated community and the governance practice of the community studied, this paper tries to construct an "institution-space-behavior" analysis framework, and points out that the transitional community in metropolitan fringe is the result of games and run-ins and interactive coupling of multi-type institution, multi-scale space, and multi-agent behavior of the specific regional unit in the suburbs of mega cities in the specific development stage. It is concluded that the transitional community in the institution is characterized by the assimilation of urban and rural communities and the point system effectively selects the new citizens. The transitional community in the space is embodied as a multi-scale dynamic space that coordinated public services and residents' daily life. The transitional community in behavior is manifested as two groups of people's daily life circles cooperating with three types of subjective autonomous behavior.

■ 关键词 KEYWORDS
大都市边缘区　转型社区　完整社区　制度　空间　行为
metropolitan fringe　transitional community　integrated community　institution　space　behavior

P 142-157

广州传统中轴线历史城区总规划师制度探索与实践
Exploration and Practice of the Chief Planner System in the Historical Urban Area of Guangzhou

王世福　陈丹彤　梁潇元　邓昭华
WANG Shifu　CHEN Dantong　LIANG Xiaoqi　DENG Zhaohua

■ 摘要 ABSTRACT
广州传统中轴线片区是广州历史城区的空间原点，古代中轴线和近代中轴线的双轴线空间结构已成为广州城市文化的缩影。近年来，该片区存在土地利用效率低、空间品质不高、老龄化严重、人口活力不足、历史文化遗产不显、市民城市意象感知认同偏低等城市问题，同时其面临建成环境构成复杂、城市更新涉及多元主体利益协调、历史保护任务重等更新治理挑战。该片区于2017年创新性采用历史城区总规划师制度（以下简称"总师制"），为保护历史城区风貌、提升城区空间品质、增强城区活力提供专业化、在地性的规划设计咨询服务。本文以广州传统中轴线片区总师制实践为基础，归纳总结近五年来总师制实践经验。总师团队主要负责统筹制定片区设计纲要与实施计划、跟踪重点更新项目"规建管"全过程、把关各类型更新项目设计质量、辅助区政府日常规划管理四个方面工作，有效支撑北京路商业步行街、海珠广场及其周边地区等一系列更新工作落地实施，促成保护与发展的共进。

The traditional central axis area of Guangzhou is the spatial origin of the historical city of Guangzhou. The dual-axis spatial structure of the ancient central axis and the modern central axis has become the epitome of the urban culture of Guangzhou. In recent years, there have been some city problems in this area, such as low land use efficiency, low spatial quality, serious aging, insufficient population vitality, no obvious historical and cultural heritage, and citizens' low urban image perception and identity. At the same time, it is faced with renewal and governance challenges, such as complex built environments, coordination of interests of multiple stakeholders involved in urban regeneration, and heavy tasks of historical protection. In 2017, the district innovatively adopted the Chief Planner system of historic urban districts to provide professional and local planning and design consulting services to protect the style of historical urban districts, improve the spatial quality of urban districts and enhance the vitality of urban districts. Based on the practice of the Chief Planner system in the traditional central axis area of Guangzhou, this paper summarizes the practical experience of the Chief Planner system in the past five years. The Chief Planner team is mainly responsible for the overall planning and implementation of the area design outline and implementation plan, tracking the whole process "regulation, construction and management" of key renewal projects, checking the design quality of all types of renewal projects, and assisting the daily planning and management of the district government, effectively supporting the implementation of a series of renewal work such as Beijing Road Commercial Pedestrian Street, Haizhu Square and its surrounding areas, and promoting the joint progress of protection and development.

关键词 KEYWORDS
城市设计　设计治理　广州历史城区　总规划师制度
urban design　design governance　historical urban area of Guangzhou　Chief Planner system

P 158-171

基于社区分类技术的城乡社区发展规划：以成都市青白江区为例
Urban and Rural Community Development Planning Based on Community Classification Technology: Take Qingbaijiang District of Chengdu as an Example

贾姗姗　杨辰　兰蓓　辛蕾
JIA Shanshan　YANG Chen　LAN Bei　XIN Lei

摘要 ABSTRACT

社区是城乡居民生活的基本单元，也是提升城乡空间品质和加快转变国家治理体系的重要抓手。本文以成都市青白江区为例，基于实地调查和多源数据，综合考虑现状地区资源禀赋与多维规划目标，构建了反映社区在"品质、活力、美丽、人文、和谐"五大方面发展水平的多维指标体系；通过"主因子+聚类分析"的方法对社区进行了分类研究，识别出"创智生活型""共建家园型""产社融合型"和"农林悠闲型"四类社区发展群；最后，基于社区发展群的特征识别以及"现状—目标"差距分析，为四类社区发展提出了差异化的规划策略和行动计划，从社区角度为城乡区域协调发展提供了新的思路。

Community is the basic unit of urban and rural residents' lives, and it is also an important breakthrough point for improving the quality of urban and rural space and accelerating the transformation of the national governance system. Taking Qingbaijiang District of Chengdu as an example, this paper comprehensively considers the current regional resource endowment and multi-dimensional planning goals based on field investigation and multi-source data, and construct a multi-dimensional index system reflecting the development level of the community in five aspects: quality, vitality, beauty, humanities and harmony. Through the method of "principal factor + cluster analysis", four types of community development groups were obtained by classifying communities: intelligent life type, co-construction home type, industry-community integration type, and agriculture and forestry leisure type. Finally, based on the feature identification of community development groups and the "status-goal" gap analysis, differentiated planning strategies and action plans are proposed for the development of four types of communities. From the perspective of community, it provides new ideas for the coordinated development of urban and rural areas.

关键词 KEYWORDS
社区分类　社区发展规划　规划策略　区域　青白江区
community classification　community development planning　planning strategy　region　Qingbaijiang District

P 172-186

基于手机信令数据的高校联系网络研究：对上海城市创新空间营造的启示
A Study of University Linkage Network Based on Mobile Phone Signaling Data: Implications for the Creation of Urban Innovation Space in Shanghai

罗淮英　李曼雪　肖扬
LUO Huaiying　LI Manxue　XIAO Yang

摘要 ABSTRACT

城市—高校合作是城市科技创新的重要驱动力，高校对于城市微观尺度下的创新活动和空间营造具有显著的促进作用。本文以上海为例，聚焦于高校这一城市街区尺度的创新主体，基于手机信令大数据识别高校之间实际人群到访强度来构建上海市高校联系网络。研究发现上海并未形成明显的高校集聚创新空间，仅发现上海交通大学作为头部高校在网络中的中心优势显著。虽然空间结构上，上海市高校目前已经形成"1+1+6"的组团结构，但是组团等级规模两极化趋势明显，发育程度严重不均衡，因此建议未来城市创新空间建设需考虑城市—高校合作下的科技创新的溢出效应。

City-University cooperation is an important driving force for urban scientific and technological innovation, and universities have a significant role in promoting innovative activities and space creation at the micro-scale of cities. Taking Shanghai as an example, this study focuses on colleges and universities, the main innovation subject at the city block scale, and builds a Shanghai university linkage network based on mobile phone signaling big data to identify the actual crowd visit intensity between colleges and universities. The study found that Shanghai has not formed an obvious space for university agglomeration and innovation, and only Shanghai Jiao Tong University has a significant central advantage in the network as a leading university. Although in terms of spatial structure, colleges and universities in Shanghai have formed a group structure of "1+1+6", the trend of polarization in the scale of groups is obvious, and the degree of development is seriously unbalanced. Therefore, it is suggested that the future construction of urban innovation space should consider the cooperation of colleges and universities and the spillover effect of technological innovation.

■ 关键词 KEYWORDS
城市创新空间 高校联系网络 手机信令数据 网络聚类方法 上海
urban innovation space university linkage network mobile phone data network clustering method Shanghai

P 187-203

上海城市创新网络结构韧性演化研究
A Research on the Structural Resilience Evolution of Urban Innovation Network in Shanghai

李艺伟　王承云　刘　波　杨苏琪
LI Yiwei　WANG Chengyun　LIU Bo　YANG Suqi

■ 摘要 ABSTRACT
本文通过借鉴复杂网络指标，使用熵值法确定节点城市创新韧性值，结合2017—2020年专利授权数据构建创新网络结构韧性演化评价模型，将上海市作为研究对象，分析城市创新网络结构韧性的演化特征。结果表明：①2017—2020年上海城市创新网络的节点韧性分布是以"闵行—浦东"为强韧性核心，向"闵行—浦东—嘉定"延伸，最终形成以"闵行—浦东—嘉定—松江"为强韧性核心的节点韧性格局；②城市创新网络结构层级性呈现出不明显的分异现象，核心区县群基本稳固，在匹配性上呈现出异配特征，在集聚性上呈现出随外界环境变化而产生波动的现象，传输性上符合地理邻近效应；③2017、2018、2019、2020年上海城市创新网络具备强度不一的"韧性网络"特征。另外，在创新网络具体形态特征方面存在差异。

By referring to the index of complex network, the entropy method was used to determine the innovation resilience value of node cities. Based on the data of patent authorization from 2017 to 2020, the evolution evaluation model of innovation network structure resilience was constructed. Shanghai was taken as the research object to analyze the evolution characteristics of urban innovation network structure resilience. The results show that: ① the node resilience distribution of Shanghai urban innovation network changed from "Minhang-Pudong" as the core of resilience to "Minhang-Pudong-Jiading", and then to "Minhang-Pudong-Jiading-Songjiang". ② The structure of urban innovation network shows no obvious differentiation phenomenon in hierarchy, and the core county group is basically stable, showing the characteristics of mismatch in matching, and the phenomenon of fluctuation with the change of external environment in agglomeration, and the transmission conforms to the effect of geographical proximity. ③ Shanghai urban innovation network in 2017, 2018, 2019 and 2020 is a kind of "resilience network", but the strengths and specific morphological characteristics of the network are different.

■ 关键词 KEYWORDS
城市网络 创新网络 结构韧性 上海
urban network innovation network structural resilience Shanghai

主编寄语
把地理学带回社会人文分析
Bringing Geography Back to Social Human Analysis

于海　YU Hai

《空间与社会评论》发刊，值得郑重说几句。20世纪70年代，列斐伏尔在法国创办《空间和社会》期刊，目标是把空间分析和社会分析整合为一门社会空间学。在他经典的《空间的生产》中，"社会空间"一章用了全书近四分之一的篇幅。社会空间分析可用两句话来概括：一是从空间发现社会；二是从社会看到空间。这意味着不存在纯粹的空间过程，也不存在无空间的社会过程。空间从来是社会地组织起来，而社会也一定是空间化存在并呈现的。说把社会分析带入空间学和说把空间分析带入社会学，实际上说的是一件事：地理学的社会学化，或把地理学带回社会人文分析。个人认为这代表了当今城市研究新潮的学术运动。

三大学术传统对此学术运动贡献最大：马克思主义传统的批判地理学、互动论传统的社会地理学和现象学传统的人文地理学。批判地理学洞见首先在于从空间过程发现社会机制。以城市更新为例，大规模空间改造，改变的不仅是物理环境和人居形态，更是社会环境和社会关系。上海中心区三十年改造，造就的不只是一个瑞泽尔所说的充满魅力的消费景观，更是一个趋于同质的绅士化社区。批判的空间分析让我们认识到，中心区"嫌贫爱富"的更新方案，必然对空间的社会极化推波助澜。而无论是富人还是普通人社区，在居住隔离模式下，将同样趋于社会互动的贫瘠化。检讨城市更新，最重要的教训是有空间改善，却少有社区复兴。

批判地理学揭示，一切社会不平等不仅体现为经济、文化、政治的机制，而且都有其空间表现。如上海的职业分布，制造业分布在郊区，服务业集中在上海核心区，这种新的中心—边缘的地理格局，可说是历史上"上只角"与"下只角"之分的最新版本。"新"在于它是世界工厂的中国与资本全球节点的上海之分的反映；也是农民工与创意阶层工作地之分的反映。批判地理学的洞见，不把以上的职业分布看作是自然地理意义的，而是按马西定义的从经济活动的社会关系的地理组织方面对就业的空间模式提出的解释。批判地理学让社会学敏感于空间的社会意涵，正如列斐伏尔断言的，空间不是空无一物，而是充满意义。在批判地理学大师哈维看来，空间最重要的意义是其作为社会权力的资源（source of social power），从而引出争夺空间控制的空间权力问题。到处盛行内城空间被商业主义俘获的资本权力，把它变成一个炫耀性消费的空间，称颂商品而非市民价值。但中国城市参与式的有机更新实验证明，对社会空间（和时间）的支配性与霸权的界定，永远都会遭受挑战。在发现支配的地方用社会的力量来创造包容性的城市空间，这就是批判地理学给予城市研究最重要的教诲。

批判地理学是社会结构分析。它让我们看到空间中的权力，或隐身空间中的社会机制和过程；让我们看清自己所属之阶层在政治经济学世界中的地位和处境；让我们懂得，不仅"机器在郊区、结算在闹市"的职业地理分布，反映基本社会生产关系，而且，"度假在郊区、生活在绅士化社区"的地理格局同样是由基本社会生产关系决定的。

社会地理学的一个重要来源是美国社会学的互动论。米德已经明言：人并非天生而有自我，自我成于扮演他人角色，进而扮演普遍化他人角色的互动过程。米德令互动和对话的概念成为社会分析的中心概念。人不仅是在与他人的互动中成其所是，也是在与自己的对话中成其人格或自我。能将自己作为自己的客体并与之对话，就是米德定义的自我的本质所在。但互动不能发生在针尖上，而必须发生在真实的空间里，它们发生在儿童的游戏场、少年的课堂、青年的工作场所、成年的俱乐部，发生在互动得以开展的所有具体场所。米德经典的棒球队例子，一个队员的每一个动作取决于他所设想的另一些参与人的位置和动作。他的动作受到制约，因为他兼有该队每一个其他人的态度，至少那些态度影响了他自己的特定反应，以上叙述已经包含有互动场所化的思想，而这更是戈夫曼拟剧论的核心观点：所有的社会戏分，都必须在特定的舞台上由剧班的合作而展开。自我，无论是自我的社会角色，还是自我的社会道德，还是自我的社会名誉，都是在社会空间的戏台上成就的，而非在孤立的环境中生成的。

米德和戈夫曼的互动论之所以启发社会地理学，关键在于空间仅在实现社会化互动时才成为地理上有意义的场所。以上海为儿童自然教育而营造的社区农园为例，孩子的社会化，就是跟其他孩子和大人在农园的一米菜地、沙坑、稻田、诗经花园里发生的。我们甚至想象，在沙坑跟自己、同伴一起玩大的孩子或比同代人有更平衡的心智能力和更友好的人际关系。

推广来说，人是跟游戏伙伴、同学、同事、战友，在游戏场、教室、操场、办公室、车间、营房等具体空间中一起玩耍、一起学习、一起做事而成长的。是发生在这些场所的具体互动塑造了我们的社会化的自我身份。社会地理学相信，这个自我不仅不是与生俱来的，也不会是独一无二的。借用戈夫曼的比喻，自我更像一个挂了诸多衣服的挂衣架。这些衣服就是个体与他人互动而来的人性面貌和人性成就，若没有上述种种展开互动的社会场域，人性的丰富面向如何发展出来？我们同他人同场竞技，是在竞争体力和体能的优胜。我们在公共参与中竞相投入时间和努力，如同体育比赛一样，我们一样在竞争优胜：才智的优胜和善意的优胜。在社区农园行动中，居民很大的动力是，行动实实在在改善生活环境的同时，也给参与者带来道德荣誉和社会重要性。无论社会地位高低职业成就大小如何，所有人都一样追求社会的尊重和认可，在此社会场的竞技中，我们释放了能量和野心，获得了赞许和荣誉，更培育了公德心和责任感。

社会地理学是互动结构分析。它让我们发现了人的社会化的在地途径：我们在游戏场学习了规则，在训练场锻造了纪律，在工作场学会了合作，在公益场培养了责任，这一切活动都是面对面的现场互动，而非孤立主体的闭门修炼；它让我们识别了社会自我生成历经的一座座地标。进而明白，对于由这样的自我结成的主体间世界（社群）而言，地理绝对是内在构成，而非仅仅是外在条件。

受惠于现象学的人文地理学，也把人的主观经验和意义建构作为焦点议题，并紧紧勾连主体身处并沉浸其中的空间。列斐伏尔的三元空间辩证中的亲历空间（Lived Space）、德塞托的日常生活（La Vie Quotidienne）和段义孚的恋地情结（Topophilia）等，都是地理学的身体化范畴。以性别意识为例，它源自人的身体构造，但并非总是清醒，它之被意识多半发自环境提醒。进入酒吧的年轻女性很容易意识到自己的性别角色，因为她们进入的是被定义并实践为男权主义的空间，此类定义则是一个消费主义社会中的"常识"。人文地理学提出"人如何栖居空间"和"空间如何栖居人"的关系，后者说的就是空间如何唤起女性性别意识的能动作用。

城市学者用"心象地图"（mental map）来说明主体的地方感和地方认同。地方认同其实是人的自我认同的空间投射，而心象地图也只涉及主体的视觉经验。人文地理学讨论主体结构，根本上是在真实空间中运用五官全面感知世界的经验结构。主体经验，少了任何一种感觉都会危及实在感。不幸的是，学校教学生如何运用心灵，却忽略了视觉和听觉以外的感觉。一场疫情，让多少人知道了嗅觉的要紧，或确切地说，没有嗅觉的日子，吃什么都不香，看什么都寡淡。视觉无疑是对个体最重要的感觉，视觉似也是空间直观最必须的能力。但在人文地理学看来，我们最基本的空间概念，并非来自视力，而是来自移动能力，段义孚确信，从爬行到直立行走，再到跑，我们移动的速度越快，我们面前展现的空间越大。如此，我们就理解了为什么德塞托说城市的故事始于地面上的脚步，是脚步游戏加工空间，创造了种种场所，在几何意义上被城市规划定义了的街道，被步行者转变成了空间。如此，我们也理解了桑内特为什么把他的西方文明批判为"肉体与石头"。在他眼里，西方的危机正在于我们的身体失去了与城市空间的直接接触。我们的感官经验正在枯竭，这意味着创造文明的主体也在枯竭。

人文地理学是（主体）经验结构分析。它揭示了主体与世界的本体论意义的感性联系。无论是对自然世界还是社会世界，主体主要是通过其直接的感知和体验来获得其存在感和现实感的。书写革命和知识革命以来，人类心智能力大大提升，基本感官能力并无相应发展，甚至出现桑内特忧虑的退化。海伦·凯勒问一个刚从森林长时间散步回来的朋友都观察到了什么。回答是没什么特别的。海伦感慨自己已经习惯了这样的回答，她之所以没有提出异议，是因为长久以来，海伦已经对"所见甚少"的说法深信不疑了。又盲又聋的海伦，只是通过触摸，就能够发现数以百计的新奇事物。她能感受到一片树叶精巧的对称形态，假如运气特别好的话，她还能在一棵小树上"触摸"到高歌的小鸟那欢快的震颤。跟海伦精妙丰富的触觉相比，五官健全人运用感知能力的情况往往更像是残障人。当正常的去看、去听、去接触、去感受的条件，如疫情下受到严重限制时，在现实世界用身体化体验证明我们自身存在的价值，马上就被感知力或已长久麻痹的我们真切意识到。当疫情稍有缓解或显出平稳的趋势，世界各地的男男女女、大人小孩，纷纷扑向沙滩，冲向大街，去亲近自然，去享受社交。他们或被人羡慕，或遭致批评，但无论如何，人们迫不及待要冲破封锁，无疑揭示了一个强硬的人性事实：人渴望看见人，渴望被人看见，渴望在真实的自然环境与社会环境中，与人遭遇、对视、握手、相拥、取笑、争吵，当面说思念或感谢的话。我相信，这就是人文地理学对主观经验价值最想肯定的话。

2023 年 6 月

本期导读
Introduction to This Issue

周俭　ZHOU Jian

我国城乡建设已经步入存量发展时代，城市更新正在成为我国城市发展的主导方式。当前，我国城市更新的战略使命是推动存量发展时代城市发展方式的转变，实现新型城镇化和城乡高质量发展、高品质生活、高效能治理，整体提升城市的竞争力和吸引力。

城市更新是一项针对已建成或基本建成的区域开展的持续完善城市功能、优化空间布局、提高城市承载能力、改善生活质量、提升空间品质的活动。因此，城市更新是我国社会经济发展到现阶段乃至未来城乡规划建设阶段的常态。

城市更新面对的是与增量发展完全不同的环境，我们需要坚持民生优先、公益优先，坚持底线管控、正向引领、节约集约，坚持因地制宜和多方参与。为此，我们需要构建一个多维目标导向的城市更新目标体系，促进经济社会可持续发展，不断满足人民群众对美好生活的向往。从物质空间视角看，城市更新需要满足安全和公益供给的"底线"需求，这包括了老旧住区和旧城区的住房、公共服务设施、基础设施、公共空间的补充、完善和提质；城市更新同时需要考虑城市产业转型升级的"发展"需求，这包含了低效产业用地、园区、厂房和楼宇的功能更新和环境更新；另外，城市更新需要强化历史文化和自然生态保护等资源的"保护利用"要求。城市更新面对的是一个既有的建成环境，更新对象的空间状况千差万别，更新对象的复杂性使我们无法完全采用同一套规划和建设规则去应对不同的空间状态。与此同时，城市更新对象的空间权利复杂交错，我们必须面对更新对象的既有物业权利人以及利害相关人，他们既有的空间权利、对空间的需求以及更新意愿和诉求各不相同，既有物业权利人空间诉求的多样性及其空间权利的复杂性使我们必须自下而上地判断城市更新的模式。城市更新的这种特点，使增量发展模式的相关政策机制在存量发展的城市更新中出现了多方面的不适应。

正是因为这种不适应，上述物质空间的更

新需求正在有力地拉动空间治理政策和机制的调整。从近年来全国的实践和各地出台的城市更新条例、细则、办法等政策文件可以清晰地看出，从城市更新的组织机制、实施模式、土地政策、规划管理等各个方面都在探索新的规定和指引，其目的就是为了适应城市更新的复杂性和多样性从而推进城市更新的实施。

从当前我国城市更新的战略使命看，城市更新是推动城市高效能、可持续治理的战略机遇。基于这样的认识，本期我们组织选编了7篇有关城市更新的文章。其中3篇就城市更新的目标和策略层面进行了相关的理论研究，包括对城市更新概念的解析和特征属性的论述，对城市更新目标策略和价值导向的认识，对城市更新实施机制的探讨。同时也选登了1篇关于降低城市人口密度观点的文章供大家讨论。另外3篇文章针对城市更新的多元复杂性，通过不同城市的案例实践，分别就城市更新的制度建构、更新模式和治理机制及其产生的影响开展了研究。

空间与社会的关系是本刊致力研究的基本领域，为此本刊设立了"空间与社会"专栏，特邀知名学者和专家撰写相关的研究论文。本期"空间与社会"专栏文章包括对美国著名社会学家莎朗·佐金的访谈以及我国两位知名规划师的研究和实践思考，针对城市空间的社会生活、社会问题以及空间营造的技术参与方式等议题展开讨论。3篇文章分别从不同角度充分阐述了城市空间的社会意义、社会价值以及城市空间形成的社会过程，这样的讨论我们将在今后的每期中持续进行。

定量分析在空间研究领域越来越受到关注，为此本期选登了3篇关于空间定量分析的研究论文。其中1篇将实地调查和多源数据与研究区域中各种社区的类型分类和空间格局相结合，并应用于确定社区的差异化规划策略和行动计划；另外2篇研究论文采用不同的数据分析模型对城市创新空间网络进行研究，其研究方法为我们展现了"看不见"的空间关系，不失为对定性研究、观察研究、访谈研究和实践研究方法的一种有益补充。

2023年6月

目 录

012　主编寄语　于 海

016　本期导读　周 俭

020　城市更新理论

020　城市更新的本质内涵与特征属性　/　阳建强　宁雅静

033　基于人民城市理念的城市更新三重逻辑及价值导向研究　/　朱 盼　田晓晴　王 颖

044　城市更新中的政企协同治理机制研究　/　毛旭松　刘 健　杨永恒

060　城市更新中降低城市人口密度的必要性和意义　/　周建高　杨慧萌

074　城市更新案例研究

074　制度引领与多元协同：深圳城市更新路径探索　/　黄卫东

091　都市自然生产与治理：广州荔枝湾涌的转型　/　杨一萌

105　从城市政体理论透视历史街区保护更新的风貌变迁逻辑：以成都少城为例　/　黄龙颜　沈 瑶

空间与社会

120 城市变化的观察者和思考者：莎朗·佐金访谈录 / 钟晓华　周　斌

130 完整社区视角下大都市边缘转型社区特征研究 / 袁奇峰　韩　阵

142 广州传统中轴线历史城区总规划师制度探索与实践 / 王世福　篠丹彤　袁潇元　邓昭华

研究技术

158 基于社区分类技术的城乡社区发展规划：以成都市青白江区为例 / 贾姗姗　杨　辰　兰　荷　辛　雷

172 基于手机信令数据的高校联系网络研究：对上海城市创新空间营造的启示 / 罗强英　李雯雯　肖　杨

187 上海城市创新网络结构韧性演化研究 / 李艺伟　王承云　刘　波　杨苏琪

城市更新的本质内涵与特征属性*

The Essential Connotation and Characteristic Attributes of Urban Regeneration

阳建强　宁雅静　YANG Jianqiang　NING Yajing

■ 摘要 ABSTRACT

城市更新是我国新型城镇化的重要课题和主要任务。"十四五"时期以来，从中央到各地方城市更新政策密集发布，为城市更新的开展构建了政策环境。同时，各地结合实际情况从城市整体层面到社区街道微观层面积极推进城市更新工作。在这一背景下，对城市更新本质属性的回溯和再认识显得尤为重要。从国际城市更新发展的理论和实践趋势出发，对照我国城市更新的现实背景，本文从广义的理论化概念和狭义的实践化概念探讨城市更新的基本内涵，归纳对城市更新的理解与定义。并从城市更新的复杂性、多元性、系统性和政策性等方面探讨城市更新的特征属性。对这些问题的清晰认识将有助于我们在种种政策和实践背后回归城市更新的本质，对提高城市更新的科学性和合理性，积极响应实施城市更新行动，走向持续、健康、安全与和谐的发展具有重要的学术价值与深远的现实意义。

Urban regeneration is a critical topic and a significant task in China's New Urbanization Policy. National, provincial, and municipal-level policies have been developed during the 14th Five-Year Plan period, while local governments across various cities have promoted urban regeneration practices at different scales, ranging from city to community streets. To fully comprehend the essential attributes of urban regeneration, it is necessary to examine the theoretical and practical trends of international urban regeneration as well as the development of Chinese urban regeneration. In this paper, we provide definitions of urban regeneration from both theoretical and practical perspectives and summarize the understanding and definition of urban regeneration. We then discuss the key attributes of urban regeneration, including its complexity, diversity, systematicness, and policy-orientation, which will help us better understand the essence of urban regeneration and improve the effectiveness and rationality of urban regeneration practices. This knowledge has academic and practical significance in promoting sustainable, healthy, safe, and harmonious urban development through the implementation of urban regeneration actions.

■ 关键词 KEYWORDS

城市更新　概念内涵　特征属性　公共政策

urban regeneration　conceptual connotation　characteristic attributes　public policies

一、引言

经过 20 世纪 90 年代以来的 30 余年城市快速发展，我国的城镇化已经从高速增长转向中高速增长，从以增量建设为主迈向以存量建设为主的转型发展阶段。城市更新成为城市发展的关键词，在注重城市内涵发展、提升环境品质、推动产业转型，以及强化土地集约利用等趋势下受到越来越广泛的关注。2020 年 10 月，党的十九届五中全会通过的《中共中央关于制定国民经济和社会发展第十四个五年规划和二〇三五年远景目标的建议》中明确提出"实施城市更新行动"。2021 年，"城

---

*"十四五"国家重点研发计划课题（2022YFC3800302）、国家自然科学基金项目（52278049）。

市更新"被首次写入了政府工作报告中。党的二十大进一步提出"坚持人民城市人民建、人民城市为人民，提高城市规划、建设、治理水平，加快转变超大特大城市发展方式，实施城市更新行动，加强城市基础设施建设，打造宜居、韧性、智慧城市"，为新时代中的城市更新工作赋予了新的使命、内涵和任务。

近年来，从中央到各地，城市更新政策密集发布，为城市更新的开展构建良好的政策环境。继深圳、广州及上海之后，2022年11月，北京发布了《北京市城市更新条例》，对城市更新开展起到了重要作用。在政策支持下，各地结合实际情况积极推进城市更新工作，呈现以城市整体结构优化、人性化公共空间营造、老旧小区改造、历史街区保护利用、基础设施更新改造以及生态环境修复和综合整治等多种类型、多个层次和多维角度进行探索的新局面[1]。同时也涌现出多种组合的政府引导、市场运作、公众参与的可持续城市更新实施模式。在这一背景下，对城市更新本质属性的回溯和再认识显得尤为重要。本文从国际城市更新发展的理论和实践趋势出发，对照我国城市更新的现实背景，从广义的理论化概念和狭义的实践化概念探讨城市更新的基本内涵，归纳对城市更新的理解与定义，并从城市更新的复杂性、多元性、系统性和政策性等方面探讨城市更新的特征属性。对这些问题的清晰认识将有助于我们在种种的政策和实践背后回归城市更新的本质，对提高城市更新的科学性和合理性，积极响应实施城市更新行动，走向持续、健康、安全与和谐发展具有重要的学术价值与深远的现实意义。

二、城市更新的概念和内涵

城市更新的概念最早出现在西方工业化国家，指西方尤其是英国在经历全球产业链转移后，衰败旧工业城市的一种城市复兴策略，是针对人口和产业衰败片区，为解决第二次世界大战战后重建和工业化快速发展中出现的城市问题，开展的建筑环境提升、经济活力增强、治安水平提升以及城市活力和竞争力增长的再开发活动。回溯西方现代城市的发展历程，其城市更新经过了一个以大规模拆除重建为主转向以小规模、分步骤、谨慎且渐进式的改善为主的发展过程，更新规划亦由单纯物质环境改善转向社会、经济和物质环境相结合的综合性复兴[2]。西方城市更新同时也见证了政府、市场和公众在城市更新中的投资合作关系的变化，经历了从政府主导，到政府和私人开发商之间的互动，再到强化社区复兴及强调居民参与等历史阶段。随着全球范围内城市化水平的提升及城市间竞争的加剧，与城市更新有关的各类再城市化运动引起了越来越多的国家和地区的关注。纵观我国的城市更新发展历程，从中华人民共和国成立初期到改革开放后，到快速城镇化时期，再到当下高质量发展的转型期，城市更新的主要目标在不断变化：初期城市更新着重解决城市居民基本生活环境和条件问题；改革开放后，随着市场经济体制的建立，城市更新主要着眼于大规模的旧城功能结构调整和旧居住区改造；快速城镇化时期，城市更新重点转向旧区更新、旧工业区的文化创意开发、历史地区的保护性更新；如今，城市更新进入了高质量发展的转型期，强调城市综合治理、社区建设以及生态文明建设等目标。伴随着社会、经济、政策环境的变化及学术领域的发展，我国城市更新的原则目标与内在机制均发生着深刻转变[3]。在更新实施主体上，也经历了从2000年以前的政府主导，向着2005年之后以公私合作为主，以及近年来公共政策引导下社区营造和微更新带动的社会参与的转变。

（一）城市更新的基本概念

一直以来，"城市更新"一词并没有统一的概念。一方面，城市更新具有多学科交叉的属性，涉及包括城乡规划、城市设计、建筑学、地理学、社会学、经济学、环境科学等不同的学科；另一方面，城市更新具有鲜明的地域性，不同政治经济背景下的城市更新具有明显的差异，且处于不同发展阶段的城市也面临不同的更新问题。虽然迄今对城市更新的概念没有公认一致的看法，但城市更新有一些属性是不同学科和地域的学者共同认可的。下文将从广义的理论化概念和狭义的实践化概念梳理城市更新的定义。

1. 广义的城市更新

广义的城市更新包括了西方国家从二战结束后开展的一切城市建设，跨越了其城市再开发的不同发展阶段。因时代和侧重点的不同，城市更新有多种形式的表述，其中比较常见的包括城市更新（urban renewal）、城市重建（urban reconstruction）、城市复苏（urban revitalization）、城市修复（urban rehabilitation）、城市再开发（urban redevelopment）、城市再生（urban regeneration）以及城市复兴（urban renaissance）等。与之相关的词语还包括旧区改建、旧城整治、旧城改造等。这些术语虽通常被媒体、政府以及学术界视为可以相互替换，但在特定的学术和政策讨论的背景下存在着细微的差别。

英国2000版《城市更新手册》（*Urban Regeneration: A Handbook*）中将城市更新定义为"用一种综合的、整体性的理念和行动来解决城市中各种各样的问题；致力于在经济、社会和物质环境等多个方面对处于发展变化中的城市地区做出长远的、持续性的提高和改善"[4]。在英国2009版《人文地理词典》（*The Dictionary of Human Geography*）中，城市更新则被表述为"为重塑城市景观和解决城市内部衰败社区（邻里）的社会经济问题而采取的一系列战略措施"，认为这些战略通常是由政府机构和商业利益推动，并常常受到城市中心区居民的质疑或直接反对。尽管如此，城市更新通常带来大规模的景观变化以及大量现有居民的流离失所[5]。与彼得·罗伯茨（Peter Roberts）的定义[4]相比，这一版定义更加强调城市更新潜在的社会影响。

20世纪90年代起随着人们对城市更新的高度关注和城市问题的日益复杂多元，西方学术界对城市更新的认识逐渐深入。1990年，库奇（C. Couch）将城市更新定义为"通过经济和社会力量对城市的干预，从而引发的物质空间的拆除、重建、修复等变化，以及土地和建筑功能变化（从一种用途转变为另一种能产生更高经济效益的用途）或利用强度变化的动态过程"[6]。这一定义不仅论及城市更新的物质空间属性，更将其视为物质、社会、经济等多方面合力的结果。1992年，普里默斯（H. Primus）和梅特塞拉尔（G. Metselaar）提出了一个更为广义的城市更新概念：从规划建设、社会、经济、文化等领域出发，为保护、修复、改善、重建或清除行政范围内的已建成环境而采取的系统性干预，目的是使该区域居民的生活达到一定的标准[7]。这一定义将对城市更新的理解从传统物质空间规划、住房政策和建设领域的一部分，延伸到更为广泛的社会、经济、文化等多领域范畴，在地理范围上也将研究对象扩大到包括大都市、大城市和小城镇甚至农村集镇和村庄。库奇和弗雷泽（C. Fraser）进一步指出，当代的城市更新是针对衰败经济的再增长、社会功能的修复、多元社群的融合，以及生态平衡的修复等一系列的问题而提出的[8]。蒙克鲁斯（J. Monclús）在《城市更新与城市再生》（"Urban Renewal and Urban Regeneration"）一文中，通过回溯从19世纪末的大巴黎改造到20世纪80年代的伦敦码头区滨水片区更新，再到21世纪欧洲最大规模的内城开发项目德国汉堡的港口城（Hafen City）的发展历程，提出"综合化城市更新"（integrated urban regeneration）成为新的理论范式，强调城市更新过程中涉及的物质空间、社会以及经济变革等综合性内容[9]。

陈占祥在20世纪80年代初中国城市更新的背景下，基于西方城市更新发展的历史经验，将城市更新定义为城市"新陈代谢"的过程，提出城市更新的途径包括重建、保护和建筑维护等多方面，特别关注对具有历史价值和反映地方文化的旧建筑物和片区的修复、保护及再开发[10]。吴良镛从北京旧城保护和发展的平衡出发提出城市"有机更新"的概念。这一概念较强调城市物质环境，对经济、社会、文化等视角较少涉及[11]。20世纪90年代末以来，学者更加注重城市更新的综合性与政策性。吴明伟和阳建强认为，"城市更新改造是整个社会改造的有机组成部分，就其物质建设方面而言，从规划设计到实施建成将受到方针政策、行政体制、经济投入、组织实施、管理手段等诸多社会因素影响，在人文因素方面还与社区邻里等特定文化环境密切相关，其涉及的学科领域极广"[12]。

从国家政策的层面，各个国家和地区根据其城市所处的阶段、面临的问题以及应对策略等对城市更新进行定义。城市更新起步较早的英国在 1977 年发布的《城市白皮书：内城的政策》（The Urban White Paper: Policy for the Inner City）中指出：城市更新是一种针对城市问题的综合解决方式，涉及经济、社会、文化、政治与物质环境等方面，城市更新工作不仅关乎相关的城市建设与环境部门，也与相关的社会经济部门有密切联系。法国在 2000 年颁布的《社会团结与城市更新法》（Loi relative à la Solidarité et au Renouvellement Urbains）将城市更新解释为：推广以节约利用空间和能源、复兴衰败城市地区、提高社会混合特性为特点的新型城市发展模式。我国国家发改委对《中华人民共和国国民经济和社会发展第十四个五年规划和 2035 年远景目标纲要》中提到的"城市更新行动"从更新内容和范围进行了详细的定义：对旧城区内功能偏离需求、利用效率低下、环境品质不高的存量片区进行功能性改造，打造成为新型生产生活空间，以推进老旧小区、老旧厂区、老旧街区、城中村的改造为主要内容。其中，老旧小区改造的重点在于改善小区居住条件，完善公用配套设施和公共服务设施；老旧厂区改造主要通过建设用地用途的更换和空间功能的转变，将"工业锈带"改造为"生活秀带"、科技创新空间、新型产业空间或文化娱乐场所；老旧街区改造则着重推动地方特色街区品质升级、打造业态多元化的街区经济，使之发展为新型文化旅游消费区；城中村改造重在按照城市标准进行整体重建或修复修缮，使之成为城市社区或其他空间。

2. 狭义的城市更新

狭义的城市更新特指 20 世纪中叶以来为解决内城衰退问题而采取的城市发展策略，是从城市规划与设计具体手段的角度定义城市更新。这一概念最早由美国艾森豪威尔（Dwight D. Eisenhower）成立的顾问委员会在 1954 年提出，并被列入美国《住房法》（Housing Act）中，其中将城市更新定义为是"对破败、恶化或不合乎标准的城市地区的重建"。1958 年 8 月，在荷兰海牙召开的第一次城市更新研讨会对城市更新的阐述为"居住在城市中的人们对于周围环境、建筑物、通勤、教育、购物以及其他方面有各种不同程度的期望和不满；需要尽早进行住房修缮和街道、公园、绿地及不良住宅区的改善；尤其是通过改善地域地区的土地利用形态，实施大规模都市计划创造舒适的生活环境和美丽的城市景观；这些都市改善活动构成了城市更新"[13]。比较有代表性的还包括罗斯·孔潘斯（Rose Compans）的说法：城市更新是一种典型的干预形式，旨在重建二战末期被冲突摧毁的城市建成环境，并应对过去几十年积累的住房短缺问题；也包括 20 世纪 70 年代后为应对去工业化和经济衰退，制定的改造废弃或衰败港口和工业区的政策[14]。英国 Igloo 更新基金的首席执行官克里斯·布朗（Chris Brown）则针对社区发展将城市更新定义为"协调一致的社会经济实际行动，以帮助经历多重困难的社区居民扭转衰退趋势并创建可持续社区"[15]。

随着中国不少城市开展城市更新规划体系

的建设，学者认为城市更新本质上与新区开发和历史保护一样，都是基于城市空间发展的一种规划手段。与传统城市规划不同的是，城市更新的对象为存量建设用地，面临的主要问题是如何以最小的成本将现有资源转移给为城市贡献最大的使用者[16]。政府部门围绕存量土地再开发提出不同形式的城市更新规划。广州城市更新体系的建设是围绕旧村庄、旧城镇、旧厂房的改造展开。深圳规定城市更新是指由符合规定的主体对具有相应情形的旧工业区、旧商业区、旧住宅区、城中村及旧屋村等进行综合整治、功能改变或者拆除重建的活动，并提出编制全市城市更新专项规划以作为城市更新单元划定、城市更新单元计划制定及城市更新单元规划编制的重要依据。2022年11月出台的《上海市城市更新指引》对城市更新给出了更加综合的概念，城市更新是指"本市建成区内开展的提升城市功能、优化空间结构、改善人居环境、塑造特色风貌等持续改善城市空间形态和功能的活动"。城市更新在规划层面被分为区域更新及零星更新，需分别编制区域更新及项目更新方案。随后颁布的《北京城市更新条例》给出了类似的概念："城市更新，是指对本市建成区内城市空间形态和城市功能的持续完善和优化调整"。该定义特别强调了设施类的城市更新以及公共空间类的城市更新，并提出组织编制城市更新专项规划，经批准后纳入控制性详细规划以指导更新实践。

（二）对城市更新的定义与理解

借鉴各国城市再开发、城市再生与城市复兴的理论和实践，同时对照中国城市建设的现实问题和突出矛盾，本文对城市更新的基本定义如下：城市发展的全过程是一个不断更新、改造的新陈代谢过程。城市更新作为城市自我调节或受外力推动的机制存在于城市发展之中，其主要目的在于防止、阻止和消除城市的衰老（或衰退），通过结构与功能不断地相互适应和调节，增强城市整体机能，使之能够不断适应未来社会和经济发展的需要。在科学技术和人民物质文化生活水平不断提高的今天，伴随城镇化进程的加快，城市更新成为城市发展工作的重要组成部分，涉及内容日趋广泛，主要是面向改善人居环境，促进城市产业升级，提高城市功能，调整城市空间结构，改善城市环境，更新陈旧的物质设施，增强城市活力，传承文化传统，提升城市品质，保障和改善民生，以及促进城市文明，推动社会和谐发展等长远的全局性目标[17]。

在城市建设实践中，城市更新是一项长期而复杂的社会系统工程，面广量大，综合性、全局性、政策性和战略性强，须在城市总体规划指导下有步骤地进行。一般情况下，城市更新主要有整治、改善、修补、修复、保存、保护、复苏、再开发、再生以及复兴等多种方式，旨在利用多种有效手段及全社会广泛参与的行动推动城市从停滞重新走向繁荣。城市更新的一般内容包括：① 调整城市整体空间和功能结构；

②优化城市用地布局；③完善城市市政基础设施和公共服务设施；④完善道路结构与系统，提高交通组织能力；⑤提升城市公共开放空间质量；⑥整治和改善居住环境和条件；⑦维持和改善社区邻里结构；⑧保护和加强历史文化风貌和景观特色；⑨美化和提高生态环境品质；⑩提升建筑性能。城市更新的整个过程应建立在城市总体利益平衡和社会公平公正的基础上，注意处理好整体与局部的关系、新与旧的关系、地上与地下的关系、单方效益与综合效益的关系，以及近期与远景的关系，区别轻重缓急，分期逐步实施，发挥集体智慧，加强多方的沟通与合作，保证城市更新工作的顺利进行和健康发展。与此同时，城市更新政策的制定亦应在充分考虑旧城区原有空间结构和社会网络及其衰退根源的基础上，针对地段的个性特点，因地制宜，因势利导，运用多种途径和手段促进综合治理、再开发和更新改造。

三、城市更新的特征属性

虽然不同学者对城市更新的定义和解读有差异，但大都围绕几个相互关联的特征属性。根据城市更新学者、《城市更新手册》的作者彼得·罗伯茨的总结，城市更新的关键特点包括：一种干预主义的活动；一种跨越公共、私人、志愿者及社区部门的活动；一种根据经济、社会、环境和政治因素的变化而可能在组织结构上发生巨大变化的活动；一种动员集体努力并为寻找恰当解决方案的谈判提供基础的手段；一种确定能改善城市地区环境的政策和行动，并能发展出制度性结构，为具体建议的预备活动提供必要支持的方法[4]。从中我们可以看到城市更新具有复杂性、多元性、系统性和政策性四个特征属性。

（一）复杂性

城市更新的复杂性与城市发展过程本身的属性密不可分。城市是一个多元复杂的系统，在物质空间发展演变之外，是政治、经济、社会、人文、环境等因素不断交织的结果。正如彼得·罗伯茨所述："城市地区是一个复杂而不断变化的系统，涵盖了经济、社会、物质和环境等多方面的变化过程。城市更新可以被看作是这些相互作用的结果，也可以看作是对城市衰退中出现的机遇与挑战的一种反应"[4]。

城市更新与宏观经济社会发展背景息息相关。纵观古今中外，城市更新往往是面对新的生产方式、社会结构以及文化思潮而做出的政策或实践反应。例如，西方国家19世纪城市更新的典型案例奥斯曼的大巴黎改造是为了适应新的产业发展和社会阶层结构。其中大规模推倒重建一方面为适应资本主义新的生产方式的需要，另一方面则是对新兴资产阶级生活方式改变的空间应对。20世纪50年代以来，二战后大规模的城市更新表现为对于战后衰退物质空间的修复和重建，在此背景下产生了现代主义建筑，使人们得以快捷高效地进行住房和其他公共设施的建设。20世纪70至90年代，城市化运动开始受到自由主义复兴、民权运动以及城市郊区化倾向的影响，人本思想复苏，政府开始更多关注社会问题。20世纪90年代之后，随着全球化、后现代主义思潮以及新自由主义思想的诞生，城市建设呈现多元主体和多元价值观导向，旧城更新也更多地关注政治、经济、社会、文化、可持续发展等多重关系。

研究城市更新的动力机制和制定城市更新政策都离不开对其复杂性的理解。具体看来，城市更新的复杂性主要来自以下几个方面。首先是城市更新与产业经济和发展模式的关系。纵观城市发展历史，城市经历了由生产功能主导，到金融、服务、集散、管理功能主导，再到文化、创新功能主导的历程[18]。每一次产业结构的变革都导致城市建设模式的更迭而引发城市更新：19世纪末工业革命催生的现代城市颠覆了中世纪传统城市建设模式；20世纪中叶后工业时代的来临，全球化及网络技术革命推动了现代工业城市建设模式的变革。从农业社会、工业社会到后工业社会，城市空间形态、土地利用模式，以及交通体系都发生巨大的变化。城市的物质环境是经济活动的空间载体，大规模的城市更新往往发生在产业转型的时期，现代城市更新最初便是工业化的结果。其次是城市更新与社会结构的关系。社会结构包括人口规模、年龄结构、社会阶层、种族构成等，这些因素均在一定程度上影响城市更新的政策制定与实施。例如，二战之后，西方国家的城市更新一方面是出于战后重建的目的，另一方面也是对于战后人口出生潮的应对，需要建设更多住宅来应对人口的增长。再次，城市更新还受到文化思潮的影响。20世纪60年代美国出现的逆郊区化以及内城绅士化，是后现代主义思潮影响下一代人城市空间选择的结果。年轻一代对于一成不变的郊区生活产生厌倦，继而纷纷搬离郊区，以此推动了中心城区的更新。就中国城市更新而言，20世纪90年代起北京、上海等大城市出现的大规模的城市更新、旧居住区改造以及城市老工业区的更新改造，是改革开放后土地和住房制度改革、多种所有制经济共同发展以及中等收入群体规模扩大的结果[19]。

（二）多元性

城市更新的突出特征之一在于它是一种包括公共、私人和社区组织等多部门的活动，涉及多元的利益主体。根据罗伯茨对城市更新的定义，城市更新的两个最主要的推动力量来自政府和商业机构。英国学者伊万·图罗克（Ivan Turok）对城市更新中参与者多元化的表述为：① 城市更新旨在改变一个地区的现状，同时鼓励社区和其他行动者共同参与，为该地区的未来作出贡献；② 城市更新涵盖了多个目标和活动，并根据不同地区的特殊问题和潜在问题由中央政府发挥主体功能职责；③ 城市更新通常由不同利益相关者的多种形式的活动构成，他们之间的合作形式也是多样化的。这里的"不同的利益相关者"不仅包括了政府和私人行动者,也包括社区,并强调不同主体之间的合作形式具有一定的复杂性[20]。以西欧城市为代表,公私合作伙伴关系(public–private partnerships)逐渐成为城市更新项目推进的重要方式,在不同的国家和地区有着合作伙伴构成及力量结构上的差异。在中国城市更新研究中,学者也普遍认为政府、市场和社会是城市更新中的参与主体,三种力量之间(政府和市场、政府和社会以及市场和社会)的相互影响推动了城市更新[21]。刘昕用"角色关系"(actor system)的概念来描述城市更新中各个公共部门和私人部门之间复杂的关系和相互作用,认为政府部门、开发商、业主和租户等共同构成了城市更新活动中的主体。城市更新过程就是一个各团体通过分配有限资源来实现各自既定目标,同时决定城市未来的过程。在此过程中,参与者围绕着资金、决策和利益分配的权责关系而形成的角色关系很大程度上决定城市更新的内容和结果[22]。虽然政府、市场与公众这三者对于城市更新的诉求不尽一致,但成功的城市更新必须依靠三者的合力。其中需要特别注意的是,城市更新是政府为提升公共利益而作出的特殊作为。政府作为社会整体利益的代表,需要扮演积极且公正的角色,引导城市更新向着有利于提升城市机能、推动产业经济发展、创造就业机会等目标的方向发展[23]。

同时,在市场经济的现实状态下,城市更新是一个复杂且富于变化的动态过程。城市发展的过程中,市场因素的作用显得日益重要,因此城市更新策略不能脱离市场运作的客观规律,并应当预留弹性空间以适应市场的不确定性。同时,城市更新涉及产权单位、政府、开发商和民众之间不断地博弈与协调。因此,建立政府和市场之间基于共识、协作互信的持久战略伙伴关系十分关键。根据新制度经济学理论,城市空间资源的再配置问题根本上是产权运行的问题。不同于增量时代,存量时代城市更新的核心是通过规划工具改变空间存量资源的产权结构与形态。无论是居住区、城中村还是工业区的更新,首先都面临着不同复杂程度的产权关系问题。在城市更新规划的编制和实施过程中,需要认识并处理好复杂的经济关系和房地产产权关系,加强经济、社会、环境以及产权等方面的综合影响评价。只有这样,城市更新才能真正落到实处,并适应新形势的发展需求。

社会公众力量在城市更新中也起着越来越重要的作用。城市更新中公平无法保证的一个重要原因是公众参与的严重缺失。长久以来,公众在城市更新过程中往往处于被动地位,习惯于接受开发项目策划及设计的结果。究其原因,一方面在一些国家和地区,政府和开发商易受利益驱动而结盟,并试图极力压缩公众参与分配份额,使得公众成为城市更新的牺牲品;另一方面公众因缺乏表达观点和参与城市更新的渠道而失声,其公共利益不断被压缩,导致城市更新缺乏人文关怀,社会的公平公正难以得到保障，其中一个重要的体现是城市公共绿化空间和基础设施的不足。因此，学者呼吁要加强社会力量积极参与城市更新，逐渐将"自上而下"的更新运营管理制度转变为"自上而下"与"自下而上"相结合式的更新机制，将利益协调、更新激励、公众参与等机制纳入城市更新运行管理体系。近年来，随着市场力量与社会力量的不断增强，我国的城市更新开始呈现政府、企业、社会多元参与和共同治理的新趋势。其中公众参与最主要的体现形式之一是社区营造，特别是城市微更新项目。微更新强调公众在更新过程中的诉求和参与，提出社区更新要共建、共治、共享[24]。微更新也是对于城市更新中政府与市场主导的反思和检视，通过让民众参与到更新目的讨论、更新规划的制定和更新策略的实施中来，真正使城市更新成为改善民众生活的规划设计政策工具。

（三）系统性

城市更新的第三个特征是系统性。城市本身是个不断生长变化的多元复合系统，它的发展演化是在社会力、政策力、经济力等多种力量综合作用下的结果。城市更新是一项综合性、全局性、政策性和战略性很强的社会系统工程，涉及城市社会、经济和物质空间环境等诸多方面。从城市更新的空间系统看，随着土地资源短缺问题的突显和对长期以来"增长主义"发展方式的反思，我国城市发展不断从增量扩张向存量优化进行转型。规划工作的对象主体不再是增量用地，而是由用地、功能、产权等因素互相交织形成的复杂的现状城市空间系统。其中功能系统涉及绿地、居住、商业、工业等方面，空间系统包括建筑、交通、景观、土地等，权属系统主要有国有、集体、个人等，在耦合系统方面则包括功能结构耦合、交通用地耦合、空间结构耦合等[25]。

人们越来越清楚认识到，城市更新不仅是专业化的技术问题，也是错综复杂的社会问题和政策问题，任何专业、学科和部门都难以从单一角度破解这一复杂的巨系统问题。由于城市更新具有系统性，因此城市更新策略应该从城市系统和城市生长发展的角度出发，确立多元复合、分步实现的更新目标。在对城市环境、城市历史和空间特征等宏观因素进行系统研究的基础上，确立包括城市空间结构调整优化、经济产业结构转型升级、历史文化保护传承和自然景观环境修复等更为多元和复合的城市更新总体目标体系，以切实有效指导城市分步有序地开展更新工作。因此，城市更新学科领域不仅需要关注物质环境的改善，更应在城市政策、经济、社会、文化等的整体关联中进行综合协调，尤其需要基于新型城镇化背景聚焦当代中国城市更新中的重大科学问题和关键技术，通过城乡规划学、建筑学、风景园林学、地理学、社会学、经济学、行政学、管理学、法学等进行多学科、多专业的渗透、交叉和融贯，构建城市更新的基础理论和方法体系：一方面，将城乡规划学、建筑学、风景园林、建筑工程作为城市更新的主干学科，从城乡、建筑、房屋、道路、交通、市政工程等方面完善学科框架；另一方面，广泛吸收人文学科的营养，加强传统城市规划学科同经济学、社会学、法学的有机结合，使城市更新更加符合经济和社会发展规律，从而提升城市更新的科学理性与现实意义。

（四）政策性

城市更新另一个重要属性是它的政策性。如上文所述，政府是引导城市更新的重要角色，城市更新自出现以来就与城市政策，尤其是城市规划政策息息相关。从1853年奥斯曼主持的大巴黎改造，到英国的《格林伍德住宅法》（*Greenwood Housing Act*，1930年）及德国的《特别城市更新法》（*Stadterneuerungsgesetz*，1971年），再到我国的《深圳市城市更新办法》（2009年）、《上海市城市更新实施办法》（2015年），以及《北京市城市更新条例》（2022年），各个国家和城市都在通过公共政策的制定和实施推动城市更新目标的实现。可以说，城市更新是"城市政策"这一更宽泛概念的重要组成。从各个国家和地区城市更新政策的演变，可以看到城市更新作为公共政策不断发展和完善的历程，以及各国城市更新活动侧重点的差异及其背后的原因。

英国的城市更新政策经历了从关注战后城市贫民窟清理到提升内城功能和活力发展的过程，其城市更新的含义不断拓展并呈现明显的阶段性，从关注物质形态到社会问题，引入社区公众参与，强调可持续发展原则。法国城市更新政策实施之初同样是针对战后的物质空间修复。其特别之处在于法国在地方上实行的双重行政管理体系，即由代表国家整体利益的地方政府和代表地方居民集体利益，由居民直选的"地方集体"共同管理。城市更新政策也始终在探索国家同地方的合作模式，并特别强调通过城市更新促进社会融合，提高社会保障住房的比例。美国大规模的城市更新项目始于更早的20世纪30年代，针对经济萧条下的贫民窟改造。随着人口、社会、经济发展以及城市化进程，美国的城市更新经历了由市场调节到政府干预，由大规模市区重建计划到小规模渐进式改善，由福利主义色彩的政府主导到鼓励私人投资的公私合作伙伴关系的转变。

与欧美国家不同，中国实行社会主义公有制土地制度，并曾长期实行计划经济，其旧城在一定程度上体现出计划分配下自给自足的封闭式城市结构特点。从城市规划和建设相关法律法规演变的过程来看，城市更新进程可以划分为4个阶段：1949—1977年，在"变消费城市为生产城市"与"城市面向乡村"的背景下，旧城改造结合工业的调整着手工业布局和结构改善；1978—1989年，《城市规划条例》提出"旧城区的改建"，应当遵循"加强维护、合理利用、适当调整、逐步改造的原则"，城市更新成为当时城市建设的关键问题和人们关注的热点；1990—2011年，随着土地使用权出让与财政分税制的建立，"自下而上"的人口城镇化与"自上而下"的土地财政双重力量共同推动了大规模的旧城更新，特别是居住区和工业区的改造；2012年至今，随着我国城镇化率超过50%，城镇化从高速增长转向中高速增长，城市更新开始进入了以人为本和高质量发展的转型发展新阶段。

2009年以来，随着用地资源稀缺，环境约束加大，城市问题日益突出，广州、深圳、上海等城市率先推动了城市更新制度的建立和政策的出台，根据城市更新的具体要求和挑战设立相应的城市更新机构，制定规划体系和更新办法，从城市整体层面统筹规划城市更新。城市更新制度进入有章可循的正规化阶段，保障了更新中受到影响的社会主体的利益。随着2020年"实施城市更新行动"首次写入党中央对我国五年规划的建议，从中央到地方层面出台了一系列更加密集的城市更新政策，涵盖了实施意见、专项规划、操作规范、操作细则、管理办法及城市条例等一系列的内容。一线城市之外的城市也纷纷出台了相关的政策，例如《大连市城市更新实施方案》（2021年）、《西安市城市更新办法》（2021年）、《重庆市城市更新技术导则》（2022年），以及《南京市城市更新办法（试行）》（2022年）。2022年11月，随着城市更新实施试点的实践取得阶段性成效，住建部印发了《实施城市更新行动可复制经验做法清单（第一批）》以推动建立政府引导、市场运作、公众参与的可持续城市更新实施模式。

四、结语

城市更新作为城市发展的调节机制和动力机制始终存在于城市新陈代谢的进程当中。纵观各个国家和地区的城市发展实践，早期城市更新主要关注与居住生活直接相关的物质环境改善，对经济、社会、文化、生态等方面的考虑较少；随着城市社会经济结构的深刻变化和未来城市的多元化发展，旧城面临的问题已远非诸如住宅紧张、环境衰败等物质性和社会性的表象问题，出现了因为产业结构转型、社会多元化、生态环境恶化而引发的更为严重的城市结构性的深层次问题。城市更新作为社会与经济发展过程中的重要组成部分，也不断地融入城市公共政策，涉及产业结构、产权结构、基础设施、土地利用、公众参与和文化传承等诸多的领域。随着城市更新中新问题、新形势、新政策的出现，城市研究学者需要不断地回溯和更新对城市更新内涵与属性的认识，需要从法律法规、行政体制、市场机制、公众参与以及组织实施等方面加强更有深度的研究，以建立政府、企业、居民以及相关利益者的良好合作关系，汇集社会各界的共同智慧，遵循城市运作的市场规律，保障社会群体的公共利益，加强各个部门的协调联动,促进城市持续、多元、和谐、健康、安全与绿色发展。

参考文献 REFERENCES

[1] 阳建强. 新发展阶段城市更新的基本特征与规划建议 [J]. 国家治理, 2021 (47): 17-22.
[2] ROBERTS P, SYKES H. Urban regeneration: a handbook[M]. 2nd ed. London: SAGE Publications, 2000: 19-20.
[3] 阳建强, 陈月. 1949-2019 年中国城市更新的发展与回顾 [J]. 城市规划, 2020, 44 (2): 9-19,31.
[4] ROBERTS P. The evolution, definition and purpose of urban regeneration[M]//ROBERTS P, SYKES H. Urban regeneration: a handbook. London: SAGE Publications, 2000: 9-43.
[5] GREGORY D, JOHNSTON R, PRATT G, et al. The dictionary of human geography[M]. 5th ed. Oxford: Wiley-Blackwell, 2009: 790.
[6] COUCH C. Urban renewal: theory and practice[M]. London: Macmillan Education, 1990:1.
[7] PRIEMUS H, METSELAAR G. Urban renewal policy in a European perspective: an international comparative analysis[M]. Delft: Delft University Press, 1992: 5.
[8] COUCH C, FRASER C. Introduction: the European context and theoretical framework[M]//COUCH C, FRASER C, PERCY S. Urban regeneration in Europe. Oxford: Blackwell Science, 2003: 2.
[9] MONCLÚS J. Urban renewal and urban regeneration[M]//MEDINA C D, MONCLÚS J. Urban visions: from planning culture to landscape urbanism. Cham: Springer, 2018: 129-131.
[10] 中国大百科全书总编辑委员会. 中国大百科全书: 建筑·园林·城市规划 [M]. 第 1 版. 北京: 中国大百科全书出版社, 1988: 52.
[11] 吴良镛. 北京旧城与菊儿胡同 [M]. 北京: 中国建筑工业出版社, 1994: 68.
[12] 阳建强, 吴明伟. 现代城市更新 [M]. 南京: 东南大学出版社, 1999: 2-3.
[13] 朱启勋. 都市更新: 理论与范例 [M]. 台北: 台隆书店, 1982: 1.
[14] COMPANS R. Intervenções de recuperação de zonas urbanas centrais?[M]// COMIN A, SOMECK N. Caminhos para o centro. São Paulo: PMSP/CEBRAP, 2004: 23-160.
[15] COUCH C, SYKES O, BÖRSTINGHAUS W. Thirty years of urban regeneration in Britain, Germany and France: the importance of context and path dependency[J]. Progress in Planning, 2011, 75(1): 1-52.
[16] 周俭, 阎树鑫, 万智英. 关于完善上海城市更新体系的思考 [J]. 城市规划学刊, 2019 (1): 20-26.
[17] 阳建强. 城市更新 [M]. 南京: 东南大学出版社, 2020: 12.
[18] 李德华. 城市规划原理 [M]. 3 版. 北京: 中国建筑工业出版社, 2001: 2-9.
[19] NING Y, CHANG T C. Production and consumption of gentrification aesthetics in Shanghai's M50[J]. Transactions of the Institute of British Geographers, 2022, 47 (1): 184-199.
[20] TUROK I. Urban regeneration: what can be done and what should be avoided?[C]//Istanbul 2004 International Urban Regeneration Symposium. Workshop of Kucuckekmece District. Istanbul: Kucuckekmece Municipality Publication, 2005: 57-62.
[21] HE S J, KONG L, LIN G C S. Interpreting China's new urban spaces: state, market and society in action[J]. Urban Geography, 2017, 38 (5): 635-642.
[22] 刘昕. 深圳城市更新中的政府角色与作为——从利益共享走向责任共担 [J]. 国际城市规划, 2011, 26 (1): 41-45.
[23] 程大林, 张京祥. 城市更新: 超越物质规划的行动与思考 [J]. 城市规划, 2004, 28 (2): 70-73.
[24] 马宏, 应孔晋. 社区空间微更新: 上海城市有机更新背景下社区营造路径的探索 [J]. 时代建筑, 2016 (4): 10-17.
[25] 阳建强. 走向持续的城市更新——基于价值取向与复杂系统的理性思考 [J]. 城市规划, 2018, 42 (6): 68-78.

作者简介 ABOUT THE AUTHOR(S)

阳建强 YANG Jianqiang

通信作者, yjqseuud@126.com, 东南大学建筑学院, 教授, 中国城市规划学会城市更新分会, 主任委员, 南京 210096
Corresponding author, yjqseuud@126.com, School of Architecture, Southeast University, Professor; Regeneration Division of Urban Planning Society of China, Director; Nanjing 210096

宁雅静 NING Yajing

东南大学建筑学院, 助理研究员、博士后, 南京 210096
School of Architecture, Southeast University, Postdoctoral Researcher and Assistant Research Fellow; Nanjing 210096

基于人民城市理念的城市更新三重逻辑及价值导向研究
Three Logics and Value Advocacy of Urban Regeneration Based on the Concept of People's City

朱 盼 田晓晴 王 颖   ZHU Pan   TIAN Xiaoqing   WANG Ying

摘要 ABSTRACT

建设人民城市是当前中国城市建设与发展的目标。立足这一基本目标，本文从城市政府、城市更新相关群体和市场资本方的不同立场出发，构建城市更新的三重逻辑，即政府逻辑、个体逻辑和市场逻辑。在以人民为中心发展思想的指导下，政府逻辑的价值取向逐步从提升城市风貌转向深入关注民生需求，并兼顾城市的整体利益和长远发展；个体逻辑的价值取向从直接利益群体追求居住或使用空间条件的改善转向多元主体共同追求生活幸福感和提升获得感；市场逻辑的价值取向从营利主导的经济理性转向兼顾城市公共责任的复合取向。文中还运用三重逻辑的价值框架对三个城市更新实践案例进行评述分析，只有三重逻辑良好有序地运行，才能最终导向以人民城市为目标的城市更新建设。

People's City is the general guide and value advocacy of urban development in China. Based on this target, from the point views of the city government, different stakeholders of the urban regeneration activities and investors respectively, this paper builds three logics as government logic, individual logic and market logic. To fulfill the people-centered urban development concept, in terms of the government logic, urban government should not only focus on the economic efficiency and improvement of physical appearance, but also guarantee the citizens' welfare. Meanwhile, the individual logic has shifted from the direct stakeholders' pursuit of improvement in living or using space conditions by direct interest groups to the various relevant interest groups' concern of shared benefits and well-beings. As for the market logic, besides pursuing economic interests, more public responsibilities should to be taken into account. This paper also uses the framework of three logics to analyze three urban regeneration cases. As a concluse, only when the three logics work well and orderly, can the overall benefits of urban regeneration be maximized.

关键词 KEYWORDS

城市更新 人民城市 政府逻辑 个体逻辑 市场逻辑
urban regeneration   People's City   government logic   individual logic   market logic

一、建设人民城市对城市更新的新要求

新中国成立以来，我国就一直秉持城市的人民属性，强调人民是城市的主人。2015年召开的中央城市工作会议强调"坚持以人民为中心的发展思想，坚持人民城市为人民"，正式提出人民城市的发展目标。2019年，习近平总书记在考察上海期间凝炼出人民城市的核心内涵，即"城市是人民的城市"，明确了中国城市发展的总体目标、建设主体和发展动力，指出了新时代要建设怎样的城市以及怎样建设城市的方向。人民城市强调城市的政治和意识形态属性，是根植于中国特色社会主义制度的理想城市形态设计[1]。建设人民城市的要求，指明城市建设与发展的出发点是满足人民的

切实需求、为人民创造更加幸福的美好生活；路径是要充分发挥人民的建设主体作用，结果是要创造人民共享城市发展成果的新局面。

人民城市理念指导下的城市更新强调人民性、参与性和公平性（图1）。人民城市的人民性体现在以人民为中心、促进人全面发展的价值导向。人民性始终是人民城市建设的根本内容与核心价值，这也是同西方人民话语的主要区别所在[2]。人民城市的参与性要求体现全过程人民民主参与决策和各项工作。建设既是为了人民，也要依靠人民；要通过拓展参与渠道，广泛地、持续地推动人民参与到城市更新建设过程中，保障人民在城市更新全过程中的知情权、表达权和监督权。人民城市的公平性体现在注重空间更新带来的财富与利益的均衡分配与公平共享，消除空间不平等现象、促进社会公平正义，防止少数资本掌控者、权力拥有者利用城市更新建设满足自身利益，从而保证通过城市更新达到推动全体人民共同富裕的目的。人民城市的公平性也体现在维护城市的空间正义，要以全体人民的最大利益为出发点，优化配置有限的城市空间资源，解决空间异化和权利固化，尊重空间需求的多样性，使每个人都拥有自由发展的空间权利[3]。

城市更新涉及的要素主要包括政府、相关个体和市场资本方三个方面，人民城市的基本属性对城市更新涉及的这三个要素也提出了新的要求。个体是城市的核心服务对象，时刻处于各种关系的中心环节，要围绕城市更新涉及的多元个体的切实需求，提升城市更新地区的环境品质并优化业态。资本是城市更新中重要的生产要素，也是城市更新得以实施的基本保

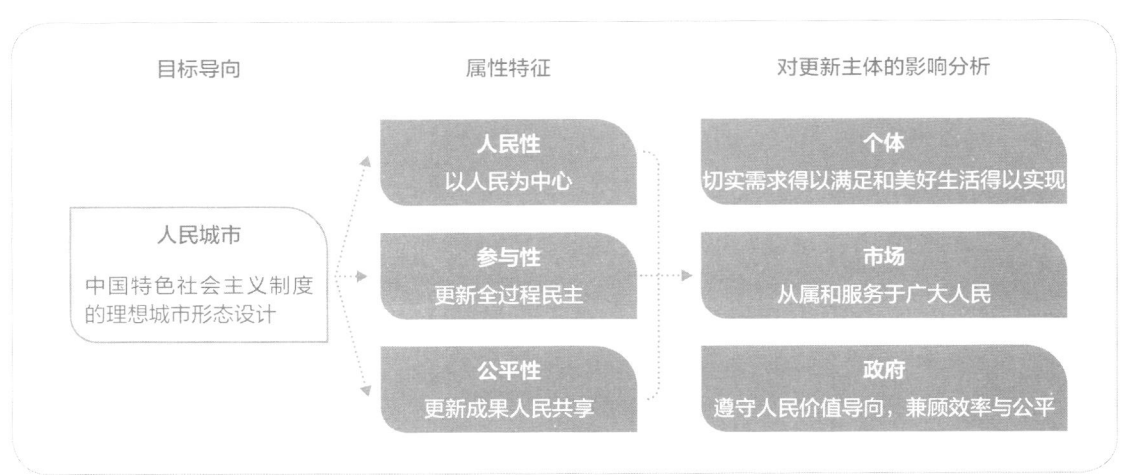

图1　人民城市的属性特征及其影响分析
Fig.1　The attributes and influence of People's City

障。人民城市导向的城市更新，要求资本发挥作用的结果是要更好地实现人民利益最大化，资本获利的前提是要保障人民的利益。如果资本不能为实现人民的美好生活服务，则不适宜介入到城市更新建设活动中。政府作为城市更新的制度设计与政策供给者，要从实现人民美好生活目的出发，尊重空间需求的多样性，兼顾公平与效率，既要规范和约束资本行为，也要关注多元群体的利益和情感诉求，还要警惕自身在更新治理中产生对城市人民性的价值偏离。

二、文献综述

公共利益、个体利益和市场资本利益的博弈是城市更新过程中时刻需要直面的议题。已有研究多从社会政府、个体和市场资本方三大城市更新主体的行为视角展开行为逻辑和价值取向分析。城市更新中业主、租住者、群众的诉求差异和统筹难度大，尊重个体的需求多元性是城市更新的重点之一。人民城市支持整体思维下的差别意识，既要保障大多数人空间利益的最大化，也要兼顾不同层次的利益群体。针对广深城中村的更新改造，田莉提出不能仅关注初始产权人的利益，也要保障外来人口等弱势群体的居住权益[4]。

城市更新的核心职能是对空间资源的再分配，分配是否合理就是空间正义和社会公正的问题[5]。政府是城市公共利益的代言人和空间正义的捍卫者。自上而下的科层组织式更新容易忽略群众的真实需求，市场化政府与企业共同参与的企业式更新容易陷入功利主义陷阱，单一地追求治理效率提升或经济效益增长都不符合人民城市导向下的政府逻辑。葛岩等提出城市更新应该从"效率优先"转向"公平兼顾效率"，并从政府、社会和企业三个主体视角展开了公平性评价[6]。沈爽婷等针对广州的城市更新，提出更新的重点应从获取经济利益转向改善城市公共环境、提升公共设施水平等更综合的目标导向，要服务于人民群众的公共利益[7]。

同时，基于很多更新实践项目来看，资本进入城市更新领域的基本出发点是获取空间收益，看重空间的交换价值而忽视其使用价值[8]。城市更新面临两难的市场困境。一方面，经济利益最大化的动机常驱动资本突破制约进而侵占公共利益，比如2009年广东推进的"三旧改造"以地产开发为导向，居住容积率大幅攀升，存在公共设施难落地、交通及停车难安排、市政设施超负荷等问题[9]。另一方面，更新风险大导致社会资本缺乏进入意愿、参与不足。人民城市鼓励社会资本参与城市更新，但同时也明确了其工具属性，工具需要为实现目的而服务，城市更新中的资本必须关注公众利益，并完成从"简单营利"向"兼顾公益"的转变。

对标人民城市总体发展思想的要求，当前城市更新实践中政府、个体和市场资本方的行为还存在着一定的价值偏离和成效差距，需要进一步加强人民城市对三类更新主体的战略导向作用，推动三类主体的行为逻辑协调运行。

三、人民城市导向下城市更新的三重逻辑及相互关系

（一）城市更新三类主体及其运行逻辑

在建设人民城市的导向下，确定城市更新主体是研究更新价值观的前提，需要回答谁的权利在更新过程中被重构、谁的利益需要得到正视与考量。城市更新主要涉及三类不同参与主体，分别是城市政府、更新空间相关群体和资本方。三者在城市更新过程中的关注重点、利益诉求等均存在很大差异，三者在更新过程中会遵循各自的逻辑线索运行，由此形成不同的三重逻辑，分别是政府逻辑、个体逻辑和市场逻辑（图2）。

1. 城市政府主体和政府逻辑

一般来讲，城市更新中的政府主体主要指地方政府和基层政府以及实施管控相关职能部门，比如住房和城乡建设局、自然资源局等。政府关注实施效果，以及更新导致的城市公共利益和正向的外部效益，兼具城市更新的组织实施和过程协调管控等职能。政府逻辑支配下，城市更新的核心价值维度是治理和民生。对政府部门的考核成为城市更新中治理运转的指挥棒，民生则体现着人民性始终是我国政府治国理政的基本导向。按照建设人民城市的目标要求，城市政府在领导城市更新治理过程中，应坚持人民需求导向，重视群众的现实需求，聚集各相关部门于一体，构建相互协作、共同融合的城市更新实施网络，提升城市更新的公共效益。

2. 更新空间相关群体主体和个体逻辑

更新空间相关群体，既有直接利益群体，也有间接利益群体。直接利益群体主要指更新物业的产权人，他们是最核心的利益群体，更新成果的直接获得方。除直接利益群体外，还有间接利益群体，主要指租户、更新地区及周

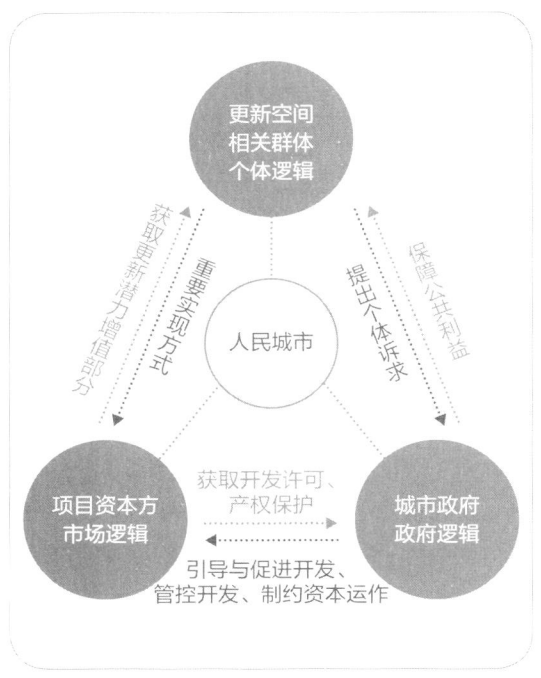

图2 人民城市目标指引下三重逻辑的相互作用关系
Fig.2 The interactions between three logics in People's City

边的居民、就业者及非正式就业者等。间接的利益群体，在以往的城市更新中容易被忽视。个体逻辑相关利益群体按照各自的个体逻辑，对城市更新建设的获得感和满意度会有不同的评价。基于用户视角的感知，对就业生计的维持、私有产权的保护、社会资本的维系等不同方面，不同群体有不同的关注和重视。多元主体的利益诉求得以充分表达、有切实参与和协商的渠道，是保障公正公平、解决潜在冲突和矛盾的有效方式。

3. 资本方和市场逻辑

城市更新的资本投入方包括金融投资企业和建设开发企业。市场资本是城市更新实施的重要工具，可以提供更新所需融资现金流。市场逻辑支配下，更新带来的资本增值是资本介入城市更新的重要动因，获取利润和效益是主要目标。当然，资本主体并不总是以利润最大化为目标，一些企业也愿意通过提供公共物品和积极的公共空间，提升企业声誉和品牌价值。建设人民城市，政府在更新中需对潜在的资本方进行选择和甄别，满足资本利益追求的同时，能压实社会责任。能推动城市政府、相关利益群体共同分享更新收益的出资开发企业才是人民城市导向下城市更新中更为适宜的资本方。

（二）城市更新三重逻辑的相互关系

城市更新涉及的三类主体之间既有矛盾制约，又是合作共赢关系。城市政府既要引导和促进更新开发实施落地，体现规划意图，也要关注更新中城市历史文脉延续等问题。政府部门还要发挥对资本方的制约和监督的守门员作用；需要统筹考虑相关群体代表的局部利益，并对城市整体利益进行合理的分配协调。相关群体中的个体更关注自身的直接利益，包括有形的资产增值、货币收益，也包括无形的居住环境改善、设施便利度提升等，但其诉求需要获得政府的支持和许可。同时，如果相关群体的利益诉求导致更新成本超出开发投资方可以承受的范围，城市更新建设也是无法推进实施的。以资本方为代表的市场力量是主要的实施主体，他们需要满足政府规划要求，并关注原住居民利益诉求带来的相关成本投入，不符合政府的更新规划要求，或者不能与相关主体在利益上达成共识，资本方的更新项目则无法实施。

上述三类主体的相互关系，在不同的城市更新项目中，会呈现不同的组合关系，形成不同的博弈局面。比如在后文厦门曾厝垵的更新改造案例中，政府鼓励支持业主直接出资参与自有住房的更新改造，资本投入方就是原住居民业主，这种情况下，资本方和相关利益群体两者合二为一，不需要市场开发主体介入。一些城市更新项目中，政府设立投资公司或平台公司按照市场逻辑运作，这些政府背景的投资方，就可能会兼有政府和市场两个主体的属性导向。

四、人民城市导向城市更新的价值取向

建设人民城市的总体目标是协调城市更新相关开发利益的原则依据。受社会制度和价值观情境的影响，中国城市更新的治理形态并非西方式的权力制衡、市场治理，而是将人民价值理念渗透到城市更新治理全过程的"以人民为中心的治理"[2]。城市更新的政府逻辑、个体逻辑和市场逻辑均应体现人民利益至上的价值取向。

（一）政府逻辑价值取向：从关注城市面貌提升转向民生优先，兼顾城市的整体利益和长远发展

随着构建以人民为中心的治理体系成为城市建设新的指引导向，政府部门主导的城市更新活动扩大了对民生需求端的考虑，高品质的民生供给成为注重旧城、旧区面貌"焕然一新"外的重要价值取向。政府在价值取向上，需要关注更新相关群体的需求和体验问题，减少社会成本和社会风险。以人民为中心的城市治理体系决定了应将保障相关群体合理利益，建立地区的归属感和认同感，提升公共服务的便利度等诸多民生需求放在首位。同时，对城市政府而言，城市更新还需要体现城市发展效率的诉求，通过更新释放土地价值，实现规划导向的功能植入，促进地方经济的增长。针对一些承载城市历史文脉的旧区，更新过程中需要关注对文脉的传承、保护，守护好城市的历史记忆。总之，政府在充分关注和保障人民利益的基础上，还需要考虑城市经济、社会、文化等整体利益的最优。这些都是政府部门绩效考核中关于城市更新的重要方面。

（二）个体逻辑价值取向：从直接利益群体追求居住或使用空间条件的改善转向多元群体共同追求生活幸福感和获得感的提升

城市更新空间涉及多层次的相关主体，他们是城市更新项目的最终使用者、体验者和评价者。房屋产权人是更新项目的直接利害关系人，城市更新可能给业主带来物业的增值、货币的补偿、居住体验的提升、服务设施的完善等好处，但如果这些群体被动向离城市中心更远的边缘地区迁移，就会导致进入城市的时间成本和交通成本增加[4]，可能带来更远的安置地点、邻里关系被破坏与社会资本被削弱等挑战。

随着对城市更新认识的加深，业主以外的租户、更新地区及周边非正式就业者、更新地地区周边的居民和就业者等间接利益群体得到越来越多的关注。城市更新的实施迫使租户搬迁，更新后上涨的房租意味着更高的生活成本，他们的利益损失往往容易被忽略。国内目前保护租客的相关法律法规还有待完善。非正式就业者随着更新的实施，可能失去非正式经济活动的空间依托和生活来源，有必要引起关注。同时，对于更新项目周边的居民来说，更新项目可能间接带来房价的提升、就业机会、交通和生活便利度的增加。但新增开发量也可能使得周边交通拥堵加剧、人均公共服务设施供给紧张，更

新后的功能植入可能存在与社区不匹配等问题。个体逻辑要求统筹考虑私有产权的保护、公众日常生活的偏好、空间使用权利的平等、社会资本的维系，要求回归个人的空间使用体验、幸福感和获得感并将其作为城市更新的核心价值维度。在个体逻辑中强调扩大"个体"范围，将相关群体纳入更新利益平衡与红利共享的主体范围，以社会公平推动包容性发展。

（三）市场逻辑价值取向：从营利主导的经济理性转向兼顾公众利益和城市责任

资本方是城市更新重要的实施主体，通过对空间的改造与运营实现投资回报，追求利润是资本方参与更新项目的主要市场逻辑，但在人民城市导向的城市更新中，营利不应是唯一目的和动力。资本方在关注投资回报的同时，还应强调社会责任。

在当今的城市更新过程中，已经涌现出很多有社会责任感的企业，这部分开发企业关注提高企业声誉、提升企业形象、实现长远发展等多重目标。比如万科在上海参与以上生新所为代表的多个更新项目，瑞安集团主导大学路更新改造项目，这些企业希望通过打造系列行业标杆，构建新的城市生活场景，成为企业与政府合作的成功案例，企业的品牌价值得到社会认可。反之，如果开发商一味以追求经济利润为目标，拉高容积率、挤压公共服务配套设施落地空间，造成原住居民利益受损，城市公共利益被蚕食等问题，这类市场行为不符合人民城市的利益导向，将越来越受到人民的排斥和制约。更新过程中市场逻辑的良好运行，要求开发企业确立综合发展目标，强化社会责任与担当。

五、基于三个实践案例的城市更新逻辑分析

（一）上海曹杨新村：政府逻辑主导，多元主体参与的社区更新

上海曹杨新村始建于1951年，是中国首个以邻里单位思想因地制宜规划建设的高密度成熟社区，由于建造年代较远，社区出现环境设施老化、居住品质下降等诸多问题，2018年曹杨新村开始实施以保护社区价值与历史风貌、满足民生诉求为导向的绣花式内部改造，是上海建设人民城市的更新试点。改造由政府出资，社区、街道、当地居民、规划设计方、商家代表、企业代表等广泛参与了改造过程，形成了多方参与的制度保障和工作机制。更新在不改变整体风貌的前提下，对住区进行了综合修缮和成套改造，有效提升了全龄关怀的宜居品质；对枫桥市场、红桥集体记忆标识、环浜空间等进行了改造，突出了住区风貌的人文底蕴和滨河公共空间的趣味品质（图3）。

曹杨新村体现出了人民城市导向下对居民自下而上的宜居需求满足，避免了过往拆建类更新中居民外迁所引起的绅士化负效应，是政府逻辑和个体逻辑协调运行的典型案例。从政

图 3　曹杨红桥更新前后实景
Fig.3　The Red Bridge in Caoyang New Village before and after the urban renewal

图 4　上生新所更新改造后引进的茑屋书店
Fig.4　Tsutaya Books in Columbia Circle

府逻辑看，社区公共环境得以改善，居民居住满意度提升，社区文化多样性和本地社会资本得以留存。从个体逻辑看，一户一方案的改造方式满足了居民个性化的改造需求，居住条件得以改善，休闲、出行难题得到切实解决，生活更便利舒适。但是曹杨新村的更新改造资金主要来源于政府，对政府财政支付能力具有一定要求。同时，由于市场资金的缺位，可能改造和更新还不是非常彻底，待今后条件成熟，可以进一步探索提高社会资本参与积极性的政策和办法，优化更新建设模式，形成可推广的更新经验。

（二）上海上生新所：保障城市公共利益基础上，力求实现市场逻辑的良好运行

上生新所地处新华路历史风貌区，其前身是 20 世纪二三十年代美国哥伦比亚乡村俱乐部旅沪侨民社交聚会的场所。1949 年以后由上海生物制品研究所（上生所）接管征用改为办公用房，并陆续修建了科研办公、实验室、厂房、仓库等科研场所，内部使用。2016 年，上生所搬迁，万科中标该地块的整体更新改造项目。作为开发商，万科对哥伦比亚俱乐部、孙科住宅等多处历史建筑进行保留和修缮，保留与改造利用了街坊内工业时期的特色建筑，提供了集办公、娱乐、文化和生活多种功能于一体的空间（图 4）。打造多个绿色集中广场，将原本封闭的工业厂区转变为开放的街区，大幅增加了周边社区居民的休憩活动空间。

从政府逻辑看，把封闭的研究所和工业棕地转变为市民可以休憩观光，具有活力的文化商业空间，还增加了就业机会，历史建筑也得到良好修缮和保护，共享公共空间的营造进一步提升了城市品质，城市的商业旅游、历史保护、公共文化等城市整体利益显著增加。从个体逻辑看，周边居民增加了日常活动的延展空间，地段潜在的经济价值和文化价值得以提升。与一般的资本主导的商业化改造案例不同，上生新所更新实践的基本出发点就是优先保障公共利益，并探索性地推动了专业化的社会资本贡献公共利益，以达到企业盈利与公共利益的平衡，符合当下人民城市更新的市场逻辑。万科与上生所签订了20年的运营合同，支付5.1亿元补地价费用，同时后续每年支付7500万元租金，累计租金约16亿元。经万科测算，项目整体收益约10%，需要10年甚至更长的周期来收回成本[10]。因此，上生新所的更新模式对开发商的选择提出更高要求，不仅要具有专业的建设改造能力，还要有强大的资金基础、品牌公关和营销推广能力支撑后续的运营。

（三）厦门曾厝垵：个体逻辑主导的渐进式更新

厦门曾厝垵是一个有八百年历史、文化多元的侨村聚落，由于建造时间比较久远，居住环境质量得不到保障，但由于区位优越，加上传统街区的人性化肌理和良好的尺度，2004年，在社区业主自主参与下，依托渔村旅游特色，小型客栈、家庭旅馆、特色创意小店迅速集聚，发展成为"中国最文艺渔村"。然而，在商业和旅游业利益驱动下，部分村民与商家的一些经营活动开始占据社区的公共空间，一些破坏卫生环境的产业也涌入社区，伴随市场力量无序发展而来的是不断增加的公共卫生、消防安全、社会安全风险。2013年，厦门市政府提出"美丽厦门"战略计划，将曾厝垵列入"美丽厦门、共同缔造"创建试点。与传统城中村改造的大规模拆旧建新模式不同，曾厝垵采取了温和的微改造更新模式。以"共同缔造工作坊"集结包括规划师团队、思明区滨海街道、曾厝垵社区村委、民间组织文创会、业主和经营者在内的多元主体力量，共同参与更新治理。更新以"村民自治为主、政府管理为辅"为核心，对被侵占的公共空间节点及街道进行协商设计，打破宅基地的圈地占地现象，消除消防安全隐患并增加绿地及休闲空间[11]（图5）。

在曾厝垵的案例中，对于村民和商家来说，更新后环境的提升带来了更多游客流和现金流，房屋租金或运营收益大于改造成本投入，因此又进一步激励了业主自主负担改造成本，提升自有物业的居住条件或经营环境。个体逻辑一定程度上代替了传统开发企业介入的市场逻辑，个体在提供灵活改造资金的同时，也充分共享了改造收益，是一种可以持续不断的自我更新模式。而政府在这一过程中主要负责改进周边环境，完善排水、道路、垃圾处理等基础配套设施，提供政策支持、激励和制度门槛，降低空间更新的政策壁垒和项目成本，帮助村民与商家以较少的投入提升了整体空间活力与品质，从而实现政府逻辑的良好运行。

总的来看，尽管上述三个城市更新实践案例情况不同，但都属于现实问题导向下的参与式更新。在以人民为中心的价值导向下，城市更新的基本理念已经发生改变，从过去强调效率优先的大规模物质更新、以政府和市场为主导的精英式更新逐步向聚焦人民需求、注重公平共享和人民治理主体地位的城市更新转变。更新过程中，政府过度治理、资本随意扩张、个体多样性需求难以得到尊重等情况得以改善，人民城市的人民性、参与性和公平性成为城市更新的价值衡量标尺。政府、个体和市场资本方三类主体的权利结构和相互关系逐步向适应人民城市的要求转型。

六、结语

人民城市是新时代中国城市的发展方向，是不同于西方城市的、根植于中国特色社会主义制度的理想城市形态。城市发展总体目标的转向深刻影响着政府、个体和市场资本方三个城市更新主体的权利结构和价值导向。人民由具体的个体组成，更新相关的多元群体在三个主体中处于中心地位。政府作为城市更新的重要制度和政策提供者，既要在准确掌握民生需求、扩大城市更新的民主参与和成果共享、保护空间多样性等方面提升治理能力，保障城市公共利益不被侵害，也要防止过度治理带来的价值偏离，在治理效率和公平中寻找平衡。诚然，当下的城市更新的认识和实践距离建设人民城市的总体目标尚有一定差距。今后，如何进一步把握城市科学发展规律，落实人民城市的城市更新要求，明确各个更新主体的行为边界，克服城市资本属性和人民需求之间的矛盾、引导资本积极参与为人民服务的更新，平衡更新后多元群体对成果的公平共享，都需要更新实践的不断创新探索。

致谢：感谢同济大学建筑与城市规划学院周俭教授对本文的指导与帮助。

图5　朵拉客栈前三角空地的原状、设计方案与建设现状
Fig.5　Original state, design and current situation of open space in front of Dora Inn

参考文献 REFERENCES

[1] 刘士林. 人民城市：理论渊源和当代发展 [J]. 南京社会科学, 2020(8): 7.
[2] 容志, 宋纪祥. 以人民为中心的治理：人民城市更新的逻辑与实践 [J]. 复旦城市治理评论, 2021(2): 67-88.
[3] 李文刚. 人民城市理念：出场语境、意蕴表征与伦理建构 [J]. 城市学刊, 2021, 42(6): 6.
[4] 田莉. 从城市更新到城市复兴：外来人口居住权益视角下的城市转型发展 [J]. 城市规划学刊, 2019(4): 7.
[5] 周俭. 城乡规划要强化社会公正的目标 [J]. 城市规划, 2016(2): 94-95.
[6] 孙施文等. 治理·规划 II[M]// 葛岩, 周俭. 权利视角下城市更新公平性探讨. 北京：中国建筑工业出版社, 2021.
[7] 沈爽婷, 王世福, 吴国亮. 走向善治型城市更新路径的广州思考 [J]. 城市规划学刊, 2022(2): 96-102.
[8] 李利文. 中国城市更新的三重逻辑：价值维度、内在张力及策略选择 [J]. 深圳大学学报（人文社会科学版）, 2020.11(6): 42-53.
[9] 田莉, 陶然, 梁印龙. 城市更新困局下的实施模式转型：基于空间治理的视角 [J]. 城市规划学刊, 2020(3): 7.
[10] 张帆, 葛岩. 治理视角下城市更新相关主体的角色转变探讨：以上海为例 [J]. 上海城市规划, 2019(5): 5.
[11] 李郇, 刘敏, 黄耀福. 社区参与的新模式：以厦门曾厝垵共同缔造工作坊为例 [J]. 城市规划, 2018, 42(9): 6.

图片来源 CREDITS FOR PHOTOGRAPHS

图1、图2由作者自绘；图3来自《曹杨新村社区更新与规划实施》，周俭；图4由作者拍摄；图5参考文献[14]。

作者简介 ABOUT THE AUTHOR(S)

朱 盼 ZHU Pan
上海同济城市规划设计研究院有限公司空间规划研究院，中级工程师，上海 200082
Spatial Planning Research Institute, Shanghai Tongji Urban Planning & Design Institute Co., Ltd., Intermediate Engineer, Shanghai 200082

田晓晴 TIAN Xiaoqing
上海同济城市规划设计研究院有限公司空间规划研究院，高级工程师，上海 200082
Spatial Planning Research Institute, Shanghai Tongji Urban Planning & Design Institute Co., Ltd., Senior Engineer, Shanghai 200082

王 颖 WANG Ying
通信作者，429589168@qq.com，上海同济城市规划设计研究院有限公司空间规划研究院，教授级高级工程师，上海 200082
Corresponding author, 429589168@qq.com, Spatial Planning Research Institute, Shanghai Tongji Urban Planning & Design Institute Co., Ltd., Senior Engineer, Shanghai 200082

城市更新中的政企协同治理机制研究

A Research on the Mechanism of Government-Enterprise Collaborative Governance in Urban Regeneration

毛俊松　刘　健　杨永恒　MAO Junsong　LIU Jian　YANG Yongheng

▊ 摘要 ABSTRACT

城市更新有赖于政企协同、公私平衡的有效治理。本文聚焦城市更新中的政企协同，采用文献研究和多案例比较的方法，通过发掘城市更新发展历程，确立区域视角的研究层次，基于协同治理理论，并引入空间选择性，建立政企协同治理框架，进而选择北京、深圳、巴黎和底特律进行比较，厘清针对城市更新行动实现政企协同的治理机制。研究发现，城市更新中的政企协同关系会受到空间规划约束、土地发展赋权的复合影响，作为政策背景的空间选择性会通过这一复合影响过程影响政企协同；当空间选择性、空间规划约束、土地发展赋权都达到较高水平时，可以实现政企高水平协同治理；同时，引入公私合作的公共机构能够有效促进政企协同。

Urban regeneration depends on effective governance of government-enterprise collaboration and public-private balance. This paper focuses on government-enterprise collaboration in urban regeneration. It adopts the research methods of literature study and multi-case comparative analysis, as well as regional perspective in view of the transformation of urban regeneration. It establishes a theoretical framework of government-enterprise collaboration based on the theory of collaborative governance and by introducing the concept of spatial selectivity, which is then used for a comparative analysis of four cases of Beijing, Shenzhen, Paris and Detroit to clarify the mechanism of governmental-enterprise collaboration in urban regeneration. This paper finds out that the government-enterprise collaboration in urban regeneration is influenced comprehensively by spatial planning constraints and land development right empowerment. Meanwhile, as the policy context, spatial selectivity also affects government-enterprise collaboration through this combined influence process. When spatial selectivity, spatial planning constraints and land development right empowerment all reach a high level, good government-enterprise collaborative governance can be achieved. At the same time, the involvement of public institutions based on public-private partnership can effectively promote government-enterprise collaboration.

▊ 关键词 KEYWORDS

城市更新　政企协同治理　空间选择性　空间规划约束　土地发展赋权
urban regeneration　government-enterprise collaborative governance　spatial selectivity　spatial planning constraints　land development right empowerment

---

截至 2020 年，我国城市化水平已经超过 60%，城市更新将成为城市化下半场的主要任务。历史经验表明，城市更新不可能沿用房地产化模式，也不可能完全由政府包办，需要推动政企高水平协同治理和以规划为核心的空间治理变革。"协同治理"的概念产生于新公共管理运动。国内多认为协同治理来自利用协同学对治理理论的重新检视[1]，是多中心主体参与治理活动的一种有效方式[2]。国外对协同治理的基本共识是"政府以外的行动人加入到治理中"和"各行动人共同努力以达到共同目标"[3,4]。协同治理强调公共机构（如城市政府，下文统称为政府）和私营机构（如包括私营企业在内的各类企业，下文统称为企业）共同加入治理中，为实现共同目标而共同努力，以系统应对"政府失灵"和"市场失灵"，因此常被用于讨论城市更新中的政企关系。

本研究的核心问题是如何在城市更新中实现政企协同治理，研究价值在于厘清政企协同治理机制，并为国内的城市更新行动提供经验借鉴。本研究采用文献研究和多案例比较的方法，通过挖掘城市更新发展历程确立区域视角的研究层次，基于协同治理理论并引入空间选择性，建立政企协同治理理论框架，进而选择北京、深圳、巴黎和底特律进行比较，剖析政企协同治理机制。

一、文献综述与理论框架

（一）协同治理：城市更新中的空间治理变革

20世纪70年代以来，西方城市转型发展，城市被认为是部分精英群体利益的区域表达。包括政府、金融机构、开发公司以及相关专业和技术咨询人员在内的精英群体，或者通过促进其拥有共同利益的片区土地利用的日益集约而获利[5]，或者通过不断提升城市土地的交换价值来推动城市增长机器运转[6]。在中国，增长机器具体表现为政府通过运用城市规划以及土地招拍挂、税收优惠等手段，为特定企业垄断土地开发提供便利[7]。在西方，受到新自由主义城市理论影响，政府更加注重去管制化（de-regulation）和放权市场[8]。无论中外，伴随城市的不断增长，城市中出现交通拥堵、环境污染、住房保障等问题，政府因此不得不运用规划干预土地开发行为、协调各方利益和监督更新项目的实施效果[9]，进而建立更加丰富的土地再开发模式，推动收益分配市场化改革和完善相应的规划管理制度[10]，最终推动治理模式转向政企协同[11]。

西方城市更新研究已经转向城市区域治理的视角。比如荷兰政府通过基于片区化（area-based）的"大城市政策"（big cities policy）促进社会融合[12]，支持私人投资主导城市更新[13]；英国城市更新由开发公司主导，并与区域政府紧密合作[14]。本研究基于历史回顾，确立了城市区域视角的研究层次，即跨越各级地方行政边界的城市连绵区域。

（二）历史回顾：国内外城市更新发展的共性特征

对国内外城市更新的发展历程进行比较可以发现两点共性（表1、表2），一是政府在城市更新中既约束企业土地开发行为，又赋予企业土地发展权利；二是政府在空间规划中逐渐关注城市区域尺度，表明空间选择性的尺度上移，进而促进了权力和政策的跨地域分化，并且产生了不同的政治经济效应[15]。在宏观上，发达资本主义国家自20世纪60年代以来的空间选择性演变显示出城市问题不断上移至区域尺度的趋势[16]，多体现为地方自治行政单位基于特定公共事务相互联系形成的城市连绵地区[17]；中国自改革开放以后也逐渐将城市区域作为空间选择性的重点[8]，多体现为市县乃至省级行政单位基于权力边界和行政分工相互合作形成的城市发展密集地区[18]。在中观上，国

表1 1949年以来国内城市更新发展历程总结
Tab.1 Summary of the development process of urban regeneration in China since 1949

主要特征	1949—1980年	1981—1990年	1991—2005年	2006—2015年	2016年至今
城市发展背景	集中力量开展以重工业为中心的工业建设及国防建设	深化改革开放,以提高经济效益为中心,推动经济体制改革从农村转向城市	持续深化体制改革,实施可持续发展战略,促进区域经济协调发展	完善社会主义市场经济体制,推动区域协调发展,建设资源节约与环境友好型社会	构建新发展格局,持续推进新型城镇化,加快改善生态环境
城市更新目标	解决基本居住问题	提高住房和基础设施水平	土地财政带动增长	推动城市生态和功能修复	疏解功能、改善环境,实现城市可持续发展
城市更新模式	政府主导,低成本低标准逐步改造	政府主导,填空补实增加旧城区建设量	鼓励企业参与旧城区"退二进三"改造	企业参与推动老旧小区和老工业区改造	政府统筹,企业运作开展可持续更新
空间规划特点	作为国民经济计划的项目化和具体化	为适应土地市场化实行控制性详细规划	控规成为地方政府"为增长而规划"的主要工具	央地博弈导致多规冲突,城市规划面临结构性调整	建立"三级四类"规划体系,强调底线约束

表2 二战以来欧美城市更新发展历程总结
Tab.2 Summary of the development process of urban regeneration in Europe and America after World War II

背景	二战后—20世纪60年代初	20世纪60年代—20世纪70年代末	20世纪80年代—20世纪90年代初	20世纪90年代以来
城市发展背景	二战结束,和平建设	经济恢复,社会丰裕	经济下滑,旧城衰落	经济全球化,生态环境恶化
城市更新目标	重建城市,供给住房	提升社区,修复邻里	开发旧城,振兴经济	改善人居环境,促进可持续发展
城市更新模式	政府主导,自上而下大规模推倒重建	政府主导,自上而下福利主义的公共住房建设	政企联盟,自上而下经济利益主导地产开发	政企协同,自上而下和自下而上相结合;公私利益平衡
空间规划特点	贯彻政府意志的终极蓝图	贯彻政府意志的终极蓝图	放松土地利用管制,激励企业参与实施城市更新	对城市区域实施增长管理,对企业开发行为进行政策引导
更新政策代表	英国《格林伍德住宅法》美国《住宅法》	鹿特丹"为社区建造"计划	德国国家资助计划,美国容积率奖励、鼓励性区划等	英国"城市挑战"计划、欧盟结构基金

内外主要城市化地区中人口密集的核心城市都从偏重增量建设转变为兼顾存量更新,以应对土地资源有限的挑战。在微观上,城市区域中核心城市的城市更新从单体建设转向成片综合开发,政府通过将土地出让给商业性开发用途获得收益,从而覆盖公共设施建设成本,寻求公共利益和经济利益的平衡[19]。

（三）理论框架：空间选择性影响下的政企协同治理机制

根据协同治理 SFIC 模型[3]，只有开放和包容的制度设计才能适应和激励不同利益相关者参与，权力不平衡则是起始条件的核心变量之一。后续研究普遍认为制度包容性和权力不平衡是影响协同治理的重要因素[20-22]。在城市更新中，一方面，空间规划约束反映了制度包容性的状况，即政府通过自上而下的规划传导实现公共利益，维护市场秩序，又通过自下而上的规划调整兼顾经济利益，响应市场需求；另一方面，土地发展赋权反映了权力不平衡的状况，即政府可以设定在土地流转和再开发中如何与企业分享事权。与此同时，空间选择性表征了政府对某个特定尺度空间具有治理能力和事权，以应对市场机制可能导致具有规模性和区域性的非理性行为。

本研究根据政府对企业行为进行空间规划约束以及政府对企业进行土地发展赋权两个维度的强弱，对城市更新中政企关系模式进行分类。空间规划约束体现的是以政府为代表的公共机构是基于公共利益"自主"地进行土地利用管制，还是仅仅"代理"精英群体的经济利益。土地发展赋权体现的是政府是否可以通过与私营企业分享事权、相互"嵌入"来实现土地开发的效率最优，如果政府和私营企业之间相对"疏离"，则无法从私营企业获得充分的信息反馈和资源补充[23]。政企协同应在公共机构发起和私营机构制度化参与的基础上形成符合双方立场的"中间结果"[3]。由此，本研究划分了四种政企关系模式，即嵌入自主模式、疏离自主模式、嵌入代理模式和疏离代理模式。其中嵌入自主模式的政企协同水平最高，疏离代理模式的政企协同水平最低，而嵌入代理模式和疏离自主模式政企协同水平介于两者之间。在嵌入代理模式中，政府对私营企业的空间规划约束不足，导致城市更新过度房地产化，因此公共利益受损；在疏离自主模式中，政府对私营企业的土地发展赋权不足，导致土地资源利用效率低下，因此经济利益受损。在嵌入代理模式和疏离自主模式中，政企之间难以形成最优的"中间结果"，因此这两种模式的政企协同水平都可以被视为中等（图1）。

同时，本研究假设在特定的空间选择下，不同程度的空间规划约束和土地发展赋权共同作用影响政企协同水平，由此形成本研究的理论框架（图2）。

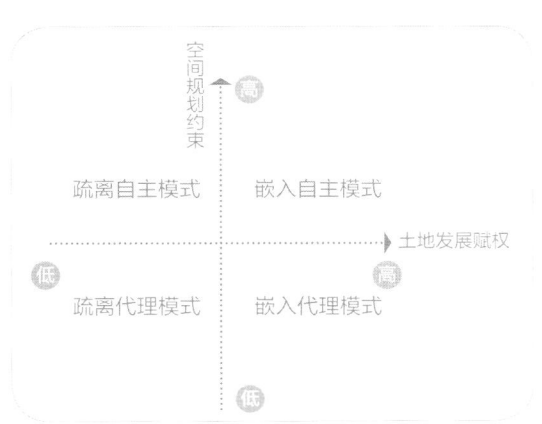

图1　城市更新中政企关系模式分类
Fig.1 Classification of government-enterprise relationship models in urban regeneration

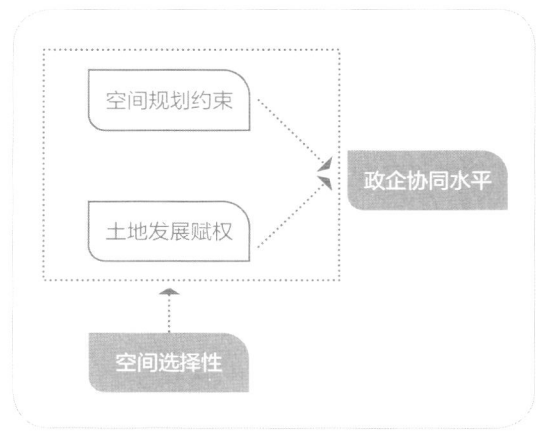

图2 本文的理论框架
Fig.2 The theoretical framework of this paper

择性等因素进行分析，并结合市政府与国有和私营企业之间的协同水平展开比较。

二、政企协同治理机制的差异：国内外四个城市的案例比较

本研究选择多案例比较研究方法，针对北京、深圳、巴黎、底特律四个城市进行比较分析。四个城市都是相应国家极具代表性的特大城市和特定地区的核心城市，且都在20世纪70年代以来持续开展城市更新；但因所在国家的政治经济体制有差异，城市更新中政企关系各有特点，城市更新效果也各不相同。本研究将基于规划文本、地方性法规和其他政策文本以及统计数据、新闻报道等多种文献资料，对北京、深圳、巴黎和底特律四地城市更新中市政府主导下的空间规划约束、土地发展赋权、空间选

（一）北京案例：高约束低赋权的疏离自主模式

北京是市域面积达到16 410 km² 的特大城市，也是京津冀地区（面积218 000 km²）的核心城市。近年来与城市更新相关的建筑业、房地产业在北京市地区生产总值中所占比重稳定在12%左右，相关税种占全市税收收入的10%以上。北京市自改革开放以后即持续推动城市更新，总体可分为四个阶段，即：1978至1989年，"政府统筹、单位合作"统建住房阶段；1990至2001年，"两个转移"①战略下"开发带危改""市政带危改"阶段；2002至2016年，"历史文化保护带危改"和非首都功能疏解阶段；2017年至今，京津冀协同发展战略下全面实施城市更新行动阶段。

《北京城市总体规划（2016年—2035年）》首次明确提出"实现城乡建设用地规模减量"，实现城六区人口规模减量。为实现减量发展目标，北京市设立隶属市委城市工作委员会的城市更新领导小组，下设推动规划编制、规划实施、资金支持等专班，明确条块职责、目标任务和完成时限，逐级传导减量发展的规划目标，并在空间选择上强调京津冀区域协同。例如，在北京城市副中心的战略定位下，通州区政府

---

① "两个转移"为城市建设向远郊区转移和市区建设向调整改造转移。

既要完成到2030年减少21km²建设用地的减量目标，还要承接中心城区功能和人口疏解，同时要与隶属廊坊的三河、大厂和香河三县共同划定生态保护红线和城市开发边界，严控城市发展规模[24]。再如东西城两区作为首都功能核心区，城市更新是未来城市发展的唯一途径；北京市政府根据总体规划编制实施《首都功能核心区控制性详细规划（街区层面）（2018年—2035年）》，以街区为单元规定城市更新的具体管控要求，特别是历史保护和公共服务、交通市政与城市安全等的建设要求、实施方向以及近期重点。与此同时，北京市还编制实施街区指引和规划综合实施方案，对特定片区的土地权属、实施主体、地块指标、资金安排、供地方式和建设时序等做出详细规定。得益于上述规划管控，北京市从全市范围到具体地块层层加强空间规划约束，到2021年年底，全市削减了110km²的城乡建设用地，中心城区人口比重从60%下降到50%，成为全国第一个实现减量发展的特大城市[25]。

在土地发展赋权上，北京市对各类企业参与城市更新做出了诸多政策限制。例如近年来，北京市量化规定了"拆"与"占"和"建"的挂钩比例，建立拆占比、拆建比的严格管控制度②，限制企业在城市更新中通过建设增量营利；再如，北京市制定了《建设项目规划使用性质正面和负面清单》，规定各圈层和各片区内城市更新后的功能业态，限制企业通过城市更新随意改变土地用途。此外，北京市采用政府征收和招拍挂方式，向低效楼宇、传统商圈等商业改造项目供给土地，同时推出"限地价、竞政府共有产权份额、竞高品质方案"的土地出让方式③，拉长了投资周期，降低了投资价值，加大了投资成本。在此背景下，北京少有私营企业参与城市更新；例如，2020年，北京市约有80个老旧小区实施改造，基本都由政府主导。具体而言，首先由小区居委会、业委会或物管会征求居民意愿，然后向所在街道（乡镇）提出申请，进而由街道（乡镇）上报区政府审核，最后经市级政府审议通过后，列入全市改造计划并匹配公共投资。这些老旧小区改造项目目前只能靠停车设施的建设运营平衡资金，因此对私营企业缺乏吸引力，主要依赖区级政府直接管辖的国有企业实施[26]；而国有企业受限于国有资产监管下的"管资产""限合作"的要求，难以与有资金且有开发运营经验的私营企业合作进行城市更新。

总体来看，北京市政府在京津冀区域协

---

② 拆占比指一定区域内拆除（拆）的原有建设用地总面积与建设（占）的建设用地总面积的比值；拆建比指一定区域内拆除（拆）的原有总建筑规模与新建（建）的总建筑规模的比值。
③ 政府在土地出让前设定土地合理上限价格，当竞买报价达到土地合理上限价格时，则不再接受更高报价，转为现场竞报政府持有商品住宅产权份额程序。同时，宗地设定有政府持有商品住宅产权份额预设份额，当现场竞报政府持有商品住宅产权份额达到设定的预设份额时，转入高标准商品住宅建设方案投报程序。

同的空间选择下推动减量发展,利用自身作为首都和京津冀核心城市的特殊地位,强化空间规划约束水平,限制城市规模持续扩张,但面向企业的土地发展赋权较为谨慎,主要依靠国有企业实施城市更新,与私营企业之间合作不足,因此其城市更新中的政企关系可归为疏离自主模式,政企协同水平中等。2022年12月,北京颁布了《北京市城市更新条例》,在京津冀协同发展和首都减量发展的形势下促进私营企业参与城市更新、提升政企协同水平。在规定城市更新底线——不允许"大拆大建"进行土地一级开发和商品住宅开发等的基础上,北京市政府一方面适当增加空间规划约束弹性,比如允许涉及保障居民基本生活、补齐城市短板的城市更新项目适当增加建筑规模,试点将城市更新项目审批权限下放至区级;另一方面,不断加强对私营企业的土地发展赋权,比如鼓励各类存量建筑之间用途转换和土地兼容使用[27]。

(二)深圳案例:低约束高赋权的嵌入代理模式

作为经济特区,深圳市面积1997km²,是珠三角地区(面积55 368km²)的核心城市。面对"四个难以为继"[28]的困境,深圳市较早开始了城市更新探索,总体可分为四个阶段,即:20世纪80年代至90年代初,政府默许村民自发分散改造阶段;20世纪90年代至2003年,旧村业主和私营企业小规模自发更新改造阶段;2004至2009年,市政府编制实施旧村和旧工业区改造专项规划阶段④;2009年至今,市政府建章立制、市场主导更新阶段。"十二五"期间,深圳城市更新投资占全市固定资产投资比例超过13%[29];"十三五"期间,深圳全市建设用地供应计划总量下降,其中城市更新建设用地供应比例稳中有增,尤其重点供应了居住、商服、工业等土地用途。

2009年以来,深圳市通过地方立法建立了以城市更新单元为核心的专项规划体系,并对法定图则进行调整。深圳市将各区城市更新供给的存量土地任务指标与新增用地计划指标相关联,并反馈到市区两级的城市更新专项规划中。城市更新专项规划划定拆除重建、综合整治两类片区边界,确定工业、商业和居住等各类用地规模,提出城中村、旧工业区、旧住宅区和旧商业区的更新策略,经市区两级审批通过后可对法定图则进行局部覆盖调整。市区两级政府、原有产权人和包括私营企业在内的各类企业均可申请发起城市更新项目,申报"城市更新单元",项目可被纳入年度更新计划。

在土地发展赋权上,深圳市通过"强区放权"改革赋权私营企业参与城市更新,支持区级政府在珠三角一体化和粤港澳大湾区协同战略下,利用城市更新推动产业发展。近年来,在深圳

---

④ 包括《深圳市城中村(旧村)改造总体规划纲要(2005—2010)》《深圳市工业区升级改造总体规划纲要(2007—2020)》等。

城市更新项目实施主体中，私营企业占比超过70%[30]。深圳市所处的珠三角地区较早开始探索区域协同发展⑤，并在2016年进入粤港澳大湾区协同发展的新阶段。在此背景下，深圳在城市发展中主动加强区域合作，推动城市更新单元规划编制和法定图则调整，促成和保障公共设施、产业园区等一批重点项目落地。例如，《罗湖区空间发展规划（2017—2030）》提出"西联与福田区共建大都市核心服务圈，东进疏解物流、批发市场等功能，南向从口岸设施、边界地区和全域三个层次对港合作"。"十三五"期间，深圳在罗湖区试点将城市更新项目审批服务及监管检查等职权下放给区政府，规定除特殊情形⑥外的土地供应均由区政府审批；在此基础上，罗湖区政府进一步强调以城市更新项目的产业规划引导空间规划，推行城市更新单元计划和单元规划同步申报审批，并规定审批通过后私营企业可通过协议获得土地使用权并实施更新。从实际效果来看，"十三五"期间，罗湖区城市更新项目、规划建成面积和释放产业面积分别是"十二五"期间的2.6倍、2.3倍和2.2倍，旧工业区和旧商业区的更新项目比重分别提升了14.0%和26.7%；但与之相对应的是，罗湖区城中村改造项目比重下降37.3%，城市更新单元规划内的项目平均容积率相比试点前提升30%，高出全市平均水平超过60%，城市更新项目的平均占地规模下降近50%[31]。在城市更新加速推进的同时，罗湖区公共服务水平提升缓慢，"十三五"期间全区保障性住房缺口超过4万套，小学、医院、社区健康服务中心和养老设施长期超载[32]。

总体来看，深圳市政府在珠三角和粤港澳协同发展的空间选择下，通过城市更新推动产业发展，利用珠三角地区发育良好的市场机制，加强面向各类企业尤其是私营企业的土地发展赋权，私营企业主导的城市更新项目多集中在诸如地铁沿线的特定片区和工改商住的特定类型。但私营企业主导的城市更新造成空间规划约束被削弱，公共利益在一定程度上受到损失，因此其城市更新中的政企关系可归为嵌入代理模式，政企协同水平中等。近年来，深圳市政府在珠三角和粤港澳协同发展的形势下，统筹应对城市更新项目碎片化趋势带来的系统性问题：一方面出台《关于深入推进城市更新工作促进城市高质量发展的若干措施》，提出通过片区统筹规划的编制和实施[33]，为法定图则修

---

⑤ 在20世纪80年代至90年代，广东省先后编制了《珠三角城镇体系规划》《珠三角经济区城市群规划》《珠三角经济区现代化建设规划（1996—2010）》。2008年，国务院发布《珠江三角洲地区改革发展规划纲要》，广东省进一步制定了基础设施、基本公共服务、环境保护、产业布局、城乡规划5个专项"一体化规划"，粤港澳三地政府还共同发布《大珠江三角洲城镇群协调发展规划研究》。2014年，广东省发布《珠江三角洲全域空间规划》，将全域空间全要素纳入统一规划。
⑥ 具体而言，由深圳市规划和自然资源部门审核后报市政府审批的7种情形包括：居住用地（不含通过城市更新、棚户区改造方式出让的居住用地）；作价出资用地；市投于建项目用地；以划拨或者协议方式供应的只租不售的创新型产业用房和科研项目用地；未完善征（转）地补偿手续用地流转方案；置换用地；占用国有储备土地总面积3000m²及以上的留用地、征地返还用地、安置房用地。

编提供多方利益博弈平衡后的规划建议，加强城市更新专项规划和法定城市规划体系的衔接，加强空间规划约束；另一方面引入以深圳地铁公司为代表的国企开展TOD导向下的重要片区更新，增加公共住房、学校等公共服务设施供给，并与珠三角轨道交通生态圈内的惠阳、汕头等地协同推进区域范围内的城市更新联动。

（三）巴黎案例：高约束高赋权的嵌入自主模式

巴黎是法国首都，面积105km^2，是法兰西岛大区（面积12 011km^2）的核心城市。巴黎城市更新自19世纪奥斯曼全面改造巴黎开始，二战后以社会住房建设和卫生环境整治为重点，由法国中央政府通过"城市更新区"和"优先城市化地区"等制度直接主导。20世纪70年代石油危机以后，法国中央政府财力明显减弱，地方事务日趋复杂，社会民主化进程不断推进；有鉴于此，法国开始对城市更新政策进行调整，建立协议开发区制度作为城市更新的主要制度工具。根据法国《城市规划法典》的定义，协议开发区是指地方政府根据城市建设发展的需要，通过与相关土地所有者进行协商，在达成共识并签署协议的基础上建立的特殊开发区域，其用地范围可不受行政区划的约束，可以根据城市更新的实际需要经过多方协商确定[34]。截至20世纪90年代末，巴黎市内有17个协议开发区，总面积约2km^2，其中贝西协议开发区是典型代表。

在空间规划约束上，巴黎市通过议会立法和专业建筑师制度化参与强化城市更新中的纵向传导。巴黎市遵循区域规划，如《巴黎地区国土开发与城市规划指导纲要（1965—2000年）》和《法兰西岛地区国土开发与城市规划指导纲要（1975—2000年）》的战略指引，编制和实施地方城市规划，力求通过城市更新在巴黎市区保持多样化的居住功能、稳定就业水平和减缓人口递减趋势[35]。贝西协议开发区位于巴黎市区东部，占地50hm^{2}左右，曾经是欧洲最大的葡萄酒交易集散中心，20世纪50年代以来逐渐衰落。巴黎市政府先后于1973年和1983年通过了针对塞纳河东南区和巴黎东区的两项城市振兴规划，将贝西地区规划为一个围绕大型城市公园的多功能社区和以第三产业为核心的产业中心[36]。1987年，巴黎市政府正式设立贝西协议开发区，根据地方城市规划编制贝西协议开发区总体发展计划并提交市议会审议；总体发展计划在审议通过后成为地方立法文件，其中包含协议开发区的发展战略定位、产业振兴构想、土地利用分区、公私用地布局以及建筑高度分区等重要的规划控制指标，尤其强调功能混合的土地利用布局⑦。根据总体

---

⑦ 贝西开发区规划中典型的土地利用分类有住宅、商业和其他混合用地，办公、三产、服务和其他混合用地，商业、手工业和其他混合用地，商业、服务和其他混合用地等。

发展计划，巴黎市政府委任"景观建筑师"完成公共空间设计，同时由负责协议开发区运营的公私合作企业——巴黎东区土地开发综合经济公司根据总体发展计划组织开发用地的规划设计招标，在招标中胜出的开业建筑师被巴黎市政府委任为"协调建筑师"，参与开发区的规划建设管理。协调建筑师的规划设计方案必须遵循总体发展计划中基于城市全局和公共利益的规划约束，同时兼顾私营企业的经济利益，明确地块边界、建筑高度、开发强度、建筑风貌等规划控制指标；方案经市议会审议后即成为具有强制约束力的地方法规，作为开发区内规划建设许可审批的法定依据；而且，开发建设单位在向当地城市规划主管部门申请规划建设许可之前，必须首先征得协调建筑师对具体设计方案的同意。由此，巴黎市政府保证了空间规划约束从全市范围到具体地块、从规划编制到建设实施的有效传导。

在土地发展赋权上，巴黎市政府委托巴黎东区土地开发综合经济公司基于总体发展计划进行贝西协议开发区的土地开发。土地开发综合经济公司是为完成特定片区城市更新开发活动而设立的特殊公权法人，是兼具行政管理和商业运作的公私合作企业，多由公共机构出资设立，但不受任何公共机构的直接管理，而是以独立法人的身份运营。巴黎东区土地开发综合经济公司通过市场定价的协议方式收购土地，完成道路等市政设施建设和地块划分，再通过招标、协议等方式分地块将土地流转给各类企业，特别是私营企业进行土地二级开发。经过长时间建设，贝西协议开发区逐渐成为巴黎新的活力地区，体育馆、公园等公共服务设施水平大幅提升，有效带动了当地交通改善和产业转型。比如，原有的葡萄酒仓储区在被改造为一个特色步行商业街区后仅开业第一年（2001年）的营业额就达到6860万欧元，形成了城市更新中高质量空间发展和高附加值产业发展的良性循环[37]。

总体来看，巴黎市政府在巴黎地区区域协同的空间选择下推动衰败地区复兴，既保证地方城市规划和协议开发区总体发展计划的强制约束作用，又充分赋权公私合作企业，借助这类机构吸引私营企业有序参与重要片区的城市更新。因此，巴黎城市更新中的政企关系可归为嵌入自主模式，政企协同水平较高。进入21世纪以来，面向城市全面复兴和都市区协同的转型需求，法国基于各级政府协作，形成了以国家层面"城市更新国家计划"、地方层面的"城市更新地方规划"和特定政策分区的"城市更新详细规划"为主要构成的城市更新专项规划体系。在"协议开发区"制度的基础上，法国政府通过从中央到地方的空间规划约束传导落实国家对城市和区域发展的战略意图和管制要求。

（四）底特律案例：低约束低赋权的疏离代理模式

底特律是美国密歇根州最大的城市，面

积 370km²，是大底特律都市区（面积超过 10 000km²）的核心城市。二战之后，底特律市不少汽车企业搬到郊区，市中心持续衰败，导致市区失业率较高（10% 左右），空心化和郊区化问题加剧。在此背景下，底特律市政府借助联邦基金，开始在市中心进行大规模推倒重建。20 世纪 60 年代，底特律市政府计划建设一条穿过市中心、连接郊区的高速公路，因此强制拆迁公路规划范围内的非洲裔社区，引发 1967 年的大规模种族骚乱[38]，导致项目失败。20 世纪 70 年代到 80 年代，由于经济下滑、财政萎缩，美国联邦政府减少对城市政府的基金支持，并将城市更新权限下放到城市[39]，底特律市政府也开始了新一轮城市更新。一方面，底特律市政府实施"让工厂回来"的战略，耗资 2 亿美元完成某社区拆迁后，以 800 万美元将土地低价出售给通用汽车公司，以换取后者在市区新建整车厂和创造 6000 个新工作岗位的承诺；但到 1988 年，该厂因效益不佳实际只雇用了 2500 名工人，反而是社区原有 1/3 的小店主被迫关门失业[40]。另一方面，底特律市政府通过大规模举债投资兴建地标建筑和基础设施，如 1977 年建成的文艺复兴中心和 1987 年建成的旅客运载专线，造成政府债务压力剧增、财政情况恶化，政府税基持续萎缩，市区公共服务水平却没有提升。20 世纪 90 年代以来，底特律市政府继续通过举债修建了福克斯戏院、露天棒球场和室内美式足球场以及三个赌场，但城市人口外流持续加剧。根据 2010 年人口普查，底特律市人口约为 70 万，相比 1950 年顶峰时期流失了 60%[41]；2011 年，底特律市失业率超过 12%，犯罪率排名全美城市第二[42]。2007 至 2012 年间，全市房地产价值从 141 亿美元下降到 94 亿美元。到 2013 年申请破产时，底特律市政府负债金额高达 185 亿美元[43]。

纵观二战后底特律市城市更新发展，一方面，底特律市政府的空间规划约束始终很弱。首先，底特律市政府更加关注实施"形象工程"而非统筹规划全市空间发展，导致城市长期缺乏有效的总体规划，城市的分区规划即区划本身又弹性较大，市政府利用弹性区划技术（激励性区划、叠加区划）和容积率管理工具（容积率奖励、转让和储存）等为各种"形象工程"创造盈利空间。到了 20 世纪 90 年代，城市规划在底特律市更是被认为是过时的政策手段[44]。其次，美国的城市规划事权主要在市镇一级地方政府，而底特律大都市区范围内有超过 300 个地方政府[45]，底特律市政府并没有足够的权力协同区域内其他地方政府，联邦和州又不具备统一的空间规划授权自上而下地促进区域协同[46]。另一方面，底特律市政府在土地发展赋权上缺少与传统汽车行业以外的新兴产业组织的有效合作[47]，其决策受制于当地利益集团和选民，所以希望通过"形象工程"刺激短期消费而非改善公共服务水平。底特律市政府在土地出让中存在交易程序不透明、定价难以预测等问题，也使私营企业对参与城市更新缺乏意愿[38]。

总体来看，底特律市政府在底特律大都市区内难以推动区域协同，碎片化的行政管理使得空间规划约束难以纵向传导，市政府本身又被汽车产业垄断集团所"俘获"。因此，底特律城市更新中的政企关系可归为疏离代理模式，政企协同水平较低，未形成有效的政企协同。为了走出困境，底特律市政府提出了《2012底特律战略框架规划——底特律未来城》，着眼大都市区域协同发展，逐步加强市政府的空间规划约束和土地发展赋权，提出在底特律大都市区域内建立包含多种模式的交通网络以支持底特律城市高效发展，借助独立运作的公私合作企业——底特律经济振兴公司协调持有土地的私营企业围绕市政府的政策愿景开展规划建设，并建立了一套新的城市更新决策和监管体系，以加强市政府对土地开发的管制，促进私营企业参与决策[48]。

三、讨论与结论：城市更新中的政企协同治理机制

上述案例分析表明，北京、深圳、巴黎和底特律城市更新中的政企关系分别对应了疏离自主模式、嵌入代理模式、嵌入自主模式和疏离代理模式；巴黎城市更新中的政企协同水平最高，北京和深圳次之，底特律最低。表3汇总了四个案例的关键变量情况。

（一）空间规划约束、土地发展赋权对政企协同的影响

根据协同治理理论，城市更新中的政企协同需要兼顾空间规划约束和土地发展赋权。空间规划约束强调城市政府在引入企业参与城市更新的同时，需要代表公共利益对资本进行约束[49]，限制企业，特别是私营企业的土地开发

表3 四个城市更新案例的政企协同各变量取值
Tab.3 Values of variables of government-enterprise collaboration in four urban regeneration cases

变量名称	北京	深圳	巴黎	底特律
政企关系	疏离自主	嵌入代理	嵌入自主	疏离代理
政企协同水平	中	中	高	低
空间选择性	高	高	高	低
空间规划约束	高	低	高	低
土地发展赋权	低	高	高	低

产生的负外部性，引导其开展具有正外部性的土地开发。为避免上述措施可能造成市场主体损失几何级的经济利益，需要建立土地发展权交易市场，以市场机制促进土地发展权要素流动[50]，充分赋权企业参与土地流转和更新改造。

将北京、深圳分别和底特律进行对比可以发现，在控制变量的前提下，北京在城市更新中空间规划约束比底特律更强，深圳在城市更新中土地发展赋权水平比底特律更高。结合理论分析可以认为，当空间规划约束或土地发展赋权达到高水平时，政企可以在城市更新中实现有效协同。同理，将北京、深圳分别和巴黎进行对比可以认为，当空间规划约束和土地发展赋权都达到高水平时，政企可以在城市更新中实现高水平的政企协同。

（二）空间选择性对政企协同的影响

不同城市及其所处区域的空间尺度和所在国家的政治经济体制使不同城市政府的空间选择性存在差异。依据"区域"形成的主要动力可以将"区域"分为"区域主义的空间"（spaces of regionalism）和"区域的空间"（regional spaces）两类[51]。其中，"区域主义的空间"的形成动力主要来源于国家性政治建构和行政传导，主要由各级政府基于行政地域边界合法行使管辖权[52]；"区域的空间"的形成动力主要来源于地方性制度积累和经济演化，有赖于央地政府和公私主体之间基于各自的治理事务跨越行政边界分享管辖权[52]。

将北京、深圳分别和底特律进行对比可以发现，在控制变量的前提下，北京和深圳的空间选择性更高，而底特律的空间选择性较低，前两者在空间规划约束或土地发展赋权上水平更高。其原因在于，北京市政府在中央授权下以减量为目标加强城市更新中的空间规划约束，以行政传导推动非首都功能疏散，促进京津冀协同发展；深圳作为经济特区得到中央授权、先行先试，其所处的珠三角地区市场机制发育良好，因此深圳市政府更加注重赋权私营企业实施更新，为区域联动促进产业转型释放空间；底特律市政府缺乏纵向授权路径、难以协同区域，致使城市长期无序蔓延、人口和企业外流，因此更加依赖与利益集团的"增长联盟"推动城市更新，进而导致其他私营企业无法制度化参与城市更新的决策和实施。结合三个城市的政企协同水平，可以认为当城市更新中空间选择性较高时，政府可以在城市更新中有效提高空间规划约束或土地发展赋权水平，促进政企协同。

将北京、深圳分别和巴黎进行对比可以发现，京津冀地区协同动力主要来自政府推动和更高层次协调，属于"区域主义的空间"；珠三角地区协同的动力主要来自发育良好的市场化机制和行业协会等社会组织[53]，属于"区域的空间"。大巴黎地区协同的动力则来自央地政府之间、地方政企之间基于法律的平等合作关系[54]，因此兼具两种"区域"空间的特征。在巴黎市的城市更新中，市政府的空间规划约束承上启下，在宏观层面衔接区域战略、确定重点片区，在中观层面引入公私合作的公共机构负责统筹，在微观层面赋权私营企业实施市场化的土地开发。因此可以认为，当城市更新中空间选择性较高时，区域协同的动力会影响空间规划约束和土地发展赋权，尤其影响二者发挥作用的主要空间层次，进而影响政企协同。

四、结论

本文认为，单一增长逻辑无法完全解释城市更新中政企协同的治理行为，因此构建了城市更新中政企关系分类模型以及政企协同治理理论框架，以文献研究和多案例比较的方法对框架进行了验证。当空间规划约束或土地发展赋权达到高水平时，政企之间可以形成有效的协同；当两者都达到高水平时，政企之间可以形成高水平协同。此外，当空间选择性上升至区域时，政府可以有效提高空间规划约束或土地发展赋权水平，塑造空间规划约束偏宏观尺度、土地发展赋权偏微观尺度的政策特征，促进政企协同。据此可以总结出政府在城市更新中促进政企协同的具体机制（图3）。从案例城市近些年的城市更新政策变化中也可以看出，城市更新中的政企协同是一个因地制宜、复杂精细的政策过程，需要动态调适、渐进平衡。

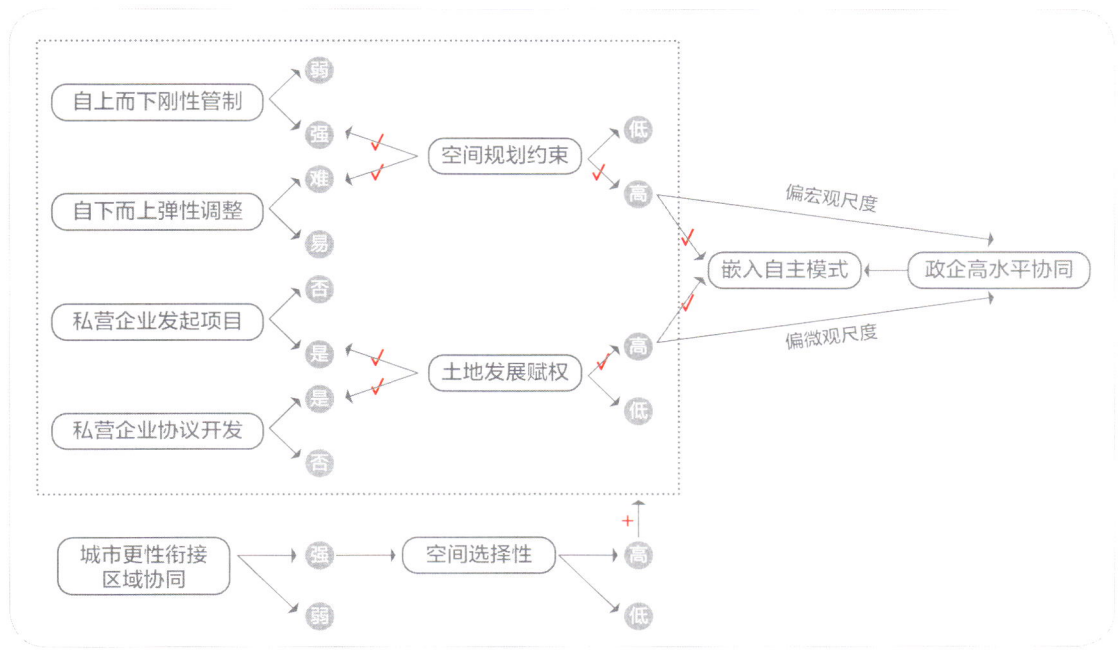

图3　政府在城市更新中实现政企协同治理的机制
Fig.3　The mechanism for the government to realize collaborative governance in urban regeneration

本文的主要创新点是确立了区域视角的研究层次，引入空间选择性丰富了协同治理的空间内涵，通过案例比较厘清了政企协同治理机制。本文主要关注了权力和制度等因素，对政企之间合作—对抗的历史因素挖掘不足，如北京、深圳两地作为我国城市更新领域公认的政府主导和市场主导的典型城市，在历史上其政企协同的过程究竟如何变迁，又如何对当下政企协同水平及其治理机制造成了何种影响。本研究对城市更新中的政企关系提供了一种基于协同治理理论的可能解释，未来还可以通过定量研究对结论进行检验和修正。

致谢：本研究是住房和城乡建设部软科学研究项目《城市更新背景下重大项目规划建管协同路径研究》（项目编号 2022-R-032）和清华大学城市治理与可持续发展研究院首都高端智库课题《基于规划建设使用全过程管理的首都城市空间治理研究》（课题编号 20211160001）的阶段性成果，得到清华大学城市治理与可持续发展研究院首都高端智库经费的资助。

参考文献 REFERENCES

[1] 李汉卿. 协同治理理论探析 [J]. 理论月刊, 2014(1): 138-142.
[2] 熊光清, 熊健坤. 多中心协同治理模式: 一种具备操作性的治理方案 [J]. 中国人民大学学报, 2018,32(3): 145-152.
[3] ANSELL C, GASH A. Collaborative governance in theory and practice[J]. Journal of public administration research and theory, 2008, 18(4): 543-571.
[4] BINGHAM L B. The next generation of administrative law: building the legal infrastructure for collaborative governance[J]. Wisconsin law review, 2010(2): 297.
[5] MOLOTCH H. The city as a growth machine: toward a political economy of place[J]. The American journal of sociology, 1976, 82(2): 309-332.
[6] 张京祥, 吴缚龙, 马润潮. 体制转型与中国城市空间重构——建立一种空间演化的制度分析框架 [J]. 城市规划, 2008(6): 55-60.
[7] 张京祥, 殷洁, 罗震东. 地域大事件营销效应的城市增长机器分析——以南京奥体新城为例 [J]. 经济地理, 2007(3): 452-457.
[8] WU F. Planning for growth : urban and regional planning in China [M]. New York, NY: Routledge, 2015.
[9] 孟延春, 谷浩. 城市更新视角下中西方城市贫困社区治理路径演变及改造模式研究 [J]. 公共管理评论, 2017(3): 53-65.
[10] 黄晓燕, 曹小曙. 转型期城市更新中土地再开发的模式与机制研究 [J]. 城市观察, 2011(2): 15-22.
[11] 覃琳. 以多元协同空间治理模式实施城市更新的思考 [C]//. 面向高质量发展的空间治理——2020中国城市规划年会论文集（02 城市更新）, 2021: 975-981.
[12] 萨科·穆斯特尔德, 维姆·奥斯滕多夫, 刘思璐. 荷兰城市更新政策回顾和述评 [J]. 国际城市规划, 2022,37(1): 22-28+39.
[13] MUSTERD S, OSTENDORF W. Integrated urban renewal in The Netherlands: a critical appraisal[J/OL]. Urban research & practice, 2008(1): 78-92.
[14] HALL T, HUBBARD P. The entrepreneurial city: new urban politics, new urban geographies?[J] Progress in human geography, 1996, 20(2), 153–174.
[15] JONES M R. Spatial selectivity of the state? The regulationist enigma and local struggles over economic governance[J]. Environment and planning A: economy and space, 1997, 29(5): 831–864.
[16] BRENNER N. Urban governance and the production of new state spaces in western Europe, 1960-2000[J/OL]. Review of international political economy: RIPE, 2004, 11(3): 447-488.
[17] 张福磊. 多层级治理框架下的区域空间与制度建构：粤港澳大湾区治理体系研究 [J]. 行政论坛, 2019,26(3): 95-102.
[18] WU F. China's emergent city-region governance: a new form of state spatial selectivity through State-orchestrated rescaling[J/OL]. International journal of urban and regional research, 2016, 40(6): 1134-1151.
[19] 赵燕菁. "成片开发"与"公众利益"的制度含义 [J]. 北京规划建设, 2021(4): 156-157+161.
[20] BRYSON J M, CROSBY B C, STONE M M. The design and implementation of cross-sector collaborations: propositions from the literature[J]. Public administration review, 2006, 66(s1): 44-55.
[21] O'LEARY R, VIJ N. Collaborative public management: where have we been and where are we going? [J]. Am rev public adm, 2012, 42(5): 507-522.
[22] EMERSON K, NABATCHI T, BALOGH S. An integrative framework for collaborative governance[J]. Journal of public administration research and theory, 2012, 22(1): 1-29.
[23] 彭勃, 杨志军. 发展型国家理论、国家自主性与治理能力重塑 [J]. 浙江社会科学, 2013(6): 58-65+157-158.

[24] 北京市通州区与河北省三河、大厂、香河三县市协同发展规划 [EB/OL]. (2020-03-17) [2022-12-20].https://www.ndrc.gov.cn/xxgk/zcfb/ghwb/202003/t20200317_1223417.html?code=&state=123.
[25] 北京市规划自然资源委：深入落实城市总体规划 推动首都高质量发展 [EB/OL]. (2022-01-18) [2022-12-20].https://m.thepaper.cn/baijiahao_16344011.
[26] 探索城市更新行动"通州模式"：构建副中心高质量发展新格局 [EB/OL]. (2021-12-13) [2022-02-20].http://zhengxie.bjtzh.gov.cn/tzzxhy/tz_zxhy/202112/1502918.shtml.
[27] 北京市城市更新条例 [EB/OL]. (2022-12-06) [2022-12-20].http://www.beijing.gov.cn/zhengce/dfxfg/202212/t20221206_2871600.html.
[28] 深圳突破在哪里：面临四个"难以为继"难题 [EB/OL]. (2005-08-26) [2022-12-20].http://news.sohu.com/ 20050826/n226787378.shtml.
[29] 邹兵. 存量发展模式的实践、成效与挑战——深圳城市更新实施的评估及延伸思考 [J]. 城市规划, 2017, 41 (1): 89-94.
[30] 深圳旧改实施主体盘点：民企担纲主力军，计划实施率达35% [EB/OL]. (2022-02-25) [2022-12-20].http://news.sohu.com/ 20050826/n226787378.shtml.
[31] 初议"强区放权"后的深圳城市更新：未来有哪些变化?[EB/OL].（2017-03-10）[2022-02-20].http://www.szhome.com/242437.html.
[32] 深圳市罗湖区国民经济和社会发展第十四个五年规划和二〇三五年远景目标纲要 [EB/OL]. (2021-11-19) [2022-12-20].http://www.szlh.gov.cn/lhfzhgjj/gkmlpt/content/9/9383/post_9383080.html#21270.
[33] 关于深入推进城市更新工作促进城市高质量发展的若干措施 [EB/OL]. (2019-06-11) [2022-12-20].http://www.sz.gov.cn/szcsgxtdz/gkmlpt/content/7/7019/post_7019446.html#19169.
[34] 刘健. 注重整体协调的城市更新改造：法国协议开发区制度在巴黎的实践 [J]. 国际城市规划, 2013,28 (6): 57-66.
[35] 刘健. 巴黎地区区域规划研究 [J]. 北京规划建设, 2002 (1): 67-71.
[36] 邹天宇. 巴黎左岸协作开发区规划经验与启示 [J]. 中外建筑, 2016 (12): 104-110.
[37] ZAC Bercy—Urban Design Report（2013）[EB/OL]. (2013-02-10) [2022-12-20].https://www.academia.edu/6640483/ZAC_Bercy_Urban_Design_Report_2013.
[38] 宋虎. 走出困顿之城《重塑底特律》的探索 [J]. 经济法学评论, 2014, 14 (1): 295-313.
[39] 姚之浩, 曾海鹰. 1950年代以来美国城市更新政策工具的演化与规律特征 [J]. 国际城市规划, 2018, 33 (4): 18-24.
[40] 马秀莲. 工业城市底特律发展转型研究 [J]. 中国名城, 2017 (4): 64-71.
[41] 冯晋. 从城市化到城市衰落：现代化、城市化和工业化的问题——以底特律为例 [C]// "现代化和全球变化"首届世界现代化研究论坛论文集, 2013: 77-85.
[42] 马婷, 安功. 评《城市的胜利》[J]. 城市与区域规划研究, 2012, 5 (2): 228-232.
[43] 马秀莲, 吴志明. 挣扎的底特律：后工业城市复兴的理论、实践与评述 [J]. 北京行政学院学报, 2015 (4): 1-9.
[44] GALLAGHER J, 张秋扬, 刘冰. 汽车城——底特律的过去和未来 [J]. 城市规划学刊, 2015 (3): 120-122.
[45] 侯永志, 刘培林, 陈朝伦, 等. 美国底特律市衰败的原因及启示 [N]. 中国经济时报, 2013-07-23 (1).
[46] 蔡玉梅, 高延利, 张建平, 等. 美国空间规划体系的构建及启示 [J]. 规划师, 2017, 33 (2): 28-34.
[47] 袁建峰. 美国老工业城市匹兹堡产业转型分析及规划思考 [J]. 国际城市规划, 2015, 30 (S1): 36-41.
[48] 王盼盼. 底特律收缩城市规划对鄂尔多斯市的启示 [C]// 共享与品质——2018中国城市规划年会论文集（11 城市总体规划）, 2018: 939-948.
[49] 陈鹏, 翟宇. 包容性增长与城市规划范式转换 [J]. 国际城市规划, 2011, 26 (1): 12-15+40.
[50] 林颖, 尹稚. 土地发展权视角下控规实施的优化路径探索 [J]. 规划师, 2021, 37 (12): 5-10.
[51] JONES M, MACLEOD G. Regional spaces, spaces of regionalism: territory, insurgent politics and the English question[J]. Transactions - Institute of British Geographers (1965), 2004, 29 (3): 433-452.
[52] LIESBET H, GARY M. Unraveling the central state, but how? types of multi-level governance[J]. The American political science review, 2003, 97 (2): 233-243.
[53] 孙久文, 原倩. 京津冀协同发展战略的比较和演进重点 [J]. 经济社会体制比较, 2014 (5): 1-11.
[54] 张衔春, 胡映洁, 单卓然, 等. 焦点地域·创新机制·历时动因——法国复合区域治理模式转型及启示 [J]. 经济地理, 2015, 35 (4): 9-18.

作者简介 ABOUT THE AUTHOR(S)

毛俊松 MAO Junsong
清华大学建筑学院，博士研究生，北京 100084
School of Architecture, Tsinghua University, PhD Candidate, Beijing 100084

刘　健 LIU Jian
清华大学建筑学院，教授，北京 100084
School of Architecture, Tsinghua University, Professor, Beijing 100084

杨永恒 YANG Yongheng
清华大学公共管理学院，教授，北京 100084
School of Public Policy and Management, Tsinghua University, Professor, Beijing 100084

城市更新中降低城市人口密度的必要性和意义*

Necessity and Significance of Reducing Population Density in Urban Regeneration

周建高　杨慧萌　ZHOU Jiangao　YANG Huimeng

■ 摘要 ABSTRACT

当代中国作为政策的城市更新是鉴于城市化高速发展中住房等建设数量充足，而城市病突出、人居环境质量较低等现象，而实施的完善、提高城市空间品质的行动。迄今为止的城市更新研究和政策中，罕见降低城市人口密度的内容。事实上人口过密是影响城市空间质量的关键因素。中国城市平均人口密度比日本和欧美城市高得多。人口过密导致安全问题、邻居互相干扰、交通拥挤拥堵等多种问题。造成人口过密的原因主要是垄断资本追求土地效益最大化、指标计划管理城市空间等。从贯彻以人为本的新发展理念、满足城市发展新阶段的需要、实现城市更新自身目标看，都需要降低城市人口密度，创造适应现代文明生活需求的高质量城市生活空间。

Urban regeneration, as a policy in contemporary China, is an action to improve the quality of urban space, to relieve the urban disease and low-quality human settlement environment, while the number of housing and other facilities is sufficient in the rapid development of urbanization. So far, in the urban regeneration research and policy practice, the topic of reducing the urban population density is rarely involved. In fact, overpopulation is the key factor affecting the quality of urban space. The average population density of Chinese cities is much higher than that of Japanese, European and American cities. Overpopulation has led to many problems, such as safety, mutual interference between neighbors, traffic congestion, etc. The main reasons for urban overcrowding are the pursuit of land efficiency maximization by monopoly capital, the concentration of planning and construction power, and the indexing management of urban space. From the perspective of implementing the new concept of people-oriented development, meeting the needs of the new stage of urban development, and achieving the goal of urban regeneration, we need to reduce the urban population density, and create high-quality urban living spaces that meet the needs of modern civilized life.

■ 关键词 KEYWORDS

城市更新　建成区人口密度　土地利用　人居环境　宜居

urban regeneration　population density of built-up area　land use　human settlement environment　livability

一、引言

　　从历史的长时段看，就像任何生物种群一样，城市作为人类意志的产物，从建筑材料、方式到空间格局等，也一直处于新陈代谢中。广义地讲，城市历史就是一部城市更新史。但是有意识地把城市更新作为学术研究对象是在当代。根据中国知网的检索结果，我国学界以"城市更新"为主题的论文数量，在20世纪80年代不足10篇，90年代不足60篇。进入21世纪后逐年增多，自2015年开

---

* 国家社会科学基金后期资助项目"优化城市空间结构缓解交通拥堵对策研究——中日比较及其启示"（19FGLB016）；天津社会科学院重点课题"天津市住房和人居环境评价指标体系研究"（21YZD-05）。

始显著增加，2021年发表论文超过千篇，可见城市更新日益成为城市研究界的热点之一。作为国家层面的城市政策，城市更新是近年出现的。似乎是2019年12月中央经济工作会议，首次提出做好城镇老旧小区改造等"城市更新"任务。随后的《中共中央关于制定国民经济和社会发展第十四个五年规划和二〇三五年远景目标的建议》明确提出实施城市更新行动。2020年11月，住建部部长王蒙徽发表《实施城市更新行动》，阐释了实施城市更新的意义、目标任务和工作方针。2021年3月，国务院的政府工作报告把城市更新列为政府工作内容；11月，住建部部署开展城市更新试点工作。城市更新的背景是我国城镇化步入中后期，由大规模增量建设转为存量提质改造和增量结构调整并重阶段，针对"城市病"等各种问题，要走出一条内涵集约式高质量发展的城镇化新路[1]。因各地城市状况千差万别，城市更新在上升为国家政策之前，不少地方已经开展了实践探索，在成为国策之后更在全国普遍展开。综览各地城市更新政策，既有共同点，也有各自特色，内容涉及各个方面，但是似乎存在一个普遍的问题，即忽视了我国各地城镇人口过密的问题，没有降低建成区、居住区人口密度的目标和措施。

人口在地理空间的密度是国外学者研究社会问题常关注的因素之一。美国社会学家刘易斯·沃思（Louis Wirth）把城市定义为大尺度、高密度、异质性居民的集聚点[2]。人类聚居学创始人道萨迪亚斯（C. A. Doxiadis）认为居住密度是组成社区的关键因素，是社区最重要的特性[3]。学界对城市密度的研究涉及多个方面，例如人口密度、建筑密度、商业密度、经济密度等，人口密度又分居住密度、就业密度、交通密度等，或分为昼间人口密度和夜间人口密度。中外对于人口密度关注的差异，不仅表现于由论文、专著等代表的研究成果差异上，还表现在官方人口统计中关于市镇定义的差别上。美国、日本等国都把人口密度作为定义"城市"或"城市人口"的关键要素。我国关于市镇的设置标准，自新中国成立以来有多次变更，基本要求是聚居人口总量、非农业人口总量或者在人口总数中达到一定比例以上、非农业生产总值及其比重等。但是近年来城市人口密度问题逐渐引起一些学者、城市管理部门的关注，在2020年4月10日的中央财经委员会第七次会议上，习近平论述了国家中长期经济社会发展战略的六个重大问题，即扩大内需、优化和稳定产业链供应链、完善城市化战略、优化科技投入和产出结构、人与自然和谐共生、加强公共卫生体系建设。其中，完善城市化战略提出，要把人民生命安全和身体健康作为城市发展的基础目标，"要更好推进以人为核心的城镇化，使城市更健康、更安全、更宜居，成为人民群众高品质生活的空间"；城市单体规模不宜太大，要合理控制人口密度，解决中心城区人口和功能过密问题[4]。2020年2月，北京市提出要切实降低人口密度、建筑密度、商业密度、旅游密度这"四个密度"的任务[5]，密度问题得到了更多重视，但好像只有首都等拥堵特别严重的少数特大城市意识到人口过密、人口过多的问题，绝大多数城市、大多数研究者尚未有城市人口过密的问题意识，各地城市更新政策中也未见相关表述。在以全面提升城市发展质量、不断满足人民群众日益增长的美好生活需要、促进经济社会持续健康发展为目的的城市更新中，不可忽视调整城市人口密度，确切说应该降低建成区、居住区的人口密度，城市人口过密是影响中国城市宜居性的重大因素。

二、中国城市人口密度状况

许多城市问题也是密度问题，但是城市人口密度问题在我国没有得到充分重视和研究，存在不少模糊认识。城市人口密度指城市单位面积上的人口数量，以"城市人口"除以"城市面积"而得。由于"城市"概念理解的差异，"城市人口""城市面积"的统计方式和标准不同，同样的"城市人口密度"一词可能内涵很不同。讨论问题首先需要确定概念的含义，搞清楚基本事实。

（一）真实的中国城市人口密度

根据《中国统计年鉴》，2018年的全国平均"城市人口密度"是2546人/km²，这个数据可能只是实际的1/10，因为"城市面积"中绝大部分为乡村面积。随着我国城镇化的推进，据国家统计局的数据，2018年我国城镇常住人口为8.31亿，2022年达到了9.21亿，因此现在的"城市人口密度"更高。我国官方统计中关于城市的概念与社会公众作为公共知识的认知的概念不同，"城市面积""市区面积"指城市行政区域内的全部土地面积，包括山林、水域等在内，建成区面积只占其中很小部分。如果对公报或者年鉴中的数据不加甄别，以常识理解概念并进行国际比较，就会得出不符合实际的判断。官方统计中的"城市人口密度"其实与全省平均人口密度、全县平均人口密度一样，远远低于真实城市人口密度。

作为社会常识的城市指占地较大、人口和建筑密集的聚落即规划界所说的建成区，建成区的人口密度才是真正的城市人口密度。本文所论"城市"概念遵从社会公众理解，指实体城市，即建成区；人口密度是指实体城市的人口密度。我国现行统计一般以行政区为单元，缺乏以聚落形态为单元的人口统计数据。根据对行政区全部是建成区的若干大都市中心城区的研究，广州、上海、天津、北京2015年数据的个案调查，建成区人口密度（万人/km²）普遍在2.0以上，传统市中心区人口密度在3.0甚至4.0以上。2021年全国第七次人口普查显示，广州市越秀区3.07万人/km²，上海市黄浦区3.22万人/km²、虹口区3.29万人/km²，天津市和平区3.55万人/km²。

（二）城市人口密度的中外比较

我国城市建成区人口密度远高于国外城市，首先明显表现在城市景观上。中外城市住宅、居住区形态差异显著，中国城市住宅基本全部是集合住宅，而且高层住宅楼越来越多，住宅区建筑如同密林。一栋住宅楼里居民有几十甚至几百户。住宅集合化、住宅楼高层化现象越来越普遍，不管南方北方、沿海内地，不管大中小各类城镇。国外城市住宅类型多样，集合住宅只占一部分，独户住宅占了大多数。中国城市道路上、居住区里的车辆和行人川流不息，而国外大多数道路和居住区内的人、车不多，比较安静。即使以人口稠密著称的日本，城市化已达饱和状态，独户住宅也占全国住宅大多数。作为世界著名超级大都市的东京都，也有近三成居民生活于独户住宅中，除了高峰期的电车、地铁比较拥挤，少数交通枢纽、商业中心人员密集外，大多数街道、商店比较安静，车辆、人员稀少。

日本统计中与我国"建成区"概念基本相同的是"人口集中地区"（DID）。日本全国平均的城镇人口密度为 6758 人 /km^2。人口密度最大地区前三位城市的密度（万人 /km^2）分别是东京 1.20、大阪 0.94、神奈川 0.90。可见日本城市人口密度比我国低。我国由于土地、建筑的管理权力集中而统一，各地城市景观、人口密度也高度近似，中小城市的密度与大城市差不多，而日本中小城市密度比东京大阪等大都市低得多。例如，日本首都圈内的埼玉县有 41 个市，其中人口密度超过 0.80 万人 /km^2 的只有 4 个市，密度最大的为蕨市 1.40 万人 /km^2，28 个市的密度在 0.50 万人 /km^2 以下。欧美城市的人口密度更比我国低得多，伦敦、巴黎、马赛、华沙的密度在 0.5~1.0 万人 /km^2 之间，纽约、洛杉矶在 0.5 万人 /km^2 以下，芝加哥、旧金山、休斯顿在 0.2 万人 /km^2 以下。美国都市区人口密度前 20 位的密度中值是 0.18 万人 /km^2。

从居住区的密度比较，中外差距更大。根据我国 2018 版《城市居住区规划设计标准》（GB 50180—2018）居住区人口密度参考值为 2.5 万人 /km^2，实际上人口密度在 4.0~5.0 的很常见。从街道尺度看密度，2011 年，北京西城区椿树街道为 3.49 万人 /km^2，广安门外街道为 2.84 万人 /km^2，月坛街道为 2.98 万人 /km^2，白纸坊街道为 4.00 万人 /km^2。从社区尺度看密度，白纸坊街道 10 个社区中，有 4 个社区的密度超过 9.0 万人 /km^2，其中菜园街社区密度达到 19.9 万人 /km^2。不仅北京、上海、广州、深圳等大都市，随机调查的贵阳、宜昌、成都等内陆城市居住区密度多在 3.48 万~4.36 万人 /km^2[6]。居住区每公顷土地上常住人口数量，我国多数在 500 人以上，美国居住区绝大部分在 30 人以下。美国城市居住区密度很少达到开通最少公交所需要的 0.30 万人 /km^2[7]。我国城市居住区密度平均约为美国城市的 20~30 倍。鉴于我国东西南北城市空间结构、居住形态的高度一致性，可以认为上述例子很大程度上反映了我国大城市人口密度的一般状况，尽管上海、广州这样的城市比大多数城市密度更大些。

虽然在最近20多年的城市化过程中，上海、北京等大城市为了解决交通拥堵等问题而有意识地疏解中心城区人口，使中心区密度有所降低，但中心周边地区人口密度迅速增加，一些新城区的人口密度甚至比老城区更大。例如北京望京街道居住区A5区面积17.41hm²，住户3400多户，以平均每户3人计，人口密度达到6.00万人/km²[8]。

总之，在我国城市化发展过程中，建成区的人口密度特别是居住区人口密度，部分城市部分地段有所降低，但大多数地段、大多数居住区人口密度在提高，这点仅从住宅楼普遍更高、更密，住宅区楼群如密林的景观也可看出。

三、城市人口过密产生的问题

在我国，似乎已经把居住极度密集的集合住宅看作"城市住宅"的标准，把独户住宅一概误称为"别墅"，把高楼林立作为"城市形象"的标准，认为平房聚落"不像城市"。这种观念，加上追求单位面积土地收益最大化的资本因素推动，出现了拆除独户住宅聚落、兴建集合住宅社区使居住更加集中的"运动"。只看到集聚的利益，却忽视集聚的弊端。国内外研究显示，过度密集的空间环境存在多种弊端，严重影响居民生活质量。

（一）安全问题

高密度居住存在特别的安全隐患。集合住宅各户住宅结构相同或近似，犯罪分子容易掌握利用。电梯这种密闭空间也容易成为犯罪的空间。高楼坠物事故经常发生，坠人事故也时有耳闻。儿童对高度感觉迟钝，自我保护意识弱，有坠伤风险。电梯老旧后容易发生事故。大量人口高密度集聚的住宅楼、住区，小区内和马路上车与人之间、车辆相互之间的剐蹭、碰撞多发，造成人身或财物损害。高层火灾扑救是消防难题。集合住宅因某户燃气爆炸导致损害多户相邻住宅、死伤多人的事故，每年都有发生。在非常时期，火灾、地震、战争等危急情况下难以安全疏散，城市人口密度越高，灾害导致的群体伤亡越大。1976年唐山大地震、2008年汶川特大地震都造成大量死伤者。近期的2023年2月6日土耳其发生7.8级地震，到16日已造成4.4万人遇难。这与土耳其居民区都是高密度集合住宅密不可分。高密度居住使传染病危害成倍扩大，2003年SARS流行于中国香港，专家研究结论与高密度居住相关[9]。

（二）日常生活问题

从土地所有者、开发商的角度，建筑的高密度、人口的高密度可以获得较大的收益，但是从市民生活角度看，一定程度的集聚具有经济社会利益，而密度超过一定程度，尤其达到极限时，对于生活有诸多弊端。日本学界研究发现高层住宅居民容易感受环境压力，降低人的免疫功能；儿童依赖性强，妨碍自立；居民与物业多有矛盾发生[10]。我国现有城市住宅中，住宅门外通常没有属于家庭的专用地面，室内空间局促，没有户外自由活动空间，无法安全地奔跑、踢球，对于儿童成长尤其不利。日常生活中邻居间如声音、气味、水等相互影响[11]。人维护身心健康需要室外活动，需要阳光，高密度城镇住区缺少居民室外活动空间。环境心理学研究发现，居住区人口密度越高，人们彼此间越不友善，心理、生理越容易产生问题。西方学者通过实验证明，人在拥挤环境中容易得病，且性格比较冷漠；拥挤环境中人时常感到压力，有孤独抑郁感觉。住房狭小，生活质量差，无法发展个人兴趣爱好。在家练琴、跳舞等会妨碍邻居，动辄得咎[9]。心理学研究显示，个人空间不足、私密性受侵害、领域感缺乏，会有多方面的消极影响。

（三）交通拥挤拥堵问题

城市交通拥堵在我国长期存在，虽然千方百计治理而没有得到根本解决。20世纪80年代初，在城市化率、交通机动化率还很低的阶段，拥挤、拥堵就已经在许多城市出现并且十分严重。政府十分重视拥堵治理，但从全国总体状况看，社会需求一直没能得到满足，拥堵从大城市蔓延到中小城镇，成为久治不愈的城市顽症，甚至被称作城市病中的"癌症"。交通拥堵成本很高，现行控制交通需求的政策也成本高昂。例如给市民出行造成不便、牺牲了机动车使用带来的便利；摇号或拍卖分配购车指标，增加了购车成本，对民族汽车产业造成冲击。

交通拥堵本质是人和车辆同一时间在同一地点过度集聚，以致无法顺利通行或者感到空间压迫。城市人口过密使小区、道路无不拥挤。随着交通运输方式机动化发展，每人平均需要的空间增大，原来不算拥挤的场所也会拥挤。欧美日本城市通过郊区化使中心城区人口密度下降，维持了交通空间的供需平衡。我国城市建成区人口密度本来就远高于国外，乘用车开始快速普及后，由于城市居住密度没有相应地降低，于是发生人均交通空间需求与供给的尖锐矛盾，道路不足、停车场地不足，到处拥堵、拥挤。在全国各地因为用路、用车而发生的摩擦、冲突，导致财产的损失和人际矛盾的案例不计其数，这一情况还缺乏全面的统计和研究。

（四）其他问题

除了显著的安全问题、交通拥堵问题、日常生活问题外，一味地推进集中居住，把住宅都集合化、高层化。国内外研究显示，高层住宅中居民因出门较麻烦而减少外出，人们容易感到环境压力。高层居住使儿童产生包括拒绝入园、极端自我为中心、粗暴行为、欺侮等问题比例增多。对不同密度下人类行为差异研究发现，短期拥挤会引起普遍的消极情感反应。空间密度增加后，男性的攻击行为随之增加。社会高密度和空间高密度都会导致复杂任务绩效降低，而且社会高密度下绩效降低更显著。

国外有学者对高密度、中等密度和低密度宿舍楼中的亲社会行为的研究结果显示，密度越大的居民，助人行为越少。社会学研究显示，高密度宿舍的居民去医院就诊的次数更多，即疾病与高密度有关[12]。

从政府的城市治理角度说，集合住宅楼在遇到管理的问题时，责任分摊、协商一致成本较高；另外由于市场风险导致烂尾、断供、空置，不仅造成物质材料的巨大浪费，而且涉及人数多，蕴含着社会风险。同时在建筑寿命到期之后，处置起来比较麻烦。集合住宅每套单元面积有限，普遍缺少储藏空间，交通工具停放困难，不少居民把家中杂物放在楼道，占用公共空间，妨碍别人甚至消防通道。城市管理中一直禁止而难以根绝的私搭乱盖现象，造成邻居矛盾，影响城市景观，主要源于各户自有空间过度逼仄。治理违章建筑增加了城市管理成本，浪费大量建材和劳动，而且易引发群众意见。当前比较紧迫的现实问题，一是最近 20 年来日益凸显的住区的高密度与家用汽车快速普及的矛盾；二是集合住宅与社会老龄化的矛盾，过去几十年间建成的占住宅总数大多数的没有电梯的住宅楼，使老人、病人、残疾人生活十分不便。老龄化对于现有居住方式的挑战才开始不久，未来会更加严峻。这些都是必须尽快解决的经济社会重大问题。

总而言之，以居住集中化、住宅集合化为特征的城镇化，从居民生活质量角度来看，是低质量的。

四、城市人口过密的产生原因

为了解决居住过密导致的问题，从 19 世纪开始，西方国家的城市发展由崇尚自由放任到出现调整，政府出面来积极干预城市空间，于是产生了近代城市规划。通过《住宅法》等保障人均最低居住水准，其中包括限制最高人口密度。制定政策鼓励市中心居民外迁，以降低人口密度、解决交通拥堵等城市问题，保障城市正常运转。我国城市化过程中，没有出现人口密度下降，有些特殊原因，认清原因是解决问题的前提。

（一）观念上把生活置于次要位置

改革开放前的城市建设，正如吴良镛院士指出的，在相当长时期内，国民经济计划指导原则是先生产后生活，住宅等生活设施置于无足轻重的位置[13]。因此除了一些重点建设的工业城市外，直到 1978 年，全国大多数城市住宅建设量很少。国家确立以经济建设为中心的路线后，城市规划建设中开始重视生活设施建设，不仅住房，还有自来水、道路、燃气等公用设施逐步改善。但是很长时期内，城市建设指导思想上还是把生活置于次要位置，表现在城市规划建设基本法律中没有"生活"相关规定，而主要是提出实现城市的经济和社会发展目标，集约高效合理利用土地等。"十五"开始把城镇化列入国家经济社会发展规划，背景是在 1997 年爆发的亚洲金融危机暴露出我国经济发展过度依赖出口的弊端，在工业化创造供给、城市化创造需求（大规模投资需求、消费需求、促进服务业的发展等）的认知下，把城镇化作为扩大内需带动经济增长的途径[14]。2008年，美国金融危机又带给全球化时代的中国经济巨大冲击，有关方面在思考城镇化问题时，认为城镇化是我国现代化建设的历史任务，也是扩大内需的最大潜力所在。为城镇化政策而进行的前期研究，议题主要是如何以城镇化拉动高质量增长、助推新阶段的经济转型、促进社会融合与提升社会凝聚力、提高资源利用效率等[15]，既包含了宏观经济增长和转型要求，也纳入了对百姓生活的思考视角。随后出台的新型城镇化政策，主要是增加了过去没有或者不完善的人口城镇化、节约集约发展、生态保护、城乡一体化等内容。至少从新型城镇化政策条文看，改善群众生活环境、提高生活质量尚没有重点提及。

（二）政策上以土地经济为中心的土地利用

与市场体制下城市空间的自然形成不同，我国城市空间是在以土地用途管控为主要手段的计划管理下形成的。在节约为基本原则的建设路线下，建设用地尤其是居住用地的节约达到了无以复加的程度。长期以来作为城市规划原则的"适用""经济"，指满足基本需求。改革开放以后土地利用市场化，地方政府、开发商、炒房客在追求单位面积最大利益上一致，尽可能提高地块的建筑密度、居住密度，建设用地尤其是居住用地的开发强度居高不下。1998年，对土地管理法全面修订，建立了严格的土地管理制度的法律框架，此后因房地产发展、城市建设等，土地的征用、开发规模扩大，关于土地管理的政策接二连三地出台。2008年《关于促进节约集约用地的通知》被称为基础性制度，是"最严格的土地管理制度"的体现。但同时，由于地方政府把土地与金融作为宏观调控的基本手段，在城市规划布置生产、交通、生活等建设项目时，突出集聚效应、规模效应和单位土地上的经济产出例如地均GDP指标之类，未将顾客的便利度、居民的舒适度、环境影响、交通影响等需求纳入约束条件。工业用地低价供给，居住用地以饥饿营销的手段严格控制供给量、供给节奏，重经济、轻生活的思维实质上并没有根本改变。

（三）制度上强调集中统一、指标计划管理空间形成

美国、日本等国的城市发展中，随着交通条件的完善，出现传统市中心人口迁居郊区、人口密度下降而郊区人口增加的郊区化现象。20世纪的城市郊区化在美国始于二三十年代，在日韩始于六七十年代。

中国城市没有出现国外那种因家用汽车普及而来的中心区人口流失、密度下降的郊区化现象，成因复杂，既有历史原因也有政策因素。我国城市规划建设强调集中统一，很低的人均用地指标限制加上集中连片开发建设和房地产

市场的压力，造成了许多城市出现大量密林般的住宅区和极高的居住密度。如今的城市空间很大部分是在 20 世纪八九十年代制定的有关土地、建设、住房的法律规章约束下建成的，但是经济社会变化很快，当初是按照城市户籍人口数量计算用地标准而且是基本标准，随着流动人口大量涌进城市，加上私人交通机动化，摩托车、汽车普及速度完全超出规划人员预测，规划设计标准没有与时俱进，例如人均城市建设用地定额，1990 年标准是按照户籍人口计算人均 90.1~105.0m^2，2011 年修订的新版本以常住人口计算，人均用地指标下限从 90m^2 缩小到 85.1m^2。规划标准尽管是经过周密调查、反复论证后制定的，但是对于居住条件改善、交通机动化、人民群众生活改善对空间的需求依然估计不足，于是城市人地矛盾更加突出，城市病日益严重。

（四）研究上科学性不足

我国城市存在的问题，追根溯源可以归结为知识问题。

我国城市研究科学性不足。首先，表现在基础的概念没有确定。例如，"城市"的定义，在行政管理、学术研究、社会公众中缺乏共识，概念的名与实容易产生混乱，相关概念"城市面积""城市人口""城市人口密度"等常有歧义，讨论问题时不易形成共识。统计数据显示的"城市面积"内建成区只占极小比例，大部分是乡村。

其次表现在基础统计种类少、项目少、公开性不足、数据失真等。例如，长期以来耕地数据被低估。我国 1996 年耕地面积，《中国统计年鉴》上为 14.32 亿亩，而全国首次土地利用详细调查结果为 19.51 亿亩，年鉴数据比普查数据少 36.21%。有关部门曾认为截至 2006 年 10 月 31 日我国耕地只剩 18.27 亿亩[16]。2007—2009 年的第二次全国土地调查（"二调"）结果，至 2009 年 12 月 31 日全国耕地共 20.31 亿亩。《2011 年度全国土地变更调查数据》2011 年底全国耕地保有量为 18.25 亿亩，根据第三次全国国土普查（"三调"）结果 2019 年 12 月 31 日我国有耕地 19.18 亿亩。土地统计日益完善，一般都是晚近的调查数据比早期数据准确。在经济高速发展时期建设规模很大，照理耕地面积应该减少，而上述数据显示耕地面积数据晚近的比早先的大，当然不可能是实际耕地面积的增加，而只能是早期调查数据不准确，低于实际面积。根据中国科学院遥感与数字地球研究所等单位利用遥感监测方法构建的中国 1987 年以后的中国土地利用时间序列空间数，王成军、吴厚纯等人统计分析的结果，1987 至 2010 年间，中国耕地面积净增加了 18 372.07km^2[17]。孔冬艳等人利用土地遥感监测数据研究发现，1990—2018 年的近 30 年内，尽管建设用地增加了，但耕地在国土面积中的比重增加了 0.148%[18]。关于我国耕地面积数据的真实性问题，学界有不少探讨。现在一般认为，自 1949 年以来《中国统计年鉴》数据比实际面积小，克鲁克（Crook）认为中国耕地数量存在低报问题，国际应用系统分析研究机构（IIASA）称我国耕地面积数据统计可能存在40%左右的误差。毕于运、封志明、刘保勤、李秀彬等学者认为1996年公布的土地利用详查数据较为接近耕地实际面积，朱红波以1996年公布数据作为标准，对1980—1996年的耕地面积数据作了重新核算[19]。首次全国土地普查结果，1996年耕地面积比年鉴数据高出四成，而从"二调"数据看，首次土地普查认定的1996年耕地面积仍然是低于实际的。

首次全国土地调查结论1996年全国城市建设用地19 001.6km^2，但用2009年"二调"结果复核，1996年数据应为13 887km^2，说明1996年数据比实际高出36.8%。2021年8月26日公布的"三调"主要数据显示，同样的现象又重复出现，统计年鉴上2018年我国城市建设用地面积是56 075.9km^2，比"三调"2019年数据还多23.8万hm^2，说明实际的建设用地面积没有年鉴数据那么多。

再次表现在论证粗疏、逻辑性不足，观点经不起推敲。例如，主流观点认为，城镇化消耗了大量耕地，耕地逼近红线；城市建设摊大饼，建成区人口密度降低，土地低效利用①。事实上，在城镇化率达到64%的情况下，土地"三调"结果是我国城市与建制镇合计用地103 512km^2，占国土面积的1.078%。不算建制镇用地的话，城市用地占国土面积的0.544%。部分人为推动产业、人口集聚而批评城镇化集聚程度不足。实际上，2018年我国城市建设用地中居住用地共17 151.57km^2，占国土面积比重为0.179%。按照一般居住区用地结构，以住宅用地占六成计，2018年全国城市住宅用地为10 290.94 km^2，在国土面积中仅占0.11%。日本住宅用地占国土面积的3.1%。因此，认为我国城镇化集聚度不够的观点在宏观上可能是片面的。

最后表现在知识的客观性、观点的竞争性不足。以集聚为例，本来自然界和社会都存在集聚现象，对生产、生活既有利亦有弊。但是中国学界、城市建设界几乎一边倒地只看到集聚之利，引用国外观点也是选择批评郊区化弊端的。不同观点的竞争很不足，使各界对于集聚产生的负面影响认识不足。

五、城市更新中降低人口密度的必要性

对城市更新，社会各界有多种观察角度。资本看到的是营利的机会，市民看到的是建筑的更新、社区的完善。同城镇化的视角差不多，

---

① 参阅联合国开发计划署技术援助项目"21世纪城市规划、发展与管理"，由众多行政和科研机构参与的研究成果《中国城市发展问题观察》（部益生、石楠等著），北京：中国建筑工业出版社2006年，第19—20页。由中科院院士陆大道、叶大年等9位研究人员完成；2007年1月给国务院的咨询报告《关于遏制冒进式城镇化和空间失控的建议》，见《2006中国区域发展报告》，北京：商务印书馆2007年，第1—9页；国家发改委城市和小城镇改革发展中心原主任李铁：《城镇化视角下的宏观政策》，北京：中国发展出版社2015年，第205—210页。

在城市更新研究和政策中，迄今为止，考虑调整人口密度的观点还极少见。基于以下理由，我们主张在城市更新中，把降低建成区人口密度列入工作目标。

（一）贯彻以人为本新发展理念的需要

国家性质决定我国一切大政方针都是以人民利益为根本的，城市建设也不例外。但是如何实现大多数人的利益，探索过程中既有经验也有教训。现在反思新中国70多年来城市发展历程，可以发现事实上"经济"是始终不渝的原则，即尽量以最少的土地、材料、资金等投入完成目标，结果从城市景观看似乎很现代化，从一些宏观统计数据看成就也令人惊喜，但是以现代化文明生活的标准看居民生活环境，我国城市人居环境还是低水平的，表现为住宅狭小、居住过密、交通拥挤等。正是为了着眼于解决快速发展过程中各种矛盾，我国在21世纪初提出了"以人为本"的科学发展观。在城市学界，也早有人提出以人为本的规划思想。以人为本思想实际上是针对过度从资本立场考虑经济效益而忽视占人口多数的社会大众权益而提出的，要求把大多数人的利益置于优先地位。

我国改革开放过程中城镇化取得令人瞩目的进步，改善了投资环境、人居环境，但同时也伴随产生不少不可忽视的问题。中共十八届三中全会通过的《关于全面深化改革若干重大问题的决定》提出推进"以人为核心的城镇化"，把以人为本、促进人的全面发展作为城镇化的基本原则。2013年的中央城镇化工作会议上习近平重要讲话提出了城镇化的四条原则，第一条就是"以人为本"。随后发布的《国家新型城镇化规划》把"以人为本，公平共享"作为首条基本原则。作为我国城镇化发展中的任务之一，城市更新贯彻以人为本也是题中应有之义，这点早有人指出[20]。以人为本，就是把居民生活质量置于城市建设的首位。正如习近平在中央城镇化工作会议上讲话要求的，城市规划建设要有"让群众生活更舒适"的理念，体现在每一个细节中。在2015年的中央城市工作会议上，习近平要求转变城市发展方式，着力解决城市病等突出问题，不断提升城市环境质量、人民生活质量、城市竞争力，不断完善城市管理和服务，让人民群众在城市生活得更方便、更舒心、更美好。"城市工作要把创造优良人居环境作为中心目标"。2020年4月10日的中央财经委员会第七次会议上，习近平论述国家中长期经济社会发展战略六个重大问题之一的"完善城镇化战略"时要求，"要更好推进以人为核心的城镇化，使城市更健康、更安全、更宜居，成为人民群众高品质生活的空间"，"城市发展不能只考虑规模经济效益，坚持从社会全面进步和人的全面发展出发，打造宜居城市"[4]。人口过密的城市空间无法保障宜居的生活质量，更谈不上高品质生活，它是垄断资本左右城市建设的结果。城市更新中贯彻以人为本的发展理念，就是除了注重建筑物的更新改造外，须以提高市民生活质量为目标，创造优质宜居的生活空间，就需要考虑把人口密度降低到合理程度内。

（二）我国城市发展新阶段的需要

得益于市场经济取向的改革，我国加入世界贸易组织（WTO）以后成为"世界工厂"，形成庞大的生产能力，经济社会在较短时间内取得飞跃般的发展。2019年全国恩格尔系数为28.2%，已经比肩富裕国家，人民的生活目标从温饱转向讲究生活品质的新阶段。城市建设日新月异，居住、交通、公共设施等比起改革开放初期得到极大改善，不可同日而语，但是成就、进步是纵向比较而言的，如果横向比较，或者对照经济社会发展新阶段的要求、对照人民群众对美好生活的期待，可以发现还存在不少问题，这是中央提出以人为本新型城镇化的背景。英国伦敦在19世纪迅速发展阶段，犯罪、贫困、传染病和过度拥挤几乎湮没了伦敦。鉴于过密居住对于公众健康不利，1919年的《住宅法》规定得到政府资助建造的独户住宅净居住密度是每英亩12户，即每户有337.3m²宅基地。这个密度后来成为20世纪英国许多城市周边私人居住区的标准，不少私人住宅区密度是每英亩10户、8户甚至6户[21]。截至2019年上半年，我国家用汽车拥有量不足2亿，而持有驾驶执照者达4.22亿人，显示汽车消费需求庞大，但过密的城市空间成为汽车使用的巨大阻碍。过去几十年，决定城市人口密度的城市人均建设用地水平没能随着形势发展需要提高，有时甚至还下降。我国城市人均建设用地，1958年为94.9m²，此后片面强调"见缝插针"用地，到1982年下降到72.7m²，这是按照非农户籍人口计算的结果，如果按照常住人口计算，人均用地数据会更低[22]。按照市区实际居住人口计算的城市人均用地，2001年，50万人以上的城市在66.2~70.2m²之间，20万~50万人口的城市为83.2m²[23]。市场经济发展使各种资源、货物、人员流动性增强，需要更多道路、车站、码头；人民生活水平提高，居住条件改善、家用汽车普及需要增加住宅用地、停车场面积。这要求人均城市用地面积扩大，要求在城市用地结构中提高居住用地和交通用地的比重。城市空间不仅是为居住和工作，还应满足人们社会交往、休憩娱乐的需求，因此需要增加街道、公园、绿地等公共空间的比重。因此，降低城市人口密度、提高人均城市用地面积是城市更新需要研究的课题。

（三）城市更新的宗旨和任务的需要

城市更新在许多地方已经实践多年，但上升到国家政策层面始于2020年10月召开的中共十九届五中全会通过的《中共中央关于制定国民经济和社会发展第十四个五年规划和二〇三五年远景目标的建议》。实行城市更新的出发点是我国城镇化到了一个新阶段，即由大规模增量建设转为存量提质优化与增量补充完善并重，从"有没有"转向"好不好"的时期，目的是解决城市发展中的突出问题和短板、提升人民群众获得感、幸福感、安全感，着力解决城市病等突出问题[1]，简言之是城市建设的重心从注重数量和规模的扩展转为注重质量改善，"提升城市人居环境质量"是城市更新的核心目标。影响人民生活质量的城市问题，不同的观察者可以列举多种，像房价贵、人口拥挤、交通堵塞等，其中有些并非城市问题而是社会问题，像失业、贫富分化、房价昂贵等，没有城乡之别。真正的城市问题是空间问题，城市病的几种主要表现，拥挤、拥堵、污染、住房困难，都与人口过密密不可分。因此，在以解决城市病、使城市成为高品质的宜居空间为目标的城市更新中，尽管中国的各个城市情况千差万别，就总体情况看，与美国城市更新需要提高市区人口密度以增强内城活力不同，我国需要考虑降低人口密度，以实现提高城市空间质量的目标。

六、结语：需要与可能

　　降低城市人口密度是城市更新的根本目标，即解决城市病、建设高品质生活空间的需要。造成如今中国城市高密度空间的原因，如前所述，除了资本追求单位面积土地上最大收益的诉求外，还有对人口、土地资源等认识上的局限。过去长期严格限制城市建设用地的政策，主要是对人口数量增长、粮食安全、耕地保护等综合平衡考虑的结果。但如今我国经济社会形势正在发生很大变化，有条件让全体人民的居住环境变得宽松舒适些。日本人口集中地区总面积占国土3.37%，其上居住人口占总人口的67.3%。美国城市用地占国土面积的3.1%。目前我国占总人口64%的城镇人口占用的土地仅为国土面积的1%，虽然我国山地占陆地面积69%，沙漠面积占17%，但从全国人口数量看，2023年1月17日国家统计局公布2022年年末全国人口比上年末减少85万人，是1962年以来首次出现负增长。我国已经进入人口总量减少阶段。根据联合国《世界人口展望2022》对我国人口数量显然高估（2022年7月1日14.26亿人）的预测，到2070年、2100年我国人口总量将分别是10.91亿、7.71亿[24]。人口老龄化、全国人口总数下降都可能会减少对粮食总量的需求，而且随着生物技术和农业管理的进步还会提高单产水平。因此考虑未来长远发展趋势，扩大人均城市用地面积，从而降低城市人口密度、推动解决"城市病"是有可能的，所以我们现在的城市更新中需要为未来进行研究和谋划。

　　城市空间是人类观念的产物。城市更新要实现创造高品质生活空间的根本目标，首先需要转变观念，即改变认为集合住宅才是城市住宅、高楼林立才是现代化的固有观念。其次要加强对于城市人口过密问题的研究、讨论，充分认识不同居住方式利弊。再次需要制定法律制度，设置城市人口密度的高限，这是政府的责任。因为在没有干预的自由放任状态下，集聚是自然趋势，尤其弱势群体容易陷入过密居住。为了防止传染病流行、维持社会公平正义，应该以法律的、行政的手段限制居住密度，弥补市场体制的缺陷。最后，需要加快土地利用的市场化改革，在居住方式上给人民群众增加选择的机会。城

参考文献 REFERENCES

[1] 王蒙徽. 实施城市更新行动 [EB/OL]. (2020-11-20) [2023-02-20].https://www.mohurd.gov.cn/xinwen/jsyw/202011/20201117_248050.html.
[2] 布赖恩·贝利. 比较城市化 [M]. 顾朝林, 汪侠, 俞金国, 等, 译. 北京: 商务印书馆, 2014: 16.
[3] 吴良镛. 人居环境科学导论 [M]. 北京: 中国建筑工业出版社, 2014: 247.
[4] 习近平. 国家中长期经济社会发展战略若干重大问题 [J]. 求知, 2020 (11): 4-7.
[5] 北京: 未来五年, 核心区要围绕降低"四个密度" [EB/OL]. (2021-02-05) [2022-10-13].https://news.bjd.com.cn/2021/02/05/47912t100.html.
[6] 周建高. 城市化如何与汽车社会兼容 [J]. 城市学刊, 2015 (3): 55-60.
[7] 阿瑟·奥莎利文. 城市经济学 [M]. 周京奎, 译. 北京: 北京大学出版社, 2008: 114, 140, 233.
[8] 望京西园四区 [EB/OL].http://baike.haosou.com/doc/564243-597324.html.
[9] 周建高, 王凌宇. 基于土地利用结构调整的居住极限密集问题解决方法探讨 [J]. 中国名城, 2021 (1): 47-54.
[10] 周建高. 日本集合住宅的问题与对策 [J]. 现代日本经济, 2017 (2): 21-29.
[11] 扇田信. 住居学概论 [M]. 东京: 朝仓书店, 2002: 159.
[12] 林玉莲, 胡正凡. 环境心理学 [M].2 版. 北京: 中国建筑工业出版社, 2006: 113-116.
[13] 吴良镛. 城市建设在国民经济和社会发展中的地位与作用 [C]// 市长研究班办公室. 市长研究班讲稿选编（一）. 北京: [出版者不详], 1984: 327-329.
[14] 王建. 城市化: 扩内需保增长的战略选择 [J]. 宏观经济管理, 2009(5): 30-33.
[15] 李伟. 序言 [C]// 国务院发展研究中心, 世界银行. 中国: 推进高效、包容、可持续的城镇化. 北京: 中国发展出版社, 2014.
[16] 徐绍史. 坚决守住 18 亿亩耕地红线 [J]. 国家行政学院学报, 2008(1): 8-11.
[17] 王成军, 吴厚纯, 费喜敏. 城市化加速期维持我国耕地数量稳定的可行性分析 [J]. 中国农业资源与区划, 2015 (3): 80-85.
[18] 孔冬艳, 陈会广, 吴孔森. 中国"三生空间"演变特征、生态环境效应及其影响因素 [J]. 自然资源学报, 2021, 36 (5): 1116-1135.
[19] 朱红波. 中国耕地资源安全研究 [M]. 成都: 四川大学出版社, 2008: 49-54.
[20] 谢国权. 从公共政策的价值取向看中国的城市更新政策 [J]. 江西行政学院学报, 2008 (1): 29-32.
[21] 霍尔. 城市和区域规划 [M]. 邹德慈, 金经元, 译. 北京: 中国建筑工业出版社, 1985: 33.
[22] 国家土地管理局土地利用规划司. 全国土地利用总体规划研究 [M]. 北京: 科学出版社, 1994: 118.
[23] 王万茂. 土地利用规划学 [M]. 北京: 科学出版社, 2006: 237.
[24] 联合国最新预测 2022 年中国人口负增长 [EB/OL]. (2022-07-14) [2023-02-20].https://new.qq.com/rain/a/20220714A09RYR00.

作者简介 ABOUT THE AUTHOR(S)

周建高 ZHOU Jiangao
天津社会科学院社会治理研究中心，研究员，天津 300191
Social Governance Research Center,Tianjin Academy of Social Sciences, Research Fellow, Tianjin 300191

杨慧萌 YANG Huimeng
天津市城市规划设计研究院总院有限公司，高级规划师，天津 300190
Tianjin Urban Planning & Design Institute Co.,Ltd., Senior Planner, Tianjin 300190

制度引领与多元协同：深圳城市更新路径探索

Institutional Leadership and Multiple Collaboration Exploring the Path of Shenzhen's Urban Regeneration

黄卫东　HUANG Weidong

摘要 ABSTRACT

随着我国城镇化水平不断提升，城市发展逐步由粗放型外延式发展向集约型内涵式转变。城市发展中既有问题和利益主体的复杂程度剧增，给城市规划认识和实践带来巨大挑战。文章通过回溯和比较西方城市20世纪60年代和深圳21世纪初进入存量阶段后城市规划认识和实践转型过程，得出基于系统性思维和博弈论思维将城市更新行动制度化是应对复杂城市问题、协同多元主体诉求的关键，进而尝试为我国其他城市进入存量发展阶段后的制度准备提出四个重点问题和若干建议。

With the continuous improvement of urbanization in China, the mode of urban development has gradually shifted from extensive to intensive modes, which is from urban expansion to urban regeneration. As a result, the complexity of existing problems and interests in urban development is increasing dramatically, which brings great challenges to the understanding and practice of urban planning. By tracing back and comparing the transformation processes of urban planning between Western cities in the 1960s and Shenzhen in the early 2000s, this paper concludes that the institutionalization of urban regeneration based on systemic thinking and game theory thinking is the key to addressing complex urban issues and coordinating the demands of multiple subjects. In this way, we try to propose four key issues and suggestions for the institutional preparation of other cities in China to enter the regeneration phase.

关键词 KEYWORDS

深圳　城市更新　制度建构　系统论思维　博弈论思维

Shenzhen　urban regeneration　institutionalization　systemic thinking　game theory thinking

中国城镇化经历了过去三十多年的高速发展期，正全面步入高质量发展的新阶段。2021年，我国常住人口城镇化率达64.72%，预计到2030年将达到70%[1]。参考发达国家的城镇化规律，城镇化率接近70%通常意味着城市人口增长速度将趋于放缓，城市发展将转为内涵式、高质量的发展模式（图1）。

中央层面针对城镇化转型已经做了近十年的战略和政策储备。从2013年12月中央城镇化工作会议提出"将人确立为新型城镇化的核心"，到发布《国家新型城镇化规划（2014—2020年）》《国家新型城镇化规划（2021—2035年）》《"十四五"新型城镇化实施方案》，逐步明确了"严控增量、盘活存量""实施城市更新行动""优化国土空间发展格局"等指导要求，体现出对既往粗放型增量发展进行转变的坚定决心。地方层面，除了较早开展"三旧"改造试点的广东等地外，近两年来，数十省市开展了对城市更新试点、立法、编制规划等工作。可以说，将城市更新①作为我国存量阶段推进新型城镇化的重要抓手，已成为各级政府、规划学界乃至更广泛社会群体中的基本共识。

面对深刻的城镇化范式转型，有必要对城市存量阶段的认识框架、实践方法和制度建构进行更充分、更深入的研究与讨论，以有效地响应国家"以人民为中心"的新型城镇化战略要求。

一、城市更新是对城市复杂系统的重组

（一）城市发展进入存量阶段带来的复杂性问题

20世纪90年代在分税制、土地有偿使用制等一系列改革举措之下，我国形成了以新区新城为主，基于土地出让收入开展基础设施建

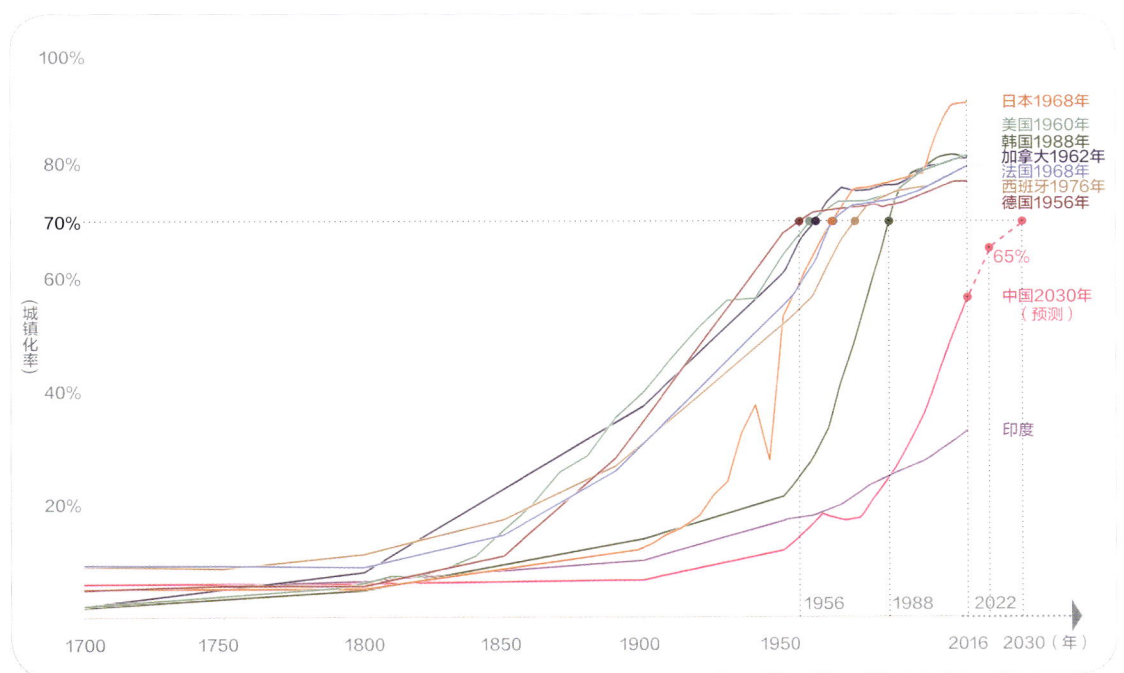

图1　东西方国家城镇化率曲线比较
Fig.1　Comparison of urbanization rate curves between Eastern and Western countries

---

① 本文采用城市更新的广义理解，指对城市建成区的物质空间与社会经济活动，进行有目标、有计划的改变，以持续地满足公众、政府、企业等多元主体对城市的愿景和诉求。

设与扩大再融资的城镇化模式（以下简称增量模式），受到许多学者关注和研究[2,3]。在增量模式之下，城市发展更多是基于在征收的农村土地上"从无到有"构建城市系统的过程，地方政府可以通过城市规划"有计划"地主导发展方向，引入产业、人口和各类经济活动，高效推进城市建设发展，对原有空间使用和产权关系的处理相对简单。

近年来，我国部分地区逐渐转向以城市存量建设用地成为主要对象的城市发展模式[3]（以下简称存量模式）。进入存量模式意味着，城市发展需要对既有建成区在环境、生态、经济、社会等各方面存在的问题进行分析和应对，认识复杂性显著提升；又因存量用地上承载了大量的权利主体和社会关系，实施城市更新的行动复杂性也显著提升。简而言之，城市建成区是一个开放的复杂巨系统，而它正是城市更新必须面对的认识和实践对象。

我国学界对存量阶段复杂性的认识超前于社会经济发展现实。1990年，钱学森等学者就已预见性地提出"用系统科学的观点研究城市问题"[4]；1999年，王颖等学者提出借用博弈论的方法应对城市发展中集体理性与个体理性的冲突，从而达成多元主体协同的思路[5]；2001年，吴良镛进而建构了人居环境科学体系，提出有目的地向人类学、心理学、社会学、经济学、历史学、地理学、生态学、美学等学科吸取营养，建立"融贯综合研究方法"的思路[6]。然而，由于当时我国的城市发展尚处于快速的增量阶段，这些超前的理论探讨尚未在城市规划的专业实践和制度响应中占据主流地位。二十多年后的今天，在我国城镇化新形势、新问题的映衬下，我们已经更加接近上述理论最初萌发于西方时的城市发展环境，也因此更容易理解其深刻内涵。

（二）西方城市规划进入存量阶段后的认识和实践转变

20世纪60年代，西方国家普遍达到70%城镇化率，城市发展成为一个人们广泛关注的必答题，同时也是牵涉大规模存量城市用地、空间与存量城市居民的复杂题。存量阶段城市发展的内在复杂性促进了城市规划学科内系统论、博弈论思维的萌发，以及学科重心从空间构建向制度建设的转变。

第一重转变发生在对城市的认识论层面，城市建成区蕴含的复杂性得到更多重视。在20世纪50年代以前，西方对于城市规划和建设的认识和讨论主要集中在空间环境的美学品质层面[7]。但随着计算机模拟和系统控制等技术的长足进步，加上二战后城市重建中昂扬乐观的建筑规划学科发展，城市规划学界也逐渐超越以往的空间环境视角，将生态、经济、社会、市政等其他子系统纳入一个复杂系统来整体性地认识和研究城市，并强调对城市微观演化过程的把握和模拟优先于对城市宏观图景的主观设计[8]。尽管20世纪60年代西方城市规划的专业实践和管理制度仍然以蓝图规划作为主线，但专业研究的视角已经进入了蓝图规划与系统综合规划相结合的阶段[7]（图2）。后者通过引入现状调研、定量模型等手段和产业经济、生态环境等多学科视角来加强城市规划的科学性。以系统论思维看待城市，既是城市规划学科的研究重心从"艺术性"向"科学性"的主动拓展[7]，也是城市发展复杂性倒逼下的必然转变。

继而，第二重转变发生在城市建设的实践论层面，存量发展阶段城市中涉及的多元主体和政治博弈问题逐渐成为"显学"。欧洲二战后百废待兴，多元主体共识、市场资本支持、建筑技术进步等多种条件同时具备，使政府主导的城市重建更新得以大规模实施。这些自上而下的城市规划建设尽管因改善了一部分人的居住条件而获得好评，但也因使一部分人强制性搬迁和丧失家园而遭到抗议，由此引发西方学界反思——城市规划看似中立、科学的方案背后隐含了何种价值？代表何人的价值？技术官僚能否代替多元主体行使其空间发展权？[7]基于此类讨论，学者们构想出"参与的阶梯"并要求让公众更早、更深地介入规划[9]，强调职业规划师应作为沟通者如实收集、表达和协调相关利益主体诉求（而非用自己的专业判断凌驾于主体诉求之上）[10,11]，进而提出从根本上不应期待城市规划作为"行动的起点"被忠实地实施，而是应思考规划作为"行动的一环"如何恰当回应社会多元主体持续不断的行动[12]。20世纪50年代的博弈论研究更是从理论上证明了，对于各种涉及多元主体博弈的社会行为（如城市规划与旧城改造），依靠公共权威仲裁或个体道德自律都不是根本的善治之法，最终需要通过保障信息对称、规则透明、多方互信的制度安排来引导多元主体长期、自发选择合作共赢的博弈策略②。以博弈论思维看城市，也使得城市规划学科认识到从单一主

图2 从题目与封面看西方20世纪60年代至80年代规划学界论点的转变。左：1969年《城镇和乡村规划的原则与实践》（侧重空间环境设计）；中：1969年《城市和区域规划：系统论的方法》（侧重复杂系统和定量方法）；右：1989年《直面社会力量的规划》（侧重政治经济现实中的规划行动）

Fig.2 The change of arguments in the western planning academia from 1960s to 1980s as seen from the titles and covers. Left: *Principles and Practice of Town and Country Planning* (1969) (focusing on spatial environment design); Middle: *Urban & Regional Planning: A Systems Approach* (1969) (focusing on complex systems and quantitative methods); Right: *Planning in the Face of Power* (1989) (focusing on planning action in political and economic reality)

---

② 广义的博弈对策研究古已有之，至20世纪中叶以后，经冯·诺依曼、约翰·纳什等学者以数学理论精确化后形成了现代博弈论。1951年，约翰·纳什证明了多主体博弈中必然存在"纳什均衡"，此时任一主体独自改变博弈策略均会导致利益受损，因此各主体将倾向于固守这组策略。而如果"纳什均衡"中多主体选择损人利己的非合作博弈策略，最终往往导致人人皆输的困境，如著名的"囚徒困境"和"公地悲剧"。现代博弈论研究的主流共识是信息互通、规则透明、多方互信的制度环境，是促进多元主体在长期重复博弈中优先选择合作共赢策略的主要手段，也是本文中"博弈论思维"的主要内涵。

体视角追求科学性并不足以推动城市改善,进而扩展出促进多元主体充分协商与有效契约的行动性和政策性维度(图2)。

(三)探索本土路径是当前城市更新行动的关键

我国当前推行的城市更新行动,是国家战略要求与社会发展诉求合力之下,各地集中探索新型城镇化和治理体系现代化的机会窗口。其任务在于结合实践探索、政策制定与学术探讨,建构一套中国特色社会主义背景下的城市更新制度。这套制度应为各类城市更新行动构建科学稳定的发展导向、市场预期和良好的秩序,成为保障政府、市场、社会三部门协同发力的社会契约。我国既有的城乡规划体系和国土空间规划体系尽管在整体上已具备系统科学的研究方法和相应的多元主体参与机制,但距离应对存量环境下的复杂现实问题、多元主体诉求仍存在诸多障碍[13-15]。

蕴含系统论、博弈论思维的城市更新理论、实践和制度体系,既是西方20世纪中后期政治经济环境和城市发展过程的历史产物,也是更广泛意义上应对存量阶段的城市发展的基础原理(图3)。但考虑到政治经济制度的差异性,西方的探索经验只能部分参考,需要更加注重对本土探索经验的分析与总结。

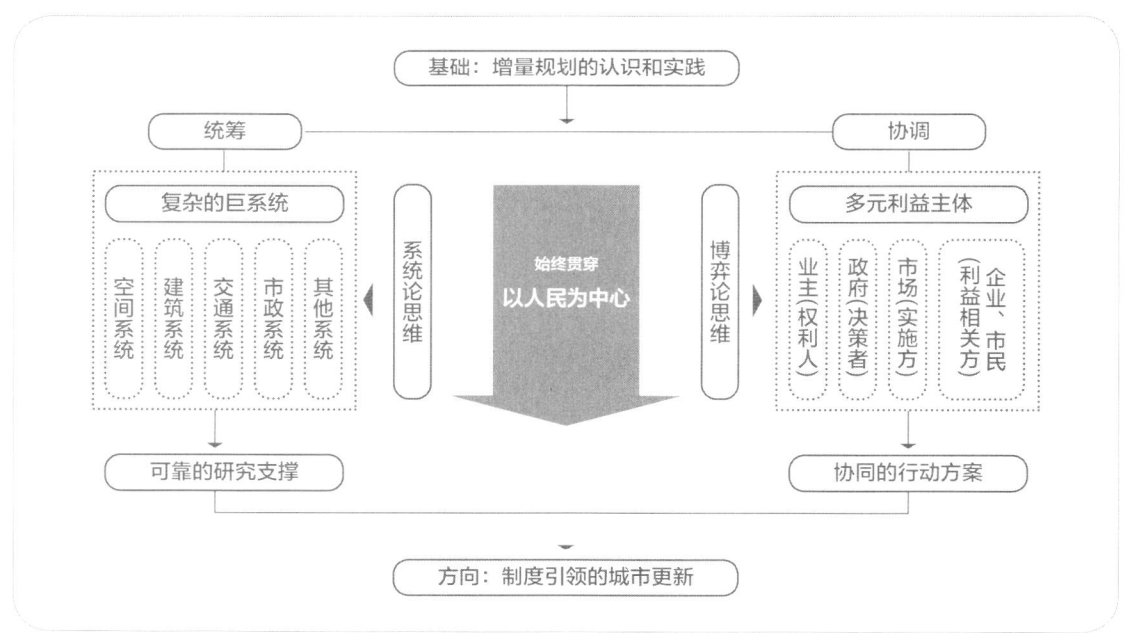

图3 城市复杂系统中的系统论思维与博弈论思维示意图
Fig.3 Schematic diagram of systems thinking and game theory thinking in urban complex systems

深圳是在我国城市发展增量阶段率先探索国有土地有偿使用和城市规划法制化管理制度的城市之一，后来又因自身特殊的资源条件和发展历程而成为探索我国城市发展存量模式的先行者。在超前于国家顶层设计的情况下，深圳基于持续的在地实践，逐步探索出一条适合于我国制度基础的城市发展模式转型路径。

二、深圳城市更新的制度化过程

1985—2005 年是深圳经济社会和城市空间快速增长的 20 年，地区生产总值从 39 亿元发展至 5036 亿元，增长约 130 倍；城市建成区面积从 48km² 发展至 703km²，增长约 15 倍[③]。然而，粗放型的快速增长也给深圳带来了经济增长后续动力不足、基础设施和公共服务欠账严重、原特区内外城乡土地二元化等诸多问题。2005 年深圳市政府宣布城市面临"四个难以为继"的发展困境，并从此推开了城市更新制度化的探索过程。

（一）转折：大规模城市化征转地的碰壁与反思

在快速增长阶段，深圳曾两次尝试依靠政府大规模征转原农村集体土地来支撑社会经济的高速发展，但也正是第二次大规模征转地的碰壁激发了深圳彻底摆脱对城市发展增量模式的路径依赖，转向对城市更新实践方法和制度体系的全面探索。

第一次大规模征转地针对原特区内。1992 年，为加快深圳经济特区的发展建设，国务院批准深圳市撤销宝安县建制，形成了包含原特区内罗湖、福田、南山 3 个行政区和原特区外宝安、龙岗 2 个行政区的二元格局。同年 6 月，深圳市颁布了《关于深圳经济特区农村城市化的暂行规定》，将农村人口全部转为城市人口、农村管理体制改为城市管理体制，将原农村集体土地统一征为国有（以下简称 1992 年统征）。1992 年统征不仅支撑了 1986 版《深圳经济特区总体规划》的实施和社会经济的发展，也通过现金、土地返还和社会保障等方面满足了当时村民的利益诉求。然而，外来资本和劳动力的集聚速度仍远超过特区规划预期和建设速度。于是 1996 版《深圳市城市总体规划》进一步制定了原特区内外一体化的规划方案，以原特区外建设用地增量承载原特区内的外溢发展。

第二次大规模征转地针对原特区外。为彻底扭转原特区内外城乡二元对立的粗放建设模式，遏制农村集体的违规占地和抢建，深圳市委、市政府于 2003 年 10 月印发了《关于加快宝安、龙岗两区城市化进程的意见》并启动了涉及宝安、龙岗两区 18 个镇，218 个村民委员会，27 万村民的城市化工作；又于 2004 年 6 月印发了《深圳市宝安龙岗两区城市化土地管理

---

③ 数据引自《深圳市统计年鉴 2021》《中国城市统计年鉴 1986》和《中国城市统计年鉴 2006》。

办法》并推进原农村集体土地的城市化转地工作[16]（以下简称2004年统转）。尽管按照既定方案，深圳很快实现了原特区外的原农村集体人口户籍、社会保障、乡镇改街道等政府公共管理范畴内的城市化，但关键的城市化转地工作却未能顺利完成。原特区外名义上已完成国有化的土地因原有产权关系未理顺而不能按照国有建设用地入库和出让，又不再适用国家的农转用征地政策，还引发原农村集体更加积极的违规抢建，使深圳陷入了必须"打着国有土地的旗帜"来理顺集体土地问题的两难境地[16]。

第二次大规模征转地的碰壁，集中展现了原有增量模式对存量发展现实的不适应。在规划研究层面，实施方案试图沿用与1992年统征相似的补偿标准和实施模式，忽视了当时深圳原特区外上千平方公里集体用地上复杂的建成环境和不动产权格局与1992年统征时原特区内土地的差异④，未充分评估和细分改造方式，未明确落实土地转用和安置补偿政策后的用地布局、功能配比、支撑系统方案，也未制定可行的分期实施方案。决策者、实施主体和原权利主体实际上均无法预期实施效果，也无法针对方案进行有效的调整和深化。在实施行动与多方协同层面，实施方案以快速落实市政府的长远谋划为主要考量，但对于原村集体十年间对土地价值和经营方式的预期转变[16]、各级政府财政资金和行政力量对一年内完成原特区外转地工作的把握[17]，以及中央政府对大规模征转集体土地的政策⑤等各方情况均缺乏协商与统筹。在政府和原农村集体围绕原特区外征转地展开激烈博弈的主线之下，2004年以前深圳原特区内的旧城、旧村改造仅开展了少量的个案式探索，既缺乏全局性的规划研究指引，也面临政策规则不明确、实施模式难推广的困境[18]。

原本就严峻的土地资源矛盾经过第二次大规模征转地的遗留问题激化，使深圳陡然进入了事实上的"全域存量发展"新局面，断绝了延续增量模式的所有退路，只能通过加快对存量发展阶段城市发展模式全面探索和创新，以适应社会经济全面转型升级的发展需求。

（二）探索：系统论、博弈论思维从实践萌芽到制度总结

从2005年起，深圳经过规划改良、建章立制和持续完善等几个阶段，逐步走出一条制度引领、多元主体协同、市场化资源配置的城市更新路径[19]（图4）。

首先，深圳城市规划的研究内容大幅拓展，成为面向存量问题、多学科交叉的技术平台。2005年《深圳市城中村（旧村）改造总体规划

---

④ 1992年统征的对象主要为原特区内农村集体所有的农林用地和宅基地；2004年统转的对象则包括原特区外大量未经征转程序已建设厂房或住宅并出租、出售的违建用地和因历史原因程序不规范的乡镇政府或企业代征地，其空间形态、使用方式和权利主体补偿需求都远为复杂。
⑤ 在深圳实施原特区转地的同一时期，中央为调控城镇化势头过快、过热可能造成的土地低效等问题，已开始推行更严格的城市建设用地增量指标管控机制，并鼓励广东等地开展农村集体建设用地流转的政策试点。

纲要》对推动城市更新改造进行了全面的考量，除常规空间规划内容外，还委托专业团队开展了房地产市场影响研究、公共财政影响研究、土地管理政策问题研究、产业与劳动力影响研究和社会影响研究五个支撑专题，并对后续工作涉及的工作计划、规划指引、编制技术规定、实施细则等政策文件进行了起草。详细规划层面，试点项目的城中村专项规划进一步纳入了用地和建筑物产权调查、经济可行性测算、市政交通承载力评估等内容。在2010年后的建章立制阶段，随着《深圳市城市更新单元规划编制技术规定（试行）》等规划编制技术规范的完善，形成一套多专业支撑、多部门联审的存量规划方法[20]（图5）。

图4　深圳城市更新路径探索的四个阶段
Fig.4　Four stages of Shenzhen's urban regeneration system exploration

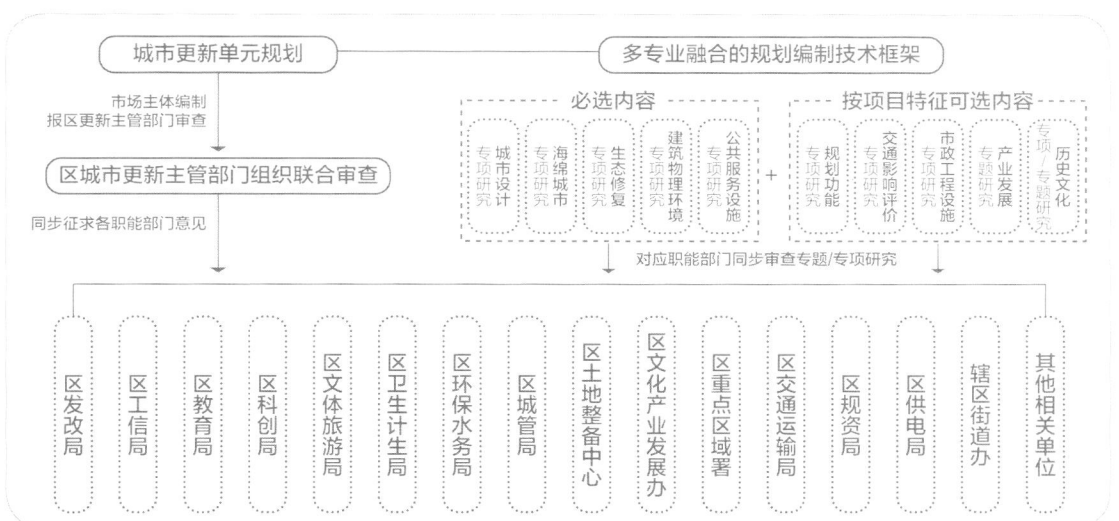

图5　多学科融合、多部门审查的城市更新单元规划
Fig.5　Urban regeneration unit planning with multidisciplinary integration and multi-department review

图 6 通过持续完善法规规章体系引导多元主体协同更新
Fig.6 Guiding multi-stakeholder collaborative regeneration through continuous improvement of legal and regulatory system

其次，深圳通过规章制度体系的搭建，逐渐引导多元主体在充分协商和清晰规则之下选择合作共赢的博弈策略。2005年开始的桃园路城市设计、华强北城市更新单元试点项目中，尝试了将原来政府统筹编制、推动实施的系统综合规划演进到政府、权利主体、市场开发主体共同参与的协商式规划。不同地块的权利主体经过多次规划方案讨论，逐渐意识到所有主体均要求超额利益时会导致人人皆输的局面，最终推导出与政府理想提案极为接近的规划结果，实现了用地功能、开发量与公共利益责任的协调分配与协同实施。在2010年后的建章立制阶段，《深圳市城市更新办法》等系列文件明确了市场主体在申报城市更新单元计划、编制城市更新单元规划、获取实施主体资格、签订土地出让合同等各环节的程序与政策，确保了各环节的信息公示与意见处理，从而加强多方主体的信息互通与规则共识，减少了由于原权利人不合理赔偿诉求或市场主体不合理利润诉求等单方行为导致的多方困境。例如，实施主体在城市更新单元计划前需完成现土地建筑物权属调查、更新意愿征集；在单元规划阶段充分基于原权利人、市场主体诉求和公共利益诉求制订规划方案，并明确实施主体各阶段承担的公共利益责任。2016年以后形成的包含城市更新五年专项规划、片区统筹规划和城市更新单元规划的三层次规划编制和管理体系，进一步理顺了市、区、街道政府和辖区原权利人、市场主体之间诉求互通、预期管理的常态化制度，促进多元主体行动协同[21]。从2009年《深圳市城市更新办法》到2020年《深圳经济特区城市更新条例》，深圳陆续出台了数十项涵盖法规规章、技术指引、审批流程、项目管理等文件，逐步形成一套完整政策体系，保证各类主体参与城市更新有清晰的规则可循（图6）。

（三）成效：制度引领、市场化配置资源的城市更新

经过规划改良、建章立制和持续完善，深圳城市更新已逐渐适应存量阶段的复杂问题和多元主体诉求，取得了多方面的实施成效。

一是充分激活多元主体参与城市更新，实现共商共治、共建共享。截至2022年9月[⑥]，深圳市已批计划更新项目1005个，其中通过规划审批项目651个，其中绝大多数由市场主体完成单元计划、规划的编制和申报，经政府依法依规审批后由市场主体实施。更新项目实施中的各环节均充分协调了包含土地原权利人、社会公众在内的多元主体诉求[22]。

二是缓解空间资源压力，提升城市发展质量。2015年，城市更新供给规模首超新增建设用地规模，成为深圳拓展城市发展空间的重要手段。截至2022年9月，通过更新可开发建设用地面积合计3417hm²，计容建筑面积合计

---

⑥ 本小节所用的截至2022年9月的深圳城市更新实施数据均来自深圳市城市更新和土地整备局。

20 488万 m²，其中住宅建筑 9354万 m²（占比 46%），产业用房及配套设施 4151万 m²，含低成本的创新型产业用房 210万 m²。

三是改善人居环境，提升城市公共服务水平。截至 2022年 9月，通过城市更新规划落实了 218所中小学，436所幼儿园，5家医院，403家社康中心，2909万 m² 保障性住房，以及大量其他类公共配套设施。城市更新单元项目土地贡献率平均逾 30%，近年来逐年增加。

2022年 7月，国家发改委出台《"十四五"新型城镇化实施方案》，明确提出"有序推进城市更新改造，探索'政府引导、市场运作、公众参与'模式"，充分肯定了深圳多年来的城市更新路径。值得注意的是，深圳的实践经验表明仅靠一套固定的制度来约束市场行为是远远不够的，政府还需要围绕几方面重点问题持续完善制度安排和提升治理水平，才能充分发挥市场优化资源配置效应，提高城市更新效率并实现城市更高质量发展。

三、制度引领城市更新的四个重点问题

（一）重点一：引导和规范市场主体参与城市更新行动

早期城市更新最大的困难在于将更新需求有效地转化为更新行动，具体表现为政府难以确定"改哪里、怎么改、为什么改"，而有更新意愿的市场主体对城市更新行动经验不足、认识不足、动力不足。对此，将政府战略意图转化为公开透明的管控与激励规则，是引导多元主体诉求和资源进入城市更新行动的核心手段。

首先是加强城市更新的顶层设计。明确城市更新的范围、方式和规模，稳定多元主体参与城市更新的市场预期。深圳市通过城市更新和土地整备五年规划，提出明确城市更新"改哪里、改多少、怎么改"，通过密度分区和城市更新容积率审查规则明确"改多高"，通过工业区区块线、城中村综合整治线、紫线等控制线明确哪些情况"不能改"[⑦]。通过一系列定期编制、公开发布的规划和政策，建构了多元主体一段时间内城市更新行动的基本预期，以达到信息互通、多方互信、促进协同行动的治理目标。

其次是探索政策和规则创新。利用差异化的不动产权变更和地价计收政策，拓宽各类主体参与城市更新的渠道。深圳市依托 2009年国土资源部和广东省签订的"三旧"改造试点政策框架，探索在城市更新中允许实施主体通过协议出让获取后续建设用地使用权，突破了增量阶段政府对土地一级开发的垄断局面，使市场主体和原权利人参与城市更新的广度和深

---

⑦ 相关图示可在深圳市规划和自然资源局网站上开放下载，例如：http://www.sz.gov.cn/szzt2010/wgkzl/jcgk/jchgk/content/mpost_9989804.html；http://www.sz.gov.cn/cn/xxgk/zfxxgj/ghjh/csgh/zt/content/post_1344686.html；http://pnr.sz.gov.cn/xxgk/gggs/content/post_6558704.html。

度大幅增加。此外，深圳在原有的标定地价体系之上建立了针对城市更新的地价测算规则，将小街区密路网、公交引导开发等规划理念和对实施可行性的考量转化为一套修正系数，精准调节城市更新实施主体通过协议出让获取土地的经济收益，并通过设置激励政策引导市场行为。

（二）重点二：鼓励市场主体在城市更新中承担公共责任

城市更新产生的土地增值除了来自私人部门的投资和努力外，更来自公共部门在基础设施、制度环境、行政审批方面的投入和全社会价值创造的空间外溢，因此增值捕获是国际通行的理论和制度实践。在我国税制尚未将房地产税作为长效增值捕获的主要工具之前，城市更新的过程中必须充分考虑公共利益的获取，即市场主体参与实施城市更新不仅应向原不动产权人支付合理补偿、按照规划要求和监管协议完成经营性物业的建设和运营，还应额外承担无偿提供一部分公共利益用地或设施的责任。深圳在2009年的《深圳市城市更新办法》中，规定城市更新项目需按照城市更新单元规划和土地使用权出让合同的要求移交基础设施、公共服务设施等用地，政府不作补偿。基于这一地方立法，后续颁布的政府规章进一步明确了移交用地应大于3000m²且不小于拆除范围用地面积的15%，如城市规划和其他相关规定有更高要求时应从其规定，并且根据城市更新项目无偿移交用地、用房规模建立了转移容积、奖励容积的相关激励政策。通过这些法规规章，政府为城市更新项目承担公共责任建立了基本规则，并迅速得到了权利主体和市场主体的接受和实践，再次证明公共价值与市场价值存在协调共识的可能性。

尽管立法可以赋予政府通过制定规划和政策来附加公共责任要求的主动权，但从博弈论思维看，仍然需要颁布尽可能明确的标准，预先说明市场主体承担公共责任的基本限度，为市场实施主体预判项目投入产出提供尽可能稳定的预期。例如，深圳通过公布法定规划提出了城市更新项目必须实施的公共服务设施、绿地和道路等公共利益底线，通过专项政策文件划定了城市更新项目移交公共利益用地、配建保障性住房、创新型产业用房的最低比例要求[8]，并通过持续修订的《深圳市城市规划标准与准则》来明确各类非独立占地公共服务设施的建设要求，等等。在实施主体提交规划提案时，城市更新主管部门会基于以上规划和政策的刚性要求，结合规划论证和相关各部门的联审意见提出必要的增补和优化。

对于规模较大或现状不动产权关系较为复杂的城市更新项目，除了提供公共利益用地和设施外，政府也可要求实施主体承担统筹责任。

---

⑧ 深圳市城市更新配建保障性住房的图示公开于 http://pnr.sz.gov.cn/xxgk/zcwj/gfxwj2/content/post_6561816.html。

例如授权原农村集体经济组织、国有企业或经遴选具有统筹能力的市场主体，代表公共部门统筹协调分散的其他权利主体，形成一致性的规划方案后再分多个实施主体落实，从而在降低政府统筹协调的成本同时保障城市发展战略意图落实。深圳市高新区北区更新统筹中，主管部门市科创委和南山区政府授权市属国企深投控集团委托编制更新统筹规划，通过具有公信力的统筹主体带头贯彻政府规划意图并居中协调，引导片区内其他小业主的博弈策略趋向共识，最终实现了在产业园区第二首层集中移交创新型产业用房和产业服务平台的规划设想（图7）。

（三）重点三：建立系统综合、协同共治的存量规划技术体系

国土空间规划体系的改革目前整体上以强调信息技术、全域全要素研究分析、刚性管控的一面为业界所关注，这是其内涵在现阶段自然资源部和各地方政府集中精力优先推进市县国土空间总体规划改革所决定的阶段性呈现。下一步改革工作重心向"五级三类"中的专项规划、详细规划转移，也是城市发展从增量模式向存量模式转型是否成功的关键一环。当前，除了继续增加规划研究层面的系统思维长板，更需要着重关注规划实施层面的博弈思维短板，将系统谋划与共商共治相结合，针对不同阶段的"多元主体"开展不同方式的"开门规划"。

专项规划层面，需加强中长期规划与近期计划的全向衔接。由于市县国土空间总体规划编制的涉及面广、工作量大、审核期紧，对于城市更新的研究实际上难以深入。可以看到编制5年或15年的城市更新专项规划已经成为深圳、广州、北京、成都、武汉、南京等许多城

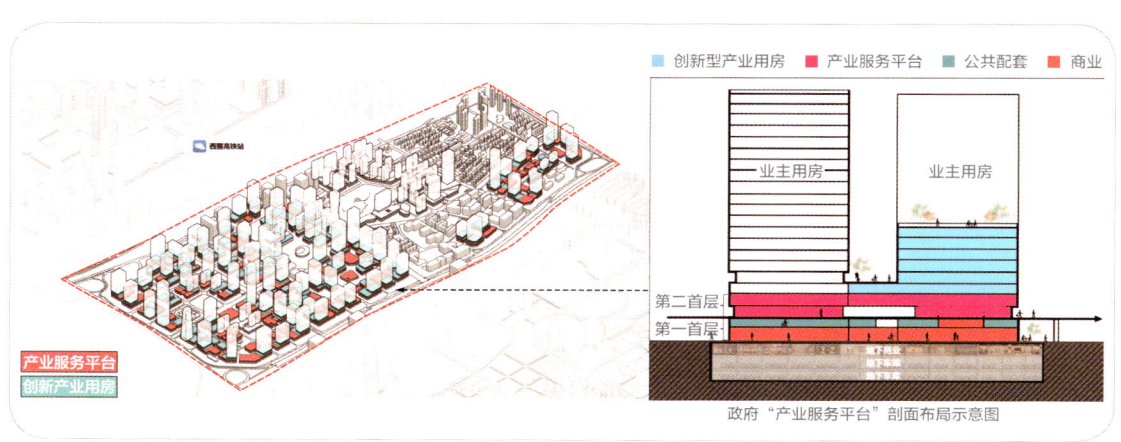

图7 深圳高新区北区通过国企统筹更新实现准公共资源的高效配置
Fig.7 Shenzhen High-tech Zone North District achieves efficient allocation of quasi-public resources through state-owned enterprise coordination and regeneration

市的共识。根据目前的实践总结，专项规划应承接国土空间总体规划的城市发展目标和刚性管控要求，综合判断中长期城市更新的目标、规模、重点区域并对项目层面的立项和审批提出指引。此外，编制城市更新年度计划或3年内的近期行动计划是进一步将中长期目标分解到可追踪、可考核的实践周期，进而统筹多方行动的重要抓手[23]。中长期规划和近期计划通常由市、县（区）政府制定，可通过周期性的评估与修编形成重复博弈，将市、区、街道、社区多层级主体的信息和目标进行纵向整合，同时也要将城市更新目标与发改、工信、生态、教育、交通、市政等其他条线的目标进行横向整合，促进各级政府、各部门协同发力。

详细规划层面，需深化多方参与、利益统筹与行动协同。详细规划层面是国土空间法定规划中最接近实施的层面，必须大幅调整原有自上而下传导和刚性管控的思维和方法，在规划编制技术和审批程序中呈现和协调城市更新中的多元主体诉求。深圳1995—2011年开展的大冲村更新改造能够展示由政府和技术单位主导的系统规划向多元主体协商式规划的转型过程。大冲村规模大、产权关系复杂，导致2007年以前政府自上而下制定的多版改造方案未能落地。项目从2008年起调整工作方式，尝试通过村民访谈、媒体宣传、模型展示等多种途径促成原权利人的信息互通。组织多领域专家、主管部门开展方案研讨，并通过公开听证建立有效的信任机制。在核心利益相关方协商互信基础上形成的方案，进一步通过媒体广泛征求市民意见，最终形成了兼顾公共部门、市场部门、社会部门意见的规划成果，并得以落地实施（图8）。

（四）重点四：从经济增长单一价值走向共同创造多元价值

20世纪80年代以后，加快经济增长成为全球多数国家政府和市场合作推动城市更新的主要目标，也导致在新时代城市更新行动以人民为中心的背景下，有时市场运作的城市更新因"逐利"的标签让人望而却步。事实上，城市更新实施如能实现项目投入产出平衡、产业升级、税收提升，本身就对政府财政健康和社会长期发展大有益处；在恰当的引导和管控之下，更可与改善公共服务和公共空间、传承历

图8 大冲村城市更新规划方案形成中的多方协同
Fig.8 Multi-party collaboration in the formation of urban regeneration planning scheme for Dachong Village

史文化记忆传承以及提升人民获得感的多元价值相兼容。

在经济价值领域，可充分发挥市场主体资源整合与全周期运营的优势，更加科学、精准地配置空间资源。深圳有大量的实践案例证明，市场实施的城市更新能够提供精细化的业态策划与空间设计[24]，能够运用专业灵活招商策略培育创新产业集群[25]，也能够在后续的长效运营过程中保证服务与持续创新[26]。

在传统的公共价值领域，也可基于政策规则和规划协商促进多元价值的融合。市场运作

的城市更新项目除了贡献可度量的市政、交通、绿色基础设施等各类公共利益用地和物业以外，也可通过高质量的策划和设计将公共与私营的边界进一步融合，达到相辅相成的效果。例如2013年深圳金威啤酒厂城市更新，始于原企业陷入经营困境需要盘活不动产价值的经济考量，但通过社会各方共商的城市更新单元规划和后续设计运营工作，最终形成市场主体无偿移交部分厂区的用地并保留地上工业遗存的更新方案，乃至推动了深圳未定级历史建筑在城市更新中的评估和保护制度建立。如今，保留的厂区工业遗存不仅成为2022年深港城市建筑双年展（UABB）的主展场，更成为具有城市文化特色的公共场所和高价值的休闲消费目的地（图9）。

四、总结与建议

制度引领、多元协同的城市更新是应对存量发展复杂性问题的有效手段。深圳始于世纪之交的城市更新制度化探索固然有其特殊的时空背景，但即使进一步拉长时空跨度与西方国家20世纪60年代的转型过程对照，仍然能够发现一些共性的规律和经验。其中较为突出的是以系统论思维和博弈论思维改良城市规划实践和制度安排，从而在存量阶段统筹城市发展复杂问题、引领多元主体协同行动，共同创造多元价值。党的二十大报告提出的"实施城市更新行动""坚持人民城市人民建、人民城市

图9 上：改造前的金威啤酒厂厂区；中、下：改造后的金啤坊举办了2022年深港城市建筑双城双年展
Fig.9 Top: The factory area of Jinwei Brewery before renovation; Middle and bottom: The renovated Jinwei Brewery hosted the 2022 UABB

为人民"等指导要求，更加证明这一探索方向符合我国国情和发展战略。

对于我国制度和社会经济环境下应如何进行城市更新行动实践和制度建构的问题，目前学界的研究仍不充分。我们认为，与增量规划构建新的城市系统不同，城市更新面对更加开放的、已客观存在的城市复杂巨系统，需要按照系统科学的观点研究更为复杂、多元的城市问题。深圳的实践表明城市更新是推动城市治理能力现代化的重要手段。我们基于系统论、博弈论的原理，提出从蓝图式规划逻辑升维到综合性的空间治理逻辑，推动规划制度的系统安排、规划方法的逐步改良，做到管理靠制度、技术有规范、市场循规则和设计可赋能，协同多方有效参与，引导政府、市场和市民积极介入城市更新和空间治理的全过程。

我们也注意到市场并不是万能的，还是要依托制度的约束，通过政策的动态的调整，规划统筹的约束和引导，多元主体参与的共建共治共享，才能实现城市治理水平的提升。我国当前正处于城市发展的转型期，从过去对于土地财政的路径依赖要转型到今天对于城市发展新模式的创新，包括规划技术方法、管理和实施保障机制等各方面创新。要注重在地性问题，城市更新工作要准确把握城市自身发展阶段和发展条件，尊重城市发展规律，因城施策地选择政策、方法、和实施路径。要重视秩序性问题，强调积极将地方实践转化为常态化、长期性的制度体系，以及动态的制度调校机制，保障城市更新行动有序开展，这也是治理能力现代化的根本体现。要推进规划技术方法改良，更加关注城市运营和治理，以科学判断、设计赋能提升空间价值，助力城市高质量和可持续发展。规划从业者也必须用更加多维的视角，关注城市的多元价值，通过经济、社会、文化、生态各个方面发力形成城市更新的共同价值观。城市更新在目标、模式和参与主体方面等方面已经开始呈现出多元趋势，加快建立符合中国特色的城市更新的制度，对推进多元协同的城市更新路径创新，构建共建共治共享的高质量中国城市现代化之路至关重要。城

参考文献 REFERENCES

[1] 新华社. 联合国报告预测2030年中国城镇化水平将达70%[N/OL].[2013-08-28]. http://www.gov.cn/jrzg/2013-08/28/content_2475379.htm.
[2] 赵燕菁. 土地财政：历史、逻辑与抉择[J]. 城市发展研究, 2014, 21 (1): 1-13.
[3] 邹兵. 增量规划向存量规划转型：理论解析与实践应对[J]. 城市规划学刊, 2015 (5): 12-19.
[4] 钱学森, 于景元, 戴汝为. 一个科学新领域--开放的复杂巨系统及其方法论[J]. 自然杂志, 1990 (1): 3-10+64.
[5] 王颖, 孙斌栋. 运用博弈论分析和思考城市规划中的若干问题[J]. 城市规划汇刊, 1999 (3): 61-63+80.
[6] 吴良镛. 人居环境科学导论[M]. 北京：中国建筑工业出版社, 2001: 70-82.
[7] 泰勒. 1945年后西方城市规划理论的流变[M]. 北京：中国建筑工业出版社, 2006: 59-71.
[8] 巴蒂. 新城市科学[M]. 北京：中信出版社, 2019: 26-30.
[9] ARNSTEIN S R. A ladder of citizen participation[J]. Journal of the American Institute of planners, 1969, 35 (4): 216-224.
[10] DAVIDOFF P. Advocacy and pluralism in planning[J]. Journal of the American Institute of planners, 1965, 31 (4): 331-338.
[11] FORESTER J. Planning in the face of power[J]. Journal of the American Planning Association,1982,48 (1): 67-80.
[12] FRIEDMANN J. Notes on societal action[J]. Journal of the American Institute of Planners, 1969, 35 (5): 311-318.
[13] 邹兵. 增量规划向存量规划转型：理论解析与实践应对[J]. 城市规划学刊, 2015 (5): 12-19.
[14] 王朝宇, 朱国鸣, 相阵迎, 等. 从增量扩张到存量调整的国土空间规划模式转变研究——基于珠三角高强度开发地区的实践探索[J]. 中国土地科学, 2021,35(2):1-11.
[15] 叶梦. 利益相关者视角下的国土空间规划研究[J]. 湖北经济学院学报（人文社会科学版）, 2021, 18 (1): 50-55.
[16] 刘芳, 邹霞, 姜仁荣. 深圳市城市化统征（转）地制度演变历程和解析[J]. 国土资源导刊, 2014, 11 (5): 17-20.
[17] 毛瀚民. 深圳城市化加速 近千平方公里土地将转归国有[N]. 第一财经日报, 2005-07-22(A06).
[18] 缪春胜. 深圳三十多年城市更新回顾及其下一阶段思考[C]//. 城乡治理与规划改革——2014中国城市规划年会论文集（03 城市规划历史与理论）, 2014: 45-58.
[19] 黄卫东. 城市治理演进与城市更新响应——深圳的先行试验[J]. 城市规划, 2021, 45 (6): 19-29.
[20] 司马晓, 岳隽, 杜雁, 等. 深圳城市更新探索与实践[M]. 中国建筑工业出版社, 2019: 204-283.
[21] 赵冠宁, 司马晓, 黄卫东, 等. 面向存量的城市规划体系改良：深圳的经验[J]. 城市规划学刊, 2019 (4): 87-94.
[22] 林辰芳, 杜雁, 岳隽, 等. 多元主体协同合作的城市更新机制研究——以深圳为例[J]. 城市规划学刊, 2019 (6): 56-62.
[23] 赵冠宁, 黄卫东, 李晨, 等. 从"刚性计划"到"韧性计划"：深圳城市更新计划管理的制度选择[J]. 规划师, 2022, 38 (9): 31-39.
[24] 刘晓都. 深业上城：高密度引发的建筑新类型[J]. 建筑学报, 2019, 607 (4): 58-61.
[25] 产业新城运营商综合实力提升三大抓手——以星河集团运营体系为例[J]. 中国房地产, 2022, 760 (23): 54-58.
[26] 吴先政. "天安云谷"的绿色运营之路[J]. 城市开发, 2016 (21): 62-63.

图片来源 CREDITS FOR PHOTOGRAPHS

图1由作者基于ourworldindata.org截至2016年的数据图表改绘，增加了中国2021年、2030年的城镇化率水平；图2由作者提供；图3—图6由作者自绘；图7—图9深圳市城市规划设计研究院

作者简介 ABOUT THE AUTHOR(S)

黄卫东 HUANG Weidong

教授级高级规划师，深圳市城市规划设计研究院股份有限公司常务副院长，中国城市规划学会城市更新学术委员会副主任委员，huangwd@upr.cn

Professorial Senior Planner, Executive Vice President of Shenzhen Urban Planning and Design Institute, Deputy Director of the Urban Renewal Academic Committee of the Chinese Society of Urban Planning, huangwd@upr.cn

都市自然生产与治理：广州荔枝湾涌的转型

The Production of Urban Natures and Nature Governance: The Transformation of Lizhiwan Stream, Guangzhou

杨一萌　YANG Yimeng

■ 摘要 ABSTRACT

以广州荔枝湾涌为例，本文将都市自然的"治理"安置在"生产"脉络中，检视晚近河涌治理机制为何会在政治经济转型下流变；如何因应了不同的政经目标；当下荔枝湾涌又因此内蕴了怎样的多重治理议程。本文认为，20世纪50年代至今，荔枝湾涌先后卷入三轮不同但又有重合的政经脉络，并历史性地累积了三种治理机制，包括：国家引导的自然之现代化治理；拉锯中浮现的自然之文化治理；合作式的自然之生态/绿色治理。本文尝试以"自然治理"作为更广泛的视角，概括人对自然的介入和挪用，以更好地把握嵌在当前中国城市治理结构中的河涌治理现状。

Taking Lizhiwan Stream in Guangzhou as an example, this article situates nature "governance" in the context of "production" and examines how and why the governance mechanisms of Lizhiwan Stream have changed in the context of political economic transformation; how they have responded to different political economic objectives; and what multiple governance agendas are embedded in contemporary Lizhiwan Stream. This article argues that since the 1950s, Lizhiwan Stream has been involved in three different but overlapping political economic contexts, and has historically accumulated three governance mechanisms, including: modern governance of nature led by the state; cultural governance of nature emerging from the conflicts and negotiation; and ecological/green governance of nature in a collaborative manner. This article tries to use "nature governance" as a broader perspective to outline human interventions, appropriations and deployments of nature, helping to better understand the multiple governance agendas embedded in the river in contemporary urban China.

■ 关键词 KEYWORDS

自然生产　自然治理　都市化　文化保存　绿色治理术

the production of nature　nature governance　urbanization　cultural preservation　green governmentality

一、引言：自然治理术的生产

都市与自然看似相互矛盾，乃至人们常常会认为，都市的发展根本是对自然的破坏。但晚近越来越多学者意识到，都市与自然常常是相互依存的。自然会仰赖都市过程，都市也离不开自然的支持，这或可理解为都市与自然的共构[1]。进而，"都市自然"（urban natures）的概念便尤其重要，其既有助于理解镶嵌在生态过程中的城市，关注到与都市发展紧密相关的作为复数的"自然"（natures），例如水体、植被、空气等元素[2]，同时也将自然带入都市治理机制中，检视自然的治理或绿色治理术（green governmentality）如何在都市脉络下展开[3, 4]。因而我们也看到，随着晚近生态危机的浮现，都市治理也越来越强调基于自然的解决方案（nature-based solutions），讨论如何将自然生态要素纳入都市建成环境[5]。

不过，相较于讨论自然治理的研究更聚焦建构自然的机构、技术、知识和政策话语，马克思主义学者则强调将"自然"重新镶嵌到政治经济结构中，关注到支配性力量下的"自然的生产"（production of nature），认为是国家治理或是资本累积等结构性因素主导了自然的转变[6, 7]。诸如生态马克思主义（Eco-Marxism）等领域明显更关心自然背后的社会过程，以及自然作为社会改变的驱动力[8, 9]。这也进一步推动了都市研究学者对"都市自然之社会生产"（social production of urban natures）的讨论[10, 11]。换言之，都市自然治理也需要置于一个历史性过程中来讨论，思考不同的都市政治经济条件下为何会有特定的治理机制浮现，治理术的转变又如何支持着不同阶段的都市发展之结构性要求。

相关研究中，"水"的治理是都市自然不可忽视的重要环节。斯温格杜（Swyngedouw）尝试提出"水的都市化"（urbanization of water）来理解"水"如何被纳入都市治理，以及治理机制的不同又如何因应了不同的都市化脉络[12]。例如，他在厄瓜多尔的经验案例中发现，20世纪后该国的水资源镶嵌于不平等的资本累积逻辑中。水越来越成为稀缺的且往往属于中产阶级的消费品，进而成为大都市中经济地位的象征。大型供应商开始垄断水资源的供应和定价，并不断再生产了社会的贫富差异[12]。进而，斯温格杜强调，都市中"水"的问题，常常不是水本身的问题，而是牵涉政治经济结构，以及谁可以获得"水"的权力课题[12]。换言之，只有将水治理重置入都市过程（urban process）以及社会生产脉络中，才能透过"水"的课题看到更为根本的都市与社会发展样态。

以此为研究向度，中国的经验案例依然值得补充。不同于许多既有研究（常常基于全球北方的案例）更聚焦都市水治理背后的新自由主义化、私有化或绅士化（gentrification）等资本逻辑[2, 13]，从事中国研究的学者则更敏锐地看到了中国的国家角色，并将"国家与社会关系"（state–society relations）视作"中国都市主义"（Chinese urbanism）的关键分析向度[14]。例如，邢幼田在讨论中国都市转型时，特别强调了中国的都市营造与地方国家营造（local state building）的共构，指出国家在都市化中扮演的重要角色，而都市化又反过来支持了国家发展[15]。具体到中国的都市自然治理，支持了特定国家议程的自然生态项目，生态保护场域中的社会争议与市民参与，以及相应的动态国家与社会关系，也都是近来浮现的重要课题[16, 17]。下面将以广州荔枝湾涌作为案例，进一步补充上述研究脉络。

在中国，广州是因水而成、有水而兴、以水繁荣、为水而忧的河滨城市，有着悠久的水文化，也伴随着近年来水治理的困局[18]。广州作为检视中国当代水治理的关键一例，已经有诸多文献讨论了"水"在广州的社会文化镶嵌。例如，以"河涌"为例，其象征着多元、包容、务实等地方意涵，不仅支持着"扒龙舟"等文化习俗，同时也是邻里生活交往的场域[19]。同时，这些特定的文化意涵也取决于人们如何感知水环境，这便牵涉"地方感"（sense of place）的课题。已经有研究以荔枝湾涌为例，讨论不同人对河涌之不同认知的原因，例如水质下降、生活环境差导致了情感认同的下降，但随着景区的打造以及游客的到来，在地社区又重建了对河涌的认同和包容[20, 21]。王敏等人的研究强调了"绿色治理体制"下的"自然建构"，将广州河涌置于唐代以来的历史脉络和都市变迁中，梳理了不同时期下的河涌功能和文化意义，以及人们对河涌的不同记忆与情感[22]。总言之，上述一系列研究均已发现，以广州河涌为例的"自然"不是孤立于都市存在，而是在特定的治理机制、文化话语和都市想象中被建构，并镶嵌于人们的日常生活实践。

不过，当许多讨论开始关注到河涌的治理时，却常常忽视了特定的治理术是在怎样的政治经济结构下被"生产"出来，进而常常缺乏对治理术之流变的剖析，以及对背后变迁的社会脉络之考察。因此，楚晗等人的研究在讨论多重的自然地方性时，却在历史分析中重新回到了自然与都市的对立，认为20世纪40年代后的都市化导致了荔枝湾的"衰败"[21]。同时，王敏等人的研究，虽然分析了河涌的历史变迁，但更多将"文化生产"归结为"人与河涌互动"和"日常生活实践"，政治经济脉络似乎只是这些文化实践的背景板[22]。作者也提及政府的作用，例如对河涌文化的营造[22]，但未能将文化建构和治理机制镶嵌到演变的结构性条件中。因此，未知作者提及的"绿色治理体制"为何会浮现？又或是说，单一的"绿色治理"真的可以概括当代广州河涌多元的治理目标吗？换言之，近年来对广州水治理或具体到河涌治理的研究，虽已经关键地指出了机构、知识、话语的建构之效，但常常忽视了将"治理"历史性地镶嵌到自然的"生产"过程中。

相较之下，本文将"治理"重新置入都市自然的"生产"脉络，以广州荔枝湾涌为例，尝试从以下两个方面推进思考：一方面，延续现有的诸多文献对水与河涌治理机制的关注，但将视野拓展到20世纪50年代至今的历史性过程，考察荔枝湾涌治理机制的演变逻辑，包括治理机构、政策文本、文化意义建构的具体变化。另一方面，则是将其演变的过程镶嵌到动态的国家与社会关系中，检视为何在不同政治经济脉络下会有不同的治理机制浮现，不同的治理术又如何有助于实现特定阶段的都市发展，并再调节了国家与社会关系。

本文分析资料主要来源于四个方面：首先包括《荔湾区志》《岭南文史》、广州政协的"广州文史"专栏等史料，其次是广州市人民政府等政府门户网站上的政策文本，再次，将爬梳《南方都市报》《广州日报》等省市级的核心报纸刊物，参考具体的社会事件和不同声音，

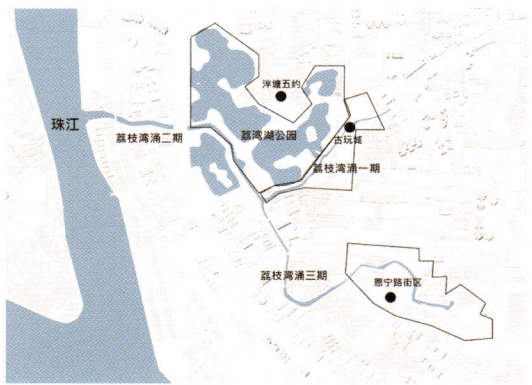

图1 荔枝湾涌以及泮塘五约、古玩城、恩宁路街区区位
Fig.1 The location of Lizhiwan Stream, Pantang Wuyue, Antique Town, Enning Road Neighborhood

图2 上：民国时期的荔枝湾涌；下：1958年开凿荔湾湖
Fig.2 Top: Lizhiwan Stream during the Republican period; Bottom: Development of Liwan Lake in 1958

最后将配合在地的田野观察。后文的讨论将关注到三个有叠合的历史阶段：首先将回顾20世纪50年代至21世纪初广州都市化和现代化中荔枝湾涌的转变，其次将关注到2010年前后荔枝湾涌的文化治理，再次将看到2010—2020年生态议题下的新治理模式。最后，本文尝试用"自然治理"概括历史性累积的、多重的河涌治理议程。

二、国家引导的自然现代化：从都市集体消费到卫生现代性

荔枝湾涌包括今天的荔湾湖以及附近的河涌（图1），当地早年盛产荔枝、故而得名荔枝湾。荔枝湾据称有2000余年历史，兴盛于唐代。当时的岭南节度使在此地种植荔枝，荔枝湾也逐渐成为游湖、宴请的胜地[23]。到了明朝年间，更多平民也得以来到荔湾湖观赏，荔枝湾也变得更为热络。羊城八景之一的"荔湾渔唱"便是描绘的荔湾盛景。再到清末，园林也开始在荔枝湾兴盛，除"海山仙馆"外，还包括叶氏的"小田园"等[24]。许广平曾描绘20世纪二三十年代的荔枝湾风景，并将其与南京的秦淮河、杭州的西湖相比，认为"到广州的几乎没有一个人不看到珠江，因而没有不想到城西那珠江突出的一小角的荔枝湾"[25]。总言之，不论是湖泊、荔枝又或是园林，荔枝湾涌以其自然风光而得名，今人对其历史之想象也一直是围绕"自然"而展开（图2）。

不过，到了20世纪30年代之后，随着现代化、都市化进程的展开，"自然"与"都市"的张力开始逐渐浮现。随着城市人口的渐增，荔枝湾一带的居住密度显著提升，并逐渐成为菜农和贫民聚居之地，大多荔枝林被砍伐后转为耕种产量更高的菜畦藕塘。到了40年代中期，随着都市工业的发展，荔枝湾河畔也开始新建工业厂房，例如泰盛染厂、三新染整场、健康化工厂等，随之而来的工业排放也对荔枝湾涌产生较大的污染，特别是影响到荔枝树的生长[25]。面对自然环境和都市现代化之间的紧张关系，以及都市发展的迫切需求，政府也相应展开了针对荔枝湾涌的一系列治理机制部署。

一方面，到了1958年，时任广州市市长朱光推动了"四湖建设"，并在市内开凿四大人工湖。该工程在当时起到了改善卫生环境、满足市民游憩、缓解水患等自然灾害的重要作用[26]。今天的荔湾湖正是当时在荔枝湾涌的基础上人工开凿而成（图2）[24]。到了20世纪80年代，政府曾计划将荔枝湾发展为更大规模的风景区，建成具备田园风光的游乐场和度假区[24]。随着访客量的逐渐攀升，到了21世纪初，荔湾湖公园的实际客流已达《公园设计规划》的5倍以上，政府也因此提出荔湾湖扩建的计划[27]。换言之，从20世纪50年代到21世纪初的这段时间，荔枝湾涌改造的一个重要的方向便是休闲游憩化，这有助于应对大都市发展不断攀升的市民集体消费需求，也支持着当时广州工业发展下的劳动力再生产。

除了开凿荔湾湖外，另一方面，则是针对流经都市腹地的河涌治理。由于荔湾区的人口不断增加，同样是在20世纪五六十年代，数条河涌都开始出现黑臭问题。1966年，政府集中开展了河涌整治，先在荔枝湾与珠江的进出口处建立水闸，对江河之间的水体交换进行人工调控。同时，市政部门开始将大部分河涌改为地下渠箱式的下水道，河涌也成为都市排水系统的一部分[25]。在20世纪七八十年代，荔枝湾涌的污染问题也开始浮现，政府因此也启动了"加盖"工程。荔枝湾涌自此转为地下暗涌，而原河道则转变为都市干道，命名为"荔枝湾路"[28]。这也有助于当时广州市道路基础设施建设和应对交通拥堵等问题。

总言之，从20世纪初期开始，伴随着都市现代化的进程，人口增长、工业发展、基础设施陈旧、环境卫生差等是当时都市发展所要应对的、更为紧迫的议题。因此，在政府的主导下，一方面，荔枝湾涌开始向休闲游憩化转型，满足大都市增长的集体消费和劳动力再生产的需求，荔湾湖的开凿和公园建设便是诞生在这个脉络下。另一方面，政府也通过河涌"加盖"改造，应对了河水黑臭的问题，保障了都市卫生。

三、国家与社会拉锯中的自然"文化"化：从文化地景到生活地方

有趣的是，"加盖"后的荔枝湾涌却在21世纪的第二个十年迎来"揭盖复涌"。2004年，

广州获得第16届亚运会举办权，政府随后开启了一系列政策部署。2005年，政府首先拟定了《面向2010年亚运会的广州城市发展》报告，其中提出"文化广州，岭南古郡"的发展口号，指出"广州将继续保护国家级历史文化名城，提高旧城区环境品质和生活质量，营造兼具国际水准和地方特色的多元文化氛围，呈现底蕴深厚、多元汇聚的岭南文化"[29]。随后，广州市第九次中国共产党全国代表大会上正式提出"中调"城市发展战略，强调了以荔湾地区为代表的中心老城区改造，同时挖掘老城区文化资源、保障文化延续[30]。换言之，在国际赛事这个新的都市脉络下，政府也相应提出了新一轮的治理目标，一方面，依然是涉及都市现代化的需求，并具体指向老城区改造；另一方面则是提出了文化治理目标，希望向国际社会彰显广州的文化底蕴和品牌。而位于老城区，且又作为岭南水乡文化之代表的荔枝湾涌自然成为这一轮都市发展的重要一环。

2009年8月，荔湾区政府提出荔枝湾的"揭盖复涌"计划，荔湾区区长直言"加盖"的负面效应，强调了"复涌"在当下更为重要的文化意涵："（荔湾涌加盖）这一直都是西关人心里感到遗憾的事情，如今十几年过去了，我们才重新认识到这是当初缺乏远见的一种做法，西关传统文化保护仍然任重道远"[31]。河涌的文化意向也进一步支持着广州建设"世界文化名城"的战略目标，这与国际赛事的大背景相关。时任市委书记后来在考察荔湾涌先期工程时也提到："荔枝湾涌要成为一个浓缩西关文化的载体，下一步，要结合旅游开发，深入挖掘西关文化，为广州建设世界文化名城增添新的光彩。"[32] 换言之，不论市级还是地方的政策叙事中，"文化"都是这个阶段发展的重要关键词，也是影响了从"加盖"到"揭盖"之转折的关键因素。2010年3月，"揭盖复涌"一期工程正式启动。工程范围从食养坊向东北延伸，终点到逢源路，河段全长约800米，计划在亚运会举办之前完工。

不过，相比上一阶段主要由政府主导的都市现代化，这一轮的文化工程则面临更多的社会异见。首先，一期"揭盖"工程立刻遭遇了许多在地商家的反对，特别是河涌流经的"古玩城"商区。由于工程牵涉到商铺拆迁问题，许多商户认为其商业利益受损，180家商户随后集体表达了对"揭盖"的反对。他们认为，虽说有助于文化保存,但"荔湾湖已经有荔湾水，何必把一条前人封好的臭涌又揭开呢？再说到底能不能解决河涌发臭的问题，现在还没有人给出一个确切的回答"[33]。换言之，在地商家并不完全认同政府对"复涌"之文化意涵的主张，认为已有的荔湾湖已经可以传达"文化"意象。不过，2010年4月，政府在不拆迁的情况下率先启动"揭盖"工程，建成效果颇佳，这反而让商户们转变了态度："效果这么好，真是意想不到。我就住在逢源路宝盛园，之前每天晚上都会来这里看看工程进度，可以说，现在的漂亮程度完全超出了我的想象。广州越变越靓，我们作为市民都很自豪"[34]（图3）。

其次，不同于古玩城的商户，在荔湾湖北侧、泮塘五约村民则对"揭盖复涌"的文化意义表示赞同。这多是由于，泮塘五约历史上便有河涌"扒龙舟"的文化习俗，但在河涌污染和"加盖"后已停滞许久，"复涌"自然有助于他们重新恢复这项习俗。况且，政府也将"龙舟"视为彰显都市文化底蕴的机会。不过，对于村民而言，"龙舟"不只是象征性的文化符号，而更是具体的文化实践课题。因此，在得知"复涌"计划后，当地居民便两度提出河道设计的问题，并与政府展开磋商。2010年7月，泮塘五约村民两次联名向相关部门写信，提出水道因"设计的角度太大、弧度太小"而不适于龙舟通行，并敦促"设计单位使用准确数据进行周详的设计"。村民的质疑得到了时任荔湾区区长积极回应："建议很好……尽最大努力满足百姓需求"[35]。2010年10月，泮塘五约长约33米的"老龙"成功试水。换言之，虽然泮塘村民积极支持了政府的文化论述，但依然就"水道设计"等文化实践议题提出疑问，并主动与政府展开了商议。

再次，更激烈的争议则发生在荔枝湾涌流经的恩宁路旧城改造片区。政府在2009年公布了恩宁路街区的规划方案，其中同样强调了文化保存，期望将恩宁路一带建成如"丽江古镇"一般具有岭南特色的"西关古镇"旅游文化区[36]。不过，由于该版方案涉及大范围拆迁和原居民外迁，因此在2010年前后遭遇了社会各界的反对。最先介入争议场域的是学生、文化实践者以及文保或规划专业者，他们主张在地民居和生活才是文化的本质。同时，在广泛浮现的文保倡议下，居民也开始以"文化"为名，通过信访等方式提出反对拆迁的诉求[37]。在此脉络下，政府于2011年修订了恩宁路地块的规划方案，放弃了大规模拆迁，转而强调保存"生

图3　左：2010年的荔枝湾路古玩城；右：2011年"揭盖复涌"后的景观
Fig.3　Left: The Lizhiwan Road and Antique Town in 2010; Right: The landscape after the "uncovering" in 2011

活氛围"且允许居民留居[38]。至此，荔枝湾涌流经的恩宁路街区，未走向推倒重建的"文化旅游区"，而是一定程度上维系了属于居民的"生活地方"。

由于恩宁路历史保护区高密度和低容积率的限制，在很长一段时间内缺少开发商的主动投资，这导致恩宁路街区发展陷入停滞[39]。在这样的背景下，2012 年，荔枝湾涌"揭盖复涌"三期工程，以及随后的粤剧艺术博物馆，作为政府投资的项目相继启动，以期率先打破恩宁路发展僵局。再到 2015 年 12 月，广州市城市更新局公布新版《城市更新办法》，创新性地提出了"微改造"更新模式[40]。这进一步推动了荔枝湾涌两岸民居和社区的改造，包括后来万科投资的永庆坊一期、二期工程，也完善了水岸空间的修复和营建[41]。可见，与上述商户和泮塘五约村民相似的是，恩宁路居民也提出了"何谓文化"的质疑。在经过一段时间的政府与居民之拉锯后，流经恩宁路街区的荔枝湾涌三期河段，最终镶嵌在"生活作为一种文化"的主张中，重新回归到当地居民的日常生活（图 4）。

总言之，不同于上一阶段以都市现代化发展为重，进入 21 世纪初，在国际赛事的背景下，彰显文化底蕴和都市品牌则成为当下更为重要的治理目标。因此"加盖"后的荔枝湾涌转为一项"文化工程"得以"揭盖复涌"。但不同于上一阶段政府主导的都市现代化，由于"文化"本身的多重意涵，不同人对"文化"常常有不同主张，这一轮的发展因而伴随着数次政府与社会团体间的拉锯。对于商户来说，"文化"需要以保障经济利益为前提，对于泮塘五约村民而言，"文化"不仅是意象营造，更涉及文化实践的技术性问题。在后来恩宁路街区改造中，"文化"又被阐释为保留居民后的"生活氛围"。因此，荔枝湾"揭盖复涌"并非只是一些研究中所说的由政府主导的文化展演[22]，而是在数次政府与社会的拉锯协商中，逐步走向"文化"化的过程并纳入多重的文化意涵。

四、合作式的自然生态化：网络化治理与社会参与

不过，虽然"揭盖复涌"作为"文化工程"可以在短短数年内部署并迅速打造出岭南水乡的意象。但"揭盖"后暴露的水质差、污染严重等生态方面的弊端，则不是短期内可以解决的课题。一方面，在恩宁路连片保存后，河段

图 4 流经恩宁路历史保护和生活街区的荔枝湾涌
Fig.4 Lizhiwan Stream flowing through the Enning Road Historic Preservation Area and the living area

附近居民众多，不仅改造涉及的动迁问题难以短期内解决，居民私自排放的生活污水也进一步恶化了河涌水质。另一方面，荔枝湾涌还会承担行洪的职能，且上游未做截污。因此每逢雨天，上游的污水便会顺下，外加缺少活水的引入和循环，导致河涌自净能力差[42]。因此，"揭盖"后的荔枝湾涌水质一直是最差的劣V类。当地居民也抱怨："揭盖后一直都这样，一下雨就臭得很，等过两天出大太阳一晒，味道更浓得让人受不了。因为河涌太臭，家里蚊子都多了，天天都要挂蚊帐才能睡觉"[42]。相比侧重于符号和意象营造的文化工程，既可以在大事件下迅速催生，也易作为短期内的政绩工程，但生态问题的解决常常需要长久、可持续的治理模式。

因此，在亚运会过后，生态课题超越文化议题成为更为紧迫的治理目标，也相应出现了新的治理机制。首先，政府尝试引入社会资本，"海森"环保公司投资了荔枝湾涌三期的治水工程。相较之下，企业有更完善的技术支持，也更能提出可持续的治理方案。例如，海森主要从提升河涌的自净能力入手，引入了微生物、生态浮岛等生物净化的能力，以及有助于水动力的推流曝气技术[43]，也产生了不错的治理效果（图5）。

其次，政府也推行治理向基层转移。2017年，广州开始尝试"河长制"。荔湾区昌华街的街道办主任叶辉兼任了荔枝湾涌的河长，并配设专业人员，建立《河长巡查制度》等工作制度。一方面，"河长"将进行常态化的"巡河"，这包括对河道水质的观察，以及对沿岸违规排放、违章搭建等行为的管理[44]。另一方面，"河长"也负责对突发事件进行预警。例如在暴雨时节，对河涌水位的检测和上报将有助于提前降低水位、缓解内涝[45]。叶辉对治理效果也颇为满意："我们每天沿着河涌巡查，不仅能发

图5　左：生态浮岛；右：推流曝气
Fig.5　Left: ecological floating island; Right: flow aeration

现污染问题，还能倾听群众意见，这对我们治涌工作的开展很有帮助。现在河涌环境好了，经常看到有人在涌边钓鱼、休闲娱乐，这些对我们来说就是最好的鼓励"[44]。

再次，政府也邀请更广泛的社区群众加入治水中，搭建起参与式治理的模式。例如，在荔枝湾涌，街道办邀请了四位社区中善于沟通、关心公益、具有环保意识的居民作为社区河长，配合街道河长的工作[44]。这有利于社区日常生活中违法行为的及时发现，同时也有助于深入群众展开生态治理的科普和动员。同时，荔湾区科学技术协会也积极与海森环保企业合作，展开针对社区居民的生态知识宣传，提升居民的生态意识、主动关心生态问题。叶辉也很肯定这样的模式，"过去荔枝湾涌的周边居民确实有将污水直接倒进涌的现象，但这两年涌水变好后，居民发现有人乱倒污水、乱扔垃圾都会及时制止；水质有所波动，立刻就会有人打电话来，还有居民提出不少善意的意见和建议"[44]。

这样的治水模式后来也在广州范围内全面展开。2017 年 1 月，广州市第十五届人民代表大会审议了林永亮等 41 名代表联名提出的《关于全面加强水环境治理和保护工作的议案》。并强调把推进水环境治理作为未来五年工作的重点。随后，广州搭建起了全市范围内的治水体系，对河涌、湖泊均配置了镇街、村居级的河长，并建立"一点一策"的属地治理方案和责任制[45]。2018 年 10 月，广州市水务局在人大常委会上对治水情况作出报告，指出目前列入整治计划的 187 条河涌中，有 84 条已经近乎解决水质问题，剩余河涌也正在积极开展整治工作。2020 年，林永亮再次视察河涌治理时也颇感满意，认为："水治理中推进社会共治，营造全民治水氛围，河岸两边的居民能够深度参与，共同督促、推动水环境治理……体现了共建共治共享的社会治理理念"[46]。

总言之，不同于上阶段"揭盖复涌"工程中河涌更多作为一种文化象征，这一轮的治理则主要面对更紧迫的生态议题。因此，新的治理机制开始浮现，包括生态技术和知识的生产、部署和传播，动员更多居民主动关注和参与到生态治理中。这个过程也可概括为自然的"生态化"。而且不同于上一轮治理中"文化"化伴随着数次政府与社会团体的拉锯，"生态化"则是基于逐步搭建起的公私合作、市民参与的治理模式。值得注意的是，更紧迫的"生态"议题的出现并不意味着河涌"文化"意涵的退散。即便在亚运会之后，荔枝湾涌也依然是广州重要的文旅景观，因此正如荔枝湾涌河长叶辉所说，治水也是为"古老的西关增光添彩"[44]，生态治理实际上也被视为文化意象建构的关键部分。

五、讨论与结语："自然治理"的多重机制与政经议程

本文认为，从 20 世纪 50 年代至今，伴随着动态的国家与社会关系，广州荔枝湾涌先后卷入三种不同，但有所重叠的政治经济脉络，并相应纳入三种不同的治理机制中：（1）国家主导的都市化下，以集体消费和都市卫生为考量的河涌现代化治理；（2）国家与社会拉锯和协商中的文化工程，以及以地景再现和在地生活保存为目标的河涌文化治理；（3）国家与社会合作的生态课题，基于公私合作、市民参与的河涌生态/绿色治理（图6）。

首先，20 世纪 50 年代后的广州开始推进新一轮的都市建设和工业发展。但大都市不只支持生产职能，更承担了劳动力再生产所需的集体消费部署[47]。休闲游憩以及基础设施因此成为必要。而人工开凿的荔湾湖、以及河道"加盖"后的荔枝湾路，都支持了这样的都市需求。同时，在都市现代化中，环境卫生常常也是"发展"的重要标志，或是说"卫生现代性"（hygienic modernity）的浮现[28]。因而，荔枝湾涌在 20 世纪 80 年代产生的污染和卫生疑虑，则是政府决定"加盖"的重要原因。因此，20 世纪下半叶的荔枝湾涌治理有着明显的服务都市现代化的特点。

其次，随着中国增长的全球雄心，政府常常善于运用文化和遗产保存来彰显文化软实力（soft power）和都市品牌[49, 50]。因此便不难理解，在 21 世纪初国际赛事的背景下，河涌的"文化

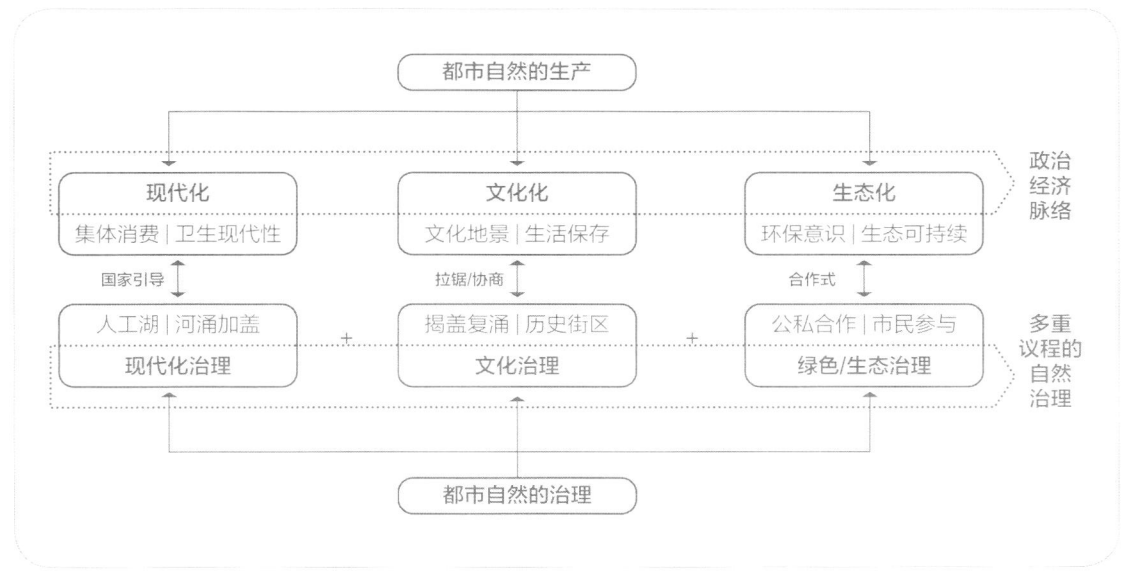

图 6　多重政治经济议程下都市自然的治理术
Fig.6　Governmentality of urban natures under multiple political economic agendas

性"成为更为重要的考量。当然,"文化"的定义常常伴随着争议,这涉及如何理解和阐释文化的问题。荔枝湾"揭盖复涌"过程中的几次争议都因此而生。但政府也通过不断调整治理机制,包括政策修订、规划方案更改,吸纳了更多元的社会文化诉求。因此,"揭盖复涌"实际上是自然的文化治理,并在河涌"文化"化的过程中,整合了从岭南文化地景到在地生活文化等多重的文化意涵。

再次,大事件催生的短期文化工程却难以解决长线的生态课题。随着亚运会闭幕,荔枝湾涌的生态困境也超越文化成为更为重要的治理目标。因此,政府开始尝试纳入社会资本和市民参与,搭建起公私合作、网络式的治理模式,更致力于提升居民生态意识、促进其主动参与治理,以此作为解决生态问题的可持续之道。因此,继上一轮文化治理后,这一轮的转型正体现了一种生态或绿色治理术的浮现,通过搭建起围绕"生态"课题的机构、政策、技术、知识的复合体,也进一步形构出主动参与生态议题的自我治理式(self-governance)的市民主体[51]。

值得注意的是,三个阶段的治理目标并非相互排斥,恰相反,是历史性累积和相互支持的。例如,在第二阶段的文化治理中,政府在关注老城区文化延续的同时也继续强调了推动旧城改造和现代化的目标。荔枝湾涌"揭盖复涌"既是文化的"保存",同样也是新一轮"发展"的动力。同样,在第三阶段的生态治理中,作为广州知名景区的荔枝湾涌,其文化性依然至关重要,河涌的生态保护也被视为文化意象的一部分。因此,第三阶段的生态或绿色治理,其实也支持着文化保存和再现。换言之,今天的荔枝湾涌其实叠合了多重的治理目标。要发现这一点,必须将河涌治理机制的演变重新镶嵌到政治经济转型中,看到治理机制如何因应了变化的政经议程,并历史性地累积和延续。

于是,本文首先尝试以"都市自然"的治理作为视角,凸显出都市治理与自然治理的相互支持[51]。相较于将早期荔枝湾涌治理视为都市对自然的"破坏",晚近则是绿色治理体制的崛起[21, 22],"都市自然治理"的概念更能凸显出:不论是"加盖"或"揭盖",抑或是随后的生态保护,都是特定的人类与自然的互动机制。进而,再将这些机制带入自然生产过程中,便可以理解当下的河涌治理目标显然不只是晚近生态或绿色议题,还承担着历史性累积下来的都市现代化和文化发展之课题。实际上,在"绿水青山"的重要性被格外强调的今天,具体把握自然治理的多重机制和政经议程也意味着进一步思考"自然"在多大程度上支持着当代都市中国的发展。因此,将治理机制的流变重新置于"自然的生产"中"再脉络化",看到多元治理议程的历史性累积,或将是重要的议题。城

参考文献 REFERENCES

[1] HINCHLIFFE S. Geographies of nature: societies, environments, ecologies[M]. New York: Sage, 2007.
[2] HEYNEN N, ROBBINS P. The neoliberalization of nature: governance, privatization, enclosure and valuation[J]. Capitalism Nature Socialism, 2005, 16(1): 5-8.
[3] RUTHERFORD S. Environmentality and green governmentality[J]. The International Encyclopedia of Geography: People, the Earth, Environment, and Technology, Malden, MA and Oxford: Blackwell, 2017: 1-5.
[4] WANG T. Green governmentality[M]//The International Handbook of Political Ecology. Cheltenham: Edward Elgar Publishing, 2015.
[5] XIE L, BULKELEY H. Nature-based solutions for urban biodiversity governance[J]. Environmental Science & Policy, 2020, 110: 77-87.
[6] CASTREE N. Marxism and the production of nature[J]. Capital & Class, 2000, 24 (3): 5-36.
[7] SMITH N. Uneven development: nature, capital, and the production of space[M]. Georgia: University of Georgia Press, 2010.
[8] BARRY J. Environment and social theory[M]. London: Routledge, 2007.
[9] HARVEY D. The nature of environment: dialectics of social and environmental change[J]. Socialist Register, 1993, 29: 1-51.
[10] GANDY M. Urban nature and the ecological imaginary[M]//In the nature of cities. London: Routledge, 2006: 78-89.
[11] HEYNEN N. Urban political ecology I: the urban century[J]. Progress in Human Geography, 2014, 38 (4): 598-604.
[12] SWYNGEDOUW E. Social power and the urbanization of water: flows of power[M]. Oxford: Oxford University Press, 2004.
[13] GOULD K A, LEWIS T L. Green gentrification: urban sustainability and the struggle for environmental justice[M]. London: Routledge, 2016.
[14] LIN G C S. Chinese urbanism in question: state, society, and the reproduction of urban spaces[J]. Urban Geography, 2007, 28 (1): 7-29.
[15] HSING, Y. The great urban transformation: politics of land and property in China[M]. New York: Oxford University Press, 2010.
[16] ZHANG F, WU F. Performing the ecological fix under state entrepreneurialism: a case study of Taihu New Town, China[J]. Urban Studies, 2022, 59 (5): 1068-1084.
[17] ZHANG J Y, BARR M. Green politics in China: environmental governance and state-society relations[M]. London: Pluto Press, 2013.
[18] 李平日. 再论广州河涌治理 [J]. 热带地理, 2010, 30 (2): 127-129+140.
[19] 姚华松, 邵介文, 陈昆仑, 等. 水文化在广州地方性构建中的意义 [J]. 城市发展研究, 2019, 26 (4): 95-102.
[20] 谢涤湘, 常江, 朱雪梅, 等. 历史文化街区游客的地方感特征——以广州荔枝湾涌为例 [J]. 热带地理, 2014, 34 (4): 482-488.
[21] 楚晗, 谢涤湘, 常江. 地方发展变迁与居民地方感关系研究——以广州荔枝湾涌历史文化街区为例 [J]. 人文地理, 2019, 34 (4): 54-62+72.
[22] 王敏, 赵美婷, 朱竑. 广州河涌的自然社会构建与城市记忆 [J]. 地理学报, 2019, 74 (2): 353-365.
[23] 马楠. 荔枝湾史话 [J]. 岭南文史, 2004 (4): 52-53+56.
[24] 广州文史第三十五辑. 荔枝湾简述 [EB/OL]. (2008-09-16) [2021-06-06]. http://www.gzzxws.gov.cn/gzws/gzws/ml/35/200809/t20080916_7937_1.htm.
[25] 广州市荔湾区地方志编纂委员会. 荔湾区志 [M]. 广州：广州市荔湾区地方志编纂委员会，1998.
[26] 金泽光, 郑祖良, 何光濂. 广州三个人工湖 [J]. 建筑学报, 1959 (8): 39-46.
[27] 南方日报. 市人大代表：扩建荔湾湖公园此其时 [EB/OL]. (2001-12-06) [2021-06-06]. http://news.sina.com.cn/c/2001-12-06/414477.html.
[28] 麦丽莎. 广州荔枝湾的兴衰浅析 [J]. 广东园林, 2011, 33 (4): 20-22.
[29] 广州市规划局. 面向 2010 年亚运会的广州城市发展 [EB/OL]. (2005-04-19) [2021-06-06]. http://www.kesum.com/Article/rddt/200504/535.html.
[30] 新快报. 广州市第九次党代会：中调列入城市发展战略 [EB/OL]. (2006-12-26) [2021-06-06]. http://news.sohu.com/20061226/n247266864.shtml.
[31] 信息时报. 荔枝湾元旦前揭盖复涌 [EB/OL]. （2009-08-12）[2021-06-06]. http://news.sina.com.cn/c/2009-08-12/040716106698s.shtml.
[32] 广州日报. 荔枝湾涌揭盖复涌调水 西关万人空巷争睹芳容 [EB/OL]. (2010-10-17) [2023-03-17]. https://news.sina.com.cn/o/2010-10-17/030618242017s.shtml.
[33] 南方都市报. 荔枝湾"揭盖复涌"受阻 [EB/OL]. （2010-03-12）[2021-06-06]. http://news.gd.sina.com.cn/news/2010/03/12/840292.html.
[34] 广州日报. 荔枝湾涌揭盖复涌调水, 西关万人空巷争睹芳容 [EB/OL]. (2010-10-17) [2021-06-06]. http://news.gd.sina.com.cn/news/2010/10/17/1021997.html.
[35] 羊城晚报. 荔枝湾激活城市记忆, 找回根的感觉 [EB/OL]. （2010-07-07）[2021-06-06]. http://news.sina.com.cn/o/2010-07-07/141117768976s.shtml.
[36] 新快报. 广州恩宁路保护开发规划方案令起征询公众意见 [EB/OL]. （2009-12-22）[2021-06-06]. http://gd.sohu.com/20091222/n269120269.shtml.
[37] 黄冬娅. 人们如何参与公共参与事件, 基于广州市恩宁路改造中公民行动的分析 [J]. 社会, 2013, 33(3): 131-158.
[38] 林冬阳, 周可斌, 王世福. 由"恩宁路事件"看广州旧城更新与公众参与 [C]// 中国城市规划学会. 多元与包容——2012 中国城市规划年会论文集（12. 城市文化）. 云南科技出版社, 2012: 61-73.
[39] 谭肖红, 谢涤湘, 吕斌, 等. 微更新转型语境下我国城市更新治理困境与实施反思——以广州市恩宁路街区更新为例 [J]. 城市发展研究, 2020, 27 (1): 22-28.
[40] 广州市人民政府. 广州市城市更新办法 [EB/OL]. (2015-12-01) [2021-06-06]. http://www.gz.gov.cn/zwgk/fggw/zfgz/content/post_4756895.html.
[41] 南方日报. 荔枝湾涌一系列改造成为广州新名片 [EB/OL]. (2018-01-10) [2021-06-06]. https://sm.loupan.com/html/news/201801/3050561.html.
[42] 广州日报. 荔湾｜说好的西关风情荔枝湾 为何变得河涌黑臭惹人厌 [EB/OL]. (2016-04-25) [2021-06-06]. https://www.sohu.com/a/71388917_115401.
[43] 广州市海森环保科技股份有限公司. 城市黑臭河涌治理工程案例分享 [EB/OL]. (2017). [2021-06-06]. https://wenku.baidu.com/view/d73a90bc49d7c1c708a1284ac850ad02df800769.html.
[44] 广州日报. 荔湾古涌又见"鱼翔浅底" [EB/OL]. （2019-03-07）[2021-06-06]. http://sthjj.gz.gov.cn/ysxw/content/mpost_2820808.html.
[45] 金羊网. 河长制 + 网格化 + 智能化 广州河涌"驱浊记" [EB/OL]. (2019-04-26) [2021-06-06]. http://big5.xinhuanet.com/gate/big5/www.gd.xinhuanet.com/newscenter/2019/04/26/c_1124418331.htm.
[46] 广州日报. 001号议案"这三年 广州水治理成效显著 [EB/OL]. (2020-09-07). [2021-06-06]. http://www.gz.gov.cn/zwfw/zxfw/gysy/content/post_6530908.html.
[47] CASTELLS M. The urban question[M]. Cambridge, MA.: The MIT Press, 1977.

参考文献 REFERENCES

[48] ROGASKI R. Hygienic modernity: meanings of health and disease in treaty-port China[M]. Oakland: University of California Press, 2014.
[49] MAAGS C, SVENSSON M. Chinese heritage in the making: experiences, negotiations and contestations[M]. Amsterdam: Amsterdam University Press, 2018.
[50] NAKANO R, ZHU Y. Heritage as soft power: Japan and China in international politics[J]. International Journal of Cultural Policy, 2020, 26 (7): 869-881.
[51] 王志弘, 黄若慈, 李涵茹. 台北都会区水岸意义与功能的转变 [J]. 地理学报, 2014 (74): 63-86.

图片来源 CREDITS FOR PHOTOGRAPHS

图片来源：图1、图6作者自绘；图2作者翻拍自荔湾区档案局照片；图3黄亦民拍摄；图4、图5作者拍摄

作者简介 ABOUT THE AUTHOR(S)

杨一萌 YANG Yimeng
（美国）东北大学公共政策与城市事务学院，博士研究生，美国波士顿02115
School of Public Policy and Urban Affairs, （U.S.） Northeastern University, PhD Candidate, Boston, U.S. 02115

从城市政体理论透视历史街区保护更新的风貌变迁逻辑：以成都少城为例
A Research on the Logic of Feature Changes of Historical District Protection and Renewal from the Perspective of Urban Regime Theory: A Case Study on Chengdu's Shaocheng District

黄龙颜　沈　瑶　　HUANG Longyan　SHEN Yao

摘要 ABSTRACT

在全球化背景下，现代都市风貌趋同、特色丧失的问题愈发突出，在城市更新中保护历史街区风貌已经刻不容缓。推动城市更新、历史文化保护的高质量发展，有必要了解其背后的政治经济学逻辑。本文以成都市少城片区为例，采用城市政体理论的分析框架透视其保护更新过程中的风貌变迁逻辑。将少城历史街区的保护更新历程划分为"地方政府决断（维持型政体）""政企部门联盟（发展型政体）"和"多元主体共治（进步型政体）"三个阶段，认为不同的城市政体决策模式、价值取向会导致不同阶段的风貌差异。最后，本文总结了少城更新中的城市政体演变特征与风貌变迁特征之间的对应关系，并探讨了存量时代中城市政体的演化趋势和保护更新规划的转型方向。

In the context of globalized era, when the homogenization of feature and lack of characteristic become the outstanding issue, historical district feature's protection has become an urgent task. In order to protect the historical district feature in the process of urban renewal, it is necessary to understand the deep logic of political-economics. For this reason, this paper takes Chengdu's Shaocheng District as an example, and puts forward the analysis framework of Urban Regime Theory to find out the logic of historical district feature's changes. It is found that the urban regime in Shaocheng District's renewal has experienced "Caretaker Regimes Period", "Development Regimes Period", and "Progressive Regimes Period". Moreover, different urban regime could result in different historical district feature. Finally, this paper elaborates the relationship between urban regime changes and landscape feature changes of Shaocheng District, and discusses the evolution characteristics of urban regime and transformation direction of protection and renewal planning in the urban regeneration era.

关键词 KEYWORDS

城市政体理论　城市更新　历史街区　风貌变迁　少城
urban regime theory　urban renewal　historical district　feature changes　Shaocheng District

　　随着全球化进程的不断深入，现代都市风貌趋同、特色丧失的问题愈发突出。在此背景下，历史街区作为集中反映城市风貌特色的空间载体，依然刻录着城市发展过程中所遗存的珍贵信息[1]。2021年出台的《关于在城乡建设中加强历史文化保护传承的意见》，要求严格保护历史街区的传统格局和历史风貌，防止历史街区风貌遭受开发建设的侵蚀破坏[2]。一记警钟重重敲响，抢救历史文化遗产已然迫在眉睫。站在时代的转折点重新审视中国历史街区更新的历程，我们似乎都不约而同地产生了这样的困惑：从拆除、复建到保护，整个社会的价值观念在短短几十年间已然翻覆，推动历史街区风貌变迁的力量究竟是什么？

为了探寻问题的答案，我们有必要对相关研究进行系统性回溯。在国内，历史街区更新的风貌变迁研究主要有两条脉络：一条脉络是基于物质空间形态的视角，关注历史街区的文化特色保护和景观改造实践[3-5]；另一条脉络是基于社会经济结构的视角，主要是借助政治经济学的理论工具来解析风貌塑造的运作方式。后者被认为是代表该研究领域的"主流演进方向"[6]，且在近十年间不断有创新性的研究成果涌现：张京祥、邓化媛运用空间生产理论分析了近现代风貌型消费空间的形成机制，开启了用政治经济学解读历史街区风貌变迁的先河[7]。黄怡等人引入文化资本的概念，探讨城市更新延续地域文化及历史风貌的理性方式[8]。刘彬、陈忠暖鞭辟入里地指出"增长联盟是历史街区风貌异化的主导力量，新型消费空间需要更加强调公平正义"[9]。丁少平等人认为历史街区是"政府—企业—社会"的空间生产模型，其风貌改造的走向为决策模式和利益博弈的结果[10]。

以上成果极大地丰富了相关研究的理论方法体系，并且伴随着中国城市空间发展模式的转型趋势（从增量时代到存量时代），研究脉络呈现出综合化、人本化的演进特征。作为一种传承和补充，本文采用城市政体理论的分析框架来考察成都少城街区的更新历程，剖析其风貌变迁背后的政治经济学逻辑，希冀为历史街区风貌保护和空间治理工作提供一些启发。

一、解读视角：城市政体理论及其本土化修正

经典的"政府—企业—社会"三元结构论肇始于克伦拉斯·斯通（Clarence Stone）提出的城市政体理论（urban regime theory）[11]。该理论的基本观点为：（1）决定城市发展的资源分散在政治性组织、市场性组织与社会性组织三类城市政体成员中；（2）城市政体成员依托共同的政策目标与所拥有的资源来缔结成稳固的城市政体；（3）城市政体成员对决策过程的影响力大小取决于所掌握资源的多寡，必须跨越最低资源门槛才能进入政体[12]。在后工业化时代，社会发展趋于多元化，因而斯通开始摒弃以资源决定论为基础的城市政体理论，并对其进行了大幅度修订。

（一）城市政体的一般类型

城市政体主要是由政治性组织、市场性组织以及社会性组织构成，三大组织又由各类具体的参与主体构成。政治性组织拥有制定法律政策、维护公共秩序的权力；市场性组织则是掌握了技术与生产资料等各种经济要素；社会性组织作为生产消费的基本单元，通过表达集体意愿来参与政治活动。三者之间的关系是动态演化的——对应不同的政策目标，三者通过相互联合或排斥的形式构成不同城市政体类型。不同学者定义的城市政体类型也不一而足①，本文主要采用斯通所归纳的维持型政体

(caretaker regimes)、发展型政体(development regimes)、进步型政体(progressive regimes)以及扩展型政体(regimes devoted to lower class opportunity expansion)四种类型作为本文的基本分析框架(表1)。理论演绎的逻辑基础为多元价值论,认为任何微观主体都可能缔结成新的城市政体类型,从而诱致历史街区在更新中发生风貌变迁。

(二)控制性权利与行动性权利

在权力观层面,传统的精英主义和多元主义都属于一元性权力的讨论范畴,强调对系统全局的控制力;而城市政体理论则跳脱出这一局限,更加关注到解决实际问题的行动力[13]。从增量时代的城市管理转向存量时代的城市治理,其实就是反映了从"控制性权力"主导转向"行动性权力"主导的变化过程:在增量时代,精英占主导地位的决策层掌握着多数发展资源并可以将政策目标收拢,大致符合科斯假设"交易成本为零"的理想世界,这时候只需要参照"创造最大净剩余"的模式实施城市更新,将产权配置给能够发挥最大效益的主体,自然就可以完成对城市空间的升级[14];而在存量时代的语境下,决定城市发展的资源结构内化于各种权利关系之中,权利关系的破碎化与主体诉求的多元化导致了统筹难度加大,因此需要广泛建立伙伴关系、依靠集体行动才能谋求更高效合理的资源配置[15]。

表1 城市政体类型介绍
Tab.1 Introduction to the types of urban regime

政体类型	主要特征
维持型政体	保持稳定的发展态势,避免采取激烈措施
发展型政体	主张变革,以经济社会发展为政策目标
进步型政体	关注民生、环保、文化等多元价值,需要厚实的经济基础
扩展型政体	关注弱势群体的教育、就业、社会保障、公共交通等问题 (对资源配置的要求更高,目前在历史街区更新中尚未广泛出现)

① 由于形成时空、社会背景等方面的差异性,不同学者归纳的城市政体类型会有所不同。例如费恩斯坦夫妇提出指导政体、让步政体、保守政体;埃尔金提出多元政体、联邦政体和企业政体;克拉克图提出企业家政体、服务型政体、改革型政体、激进型政体、需求型政体和管理型政体;中国学者刘扬、邹涛、孙施文还提出过管制型整体、授权型政体;等等。

（三）本土化修正：政治性组织主导和中介性组织调和

存量时代的历史街区更新是政治性组织、市场性组织与社会性组织三股力量相互制约而形成的治理结构，基本贴合城市政体理论的假设。但城市政体理论毕竟是源于西方社会的"舶来品"，并不能完全解释中国本土实践中的许多现象[16]。比如，较具有代表性的两个特殊现象是：（1）政治性组织占据历史街区更新的主导地位，即西方城市政体理论是基于资源分散、政府弱势的制度背景而提出的，而中国的实际情况正好相反——政治性组织较强势，市场性组织的行为受到公权力制约，社会性组织参与更新事务的途径仍需完善；（2）中介性组织的作用不容忽视（具体形式包括参与更新运作的市属国有企业、"共同缔造"工作坊、社区商居联盟、网络媒体等），即中介性组织同时拥有政治、市场与社会三方面的资源，可以跨时空整合各方利益，并能有效避免各方博弈的直接冲突。

以上两点均与西方国家有着很大不同，因此本文对城市政体理论做出相应的修正（图1）：（1）将政治性组织置于分析框架的先导位置，认为它比其他类型组织拥有更高的权重，尽管政治性组织在不同阶段的价值取向可能有所不同，但始终是社会经济发展的"压舱石"和任何决策的"总阀门"；（2）将中介性组织作为"政府—企业—社会"三元结构之外的拓展成员，认为它可以调和不同类型组织之间的利益矛盾或充当谈判合作的沟通平台；（3）政治性组织和中介性组织的价值取向可以是中立的，也可以是天然具有倾向性的。

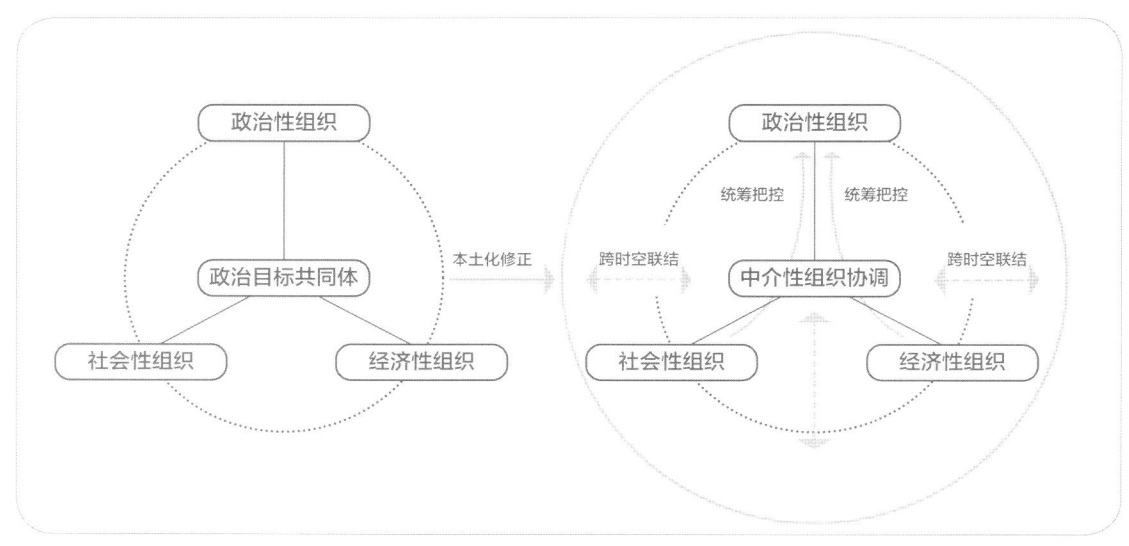

图1 城市政体理论本土化修正
Fig.1 The revision of urban regime theory

二、少城历史街区保护更新的历程梳理

少城历史街区（大抵相当于秦代少城范围，下称"少城"）位于成都市青羊区，面积 1.43km²，常住人口约为 8.7 万人。少城不仅以宽窄巷子核心区和鱼骨状街巷肌理闻名于世，而且还集中承载了成都的历史文化、社会生活和公共服务等多元价值[17]。少城更新的参与主体相当庞大（表 2），并且其更新历程伴随着几次较大规模的风貌变迁，因此少城为本文提供了一个很合适的研究样本。

（一）第一阶段（1982—1993 年）：地方政府的决断

改革开放初期，中国开始从计划经济向市场经济转轨。由于市场活力的匮乏与基层治理的薄弱，政府需要对空间资源分配进行全面干预。在分税制改革以前，从中央到地方的政府职能统一明确，上级政府与下级政府的行动相对一致。地方政府（下级政府及管辖部门的统称）一方面是国家权力的代理人，另一方面则是保障本地民生的"压舱石"。城市更新工作由地方政府决断，市场性组织与社会性组织的参与

表2 少城片区保护更新的主要参与主体
Tab.2 The main participant of Shaocheng District's protection and renewal

组织类型	参与主体	具体作用
政治性组织	上级政府	制定宏观政策与战略方针，统筹全局发展
	下级政府	负责地方土地资产的运营，详细政策的供给
	基层党组织	选派业务骨干，在微观治理中发挥导向作用
市场性组织	房地产企业	提供资本与技术，空间建设的主要推动者
	个体经营户、文创团队	街区基本部类（文博旅游服务业）的经营者
社会性组织	居民	房屋所有者，公共空间的日常使用者
	专家、科研机构	提供专业咨询建议，辅助决策并启蒙大众
	游客	通过感受和评价反馈给其他主体
中介性组织	市属国有企业	准政府机构，负责重点项目的融资、建设和运营
	社区工作坊	为各方提供弹性灵活、非正式的议事平台
	网络媒体	为跨时空传播信息、调动公众参与提供渠道

十分有限，中介性组织仍处于萌芽阶段。城市更新目标通常是简单的空间品质升级，并未涉及容量、用途和产权的变动。

1982年是少城城市更新工作的起点[18]，这一年成都有几个标志性事件：一是成都被确定为国家历史文化名城，二是编制了1982年版《成都市总体规划》，三是展开了制度化的旧城改造工作。第一阶段的城市更新以公房（多层集合住宅）改造为主，规模较小且产权问题不突出，其间政府部门对资源的调度分配具有很大的权力。作为历史文化名城保护的重要抓手，宽窄巷子核心区的保护与建设工作被正式提上议事日程。虽然宽窄巷子的建筑实体得到了保存，但多用于安置附近国营单位的职工人员[19]。在缺乏政策引导的情况下，由职工人员演变而来的居民群体对公共空间的使用并不规范，保护主体的作用未能得到发挥。在第一阶段中地方政府拥有绝对的话语权，专家学者虽有所参与但并不深入，而其他主体几乎没有正式参与到更新事务中来。

（二）第二阶段（1994—2007年）：政企部门的联盟

在市场化、分权化改革之后，中国城市化进入高速发展阶段，"发展才是硬道理"成为时代的主流观念，政府与企业在增长主义导向下结成了"增长联盟"（urban growth coalition）[20]。分税制改革后，地方政府在配置和运营城市空间资源方面拥有了更大的话语权，市场力量和社会力量也得到了长足发展，采取城市更新行动以促进经济增长成为各方合意的结果。这一阶段城市更新的难点是资金来源有限和技术水平低下，因而地方政府开始寻求与各类拥有相关资源的私人部门建立起合作伙伴关系。

第二阶段以1994年为起点，中国开始实施分税制改革，成都本地也开展了声势浩大的府南河改造工程。少城一方面受制于严格却不完善的空间管制②，另一方面又要回应市场巨大的开发热情，所以在法定保护范围内外分化出两种截然不同的更新模式：在历史街区的法定保护范围内，中介性组织少城建设管理公司与地方政府其形成"委托—代理"的关系，需要在政策框架下完成融资和建设的目标，同时又要承担发展公益事业的社会责任；在历史街区的法定保护范围之外的风貌协调区和部分建设控制地带，"增长联盟"积极利用市场规律来撬动少城功能结构的调整，从而完成经济增长的目标，该过程必须通过更高容积率的空间置换才能实现财务平衡。新建的高层建筑多分布在城市干道沿线与交通节点处，这些区位条件优越的地段在改造更新之前拥有巨量的潜在地

---

② 宽窄巷子核心保护区受到严格的空间管制，但是少城的非核心保护区部分则只是受到引导性的约束，因而在实施过程中让房地产开放商建设高层住宅、商务楼有了很大的操作空间。直至2020年12月，少城历史街区全域才正式划入法定保护范围（四川省人民政府公布的"四川省第三批历史文化街区"）。

租，又避开了核心区或其他敏感的历史遗存地带，所以受到房地产企业的青睐。

（三）第三阶段（2008年至今）：多元主体的共治

从高速增长的增量时代迈入高质量发展的存量时代，经济基础与社会环境更加成熟，"行动性权力"开始取代"控制性权力"成为城市更新的主流价值导向。围绕"多元主体共治"的理念，近年来各地城市更新实践开始出现各种各样的制度创新和形式创新，探索政治性组织、市场性组织与社会性组织三者形成合力的路径。中介性组织的形式更为多样，作用也更富有建设性。在多元的治理结构中，虽然各方均无法实现自身的最高利益诉求，但都秉承"共建共享""各适其位"的理念，进而寻求整体最优解。

2007年年底、2008年年初，《中华人民共和国物权法》正式施行③，以此为标志，随后的城市更新工作愈发重视公民意识和物权观念，同时历史街区风貌塑造的行为主体也日益丰富多元[21]。并且伴随着宏观经济运行进入新常态、城市发展进入存量时代，城市更新的重点目标也从土地资本的增值逐渐转向内涵品质的提升。在同一时期，成都地方政府开始纠正以往局部更新保护的做法，陆续出台了《成都市少城片区有机更新规划导则》《成都历史文化名城保护规划（2019—2035）》等政策文件，对少城进行"全域全要素""分层分级"的有机更新[22]。私人部门也更加尊重了场地环境与居民意愿，商业开发补充了一些生活性服务业设施并盘活了部分闲置空间[23]。文旅集团从少城建设管理公司手中接过接力棒，负责对少城整个片区的文化旅游运营工作，积极引入市场资本的力量来扶持文创团队、孵化文创项目并联动其他产业的发展[24]。在基层党组织的引导下，"宽门社区工作坊""商居联盟"及网络媒体大力整合各方资源，并在居民、专家和游客与其他部门之间搭建起沟通合作的平台。

三、少城历史街区保护更新的风貌变迁逻辑解读

围绕遗产保护和经济收益两大目标，少城更新历程出现保护与开发两种交替释放的信号，城市政体类型也随着社会经济结构的调整而动态演化：第一阶段是由政治性组织控制的维持型政体；第二阶段是由"增长联盟"主导的发展型政体；第三阶段是由政治性组织、市场性组织、社会性组织和中介性组织共同参与的进步型政体。不同阶段出现的城市政体将各类主体的利益诉求统筹后，通过特定的决策模式转换为统一的价值取向（即政策目标），这正是诱致少城风貌变迁的逻辑起点（图2）。总体

---

③ 于2021年1月1日废止，同期施行了《中华人民共和国民法典》（其中的"物权编"覆盖了原先《中华人民共和国物权法》的大部分内容）。

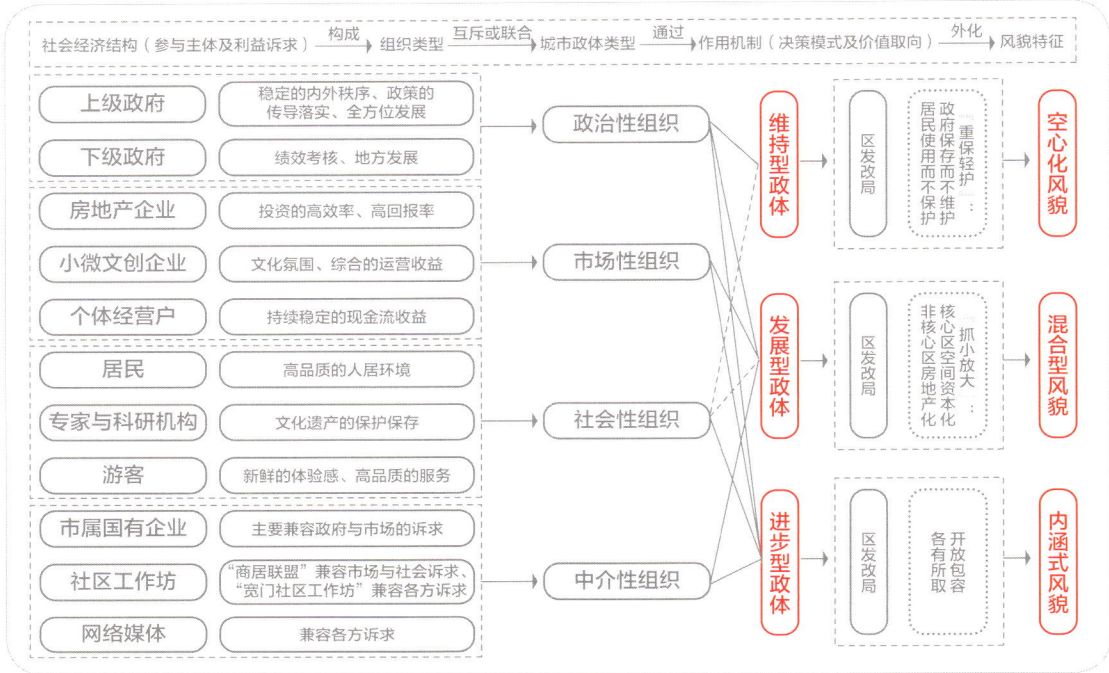

图2 逻辑推导图
Fig.2 Logical deduction diagram

来看，少城更新中的城市政体演变具有"以地方政府为先导、参与主体类型递增"的特征，与之相对应的，风貌变迁具有"以遗产保护和经济建设的博弈为主线、逐渐包容多元主题"的特征（表3、图3）。

（一）维持型政体：一元控制，"重保轻护"

维持型政体的物质基础薄弱，追求稳定的发展态势，所以城市更新主要将精力投入于老旧小区环境改善等现实问题上，更新措施还带有计划经济时期的特征，可以说历史街区的更新方式与一般的旧城更新改造方式别无二致。

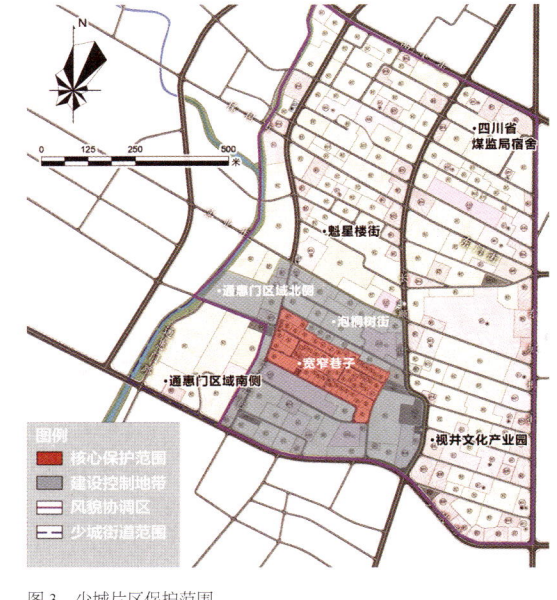

图3 少城片区保护范围
Fig.3 The protection area of Shaocheng District

表3　少城片区不同阶段的风貌特征对比
Tab.3　Comparison on Shaocheng District features of different periods

更新阶段	风貌特征	典型项目（区域）	实景照片
第一阶段（维持型政体）	缺乏对历史文化价值的挖掘，以传统民居和近代多层集合住宅为主要特征的"空心化风貌"	宽窄巷子：1984年被公布为成都历史文化名城的核心保护区。当时部分建筑被用于安置附近单位的职工，保护更新方式以政府出资维护和居民自主维护为主	1980年代更新
		四川省煤监局宿舍：20世纪60年代，因安置单位职工的需要而大量兴建类似的多层集合住宅。该宿舍楼如今已经废置，保护更新方式以单位定期的简单维护为主	几十年来偶有更新
第二阶段（发展型政体）	"增长联盟"推动的消费型空间生产、高强度开发，以传统与现代建筑"二元拼贴"为主要特征的"混合型风貌"	宽窄巷子（景区）：2005年启动重修工作，2008年6月作为文旅项目向公众开放。保护更新方式以立面翻新、构件替换为主，较多原居民已外迁，传统业态逐渐消失	2000年代更新
		通惠门区域北侧：更新方式以拆旧建新为主，有锦都三期（2006年）和锦都四期（2007年）两个高层住宅小区，此外还有多处用地因未能成功招商引资而暂时闲置	2000年代更新
		通惠门区域南侧：更新方式以拆旧建新为主，有长富新城（2004年）、锦都一期（2004年）、锦都二期（2004年）等多个高层住宅小区。传统风貌格局受破坏最为严重	2000年代更新
第三阶段（进步型政体）	多元价值与人文精神的回归，以街巷焕活、场所营造为主要特征的"内涵式风貌"	魁星楼街：自2014年起，以"明堂"为代表的文创项目陆续入驻，并伴随着餐饮服务业的兴起，该街逐步形成"专家设计、社区引导、居民参与"的更新模式	2014年更新

续表3 少城片区不同阶段的风貌特征对比
Tab.3 Comparison on Shaocheng District features of different periods

更新阶段	风貌特征	典型项目（区域）	实景照片
第三阶段（进步型政体）	多元价值与人文精神的回归，以街巷焕活、场所营造为主要特征的"内涵式风貌"	泡桐树街：2017年启动更新工作，由专业团队领衔，"商居联盟"参与，更新方式主要为装饰立面和添置景观小品，更新效果被评价为"简约、闲适、典雅"	2017年更新
		视井文化产业园：2017年启动更新工作，由市政府、区政府及相关国有企业主导，在四川广播电视台的旧址上完成场所营造、风貌提质，并积极吸引传媒企业入驻	2017年更新

维持型政体的决策模式为地方政府一元控制，虽然追求高效实用的运作方式不失为一种适应现状的务实选择，但也忽略了对更大范围市场资源和公众参与的调动，由此导致后续发展阶段陷入"计划失灵"的窘境，维持型政体的存在基础也被动摇。

维持型政体致力于维持地方的常规发展，所以建造方式、技术材料基本沿用旧制，规划建设制度的供给也显得较为保守。维持型政体对少城街区秉持"重保轻护"的价值取向，所以少城的传统风貌格局未被明显破坏。然而，全社会普遍对历史街区认识不足且缺乏相应的保护利用手段，许多重要的文化价值被湮没在循规蹈矩的管理规章中。另外，由于不受法规的管制，少城大量的非核心保护区（除宽窄巷子以外的地区）被地方政府用于建设安置单位员工的多层集合住宅，这也让日后的高层住宅、商务楼开发有了"可乘之机"。制度缺位、放任自流的做法使少城风貌陷入"空心化"的状态，即使外表形态无明显变化，但内部结构、文化内涵已悄然发生变化。

（二）发展型政体：二元主导，"抓小放大"

发展型政体是在"权力—资本"高度互动的背景下诞生的，它解决了基本的民生需求和经济增长的需求，但缺少对长远利益的考虑。发展型政体的决策模式为政企部门二元主导，试图通过拆迁腾挪的方式打造高密度生产生活空间、历史风貌型消费空间。此种做法不仅需要支付高昂的安置补偿费用，甚至还对地方历史文脉与社会网络造成严重破坏，这些暴露出的问题引起了广大社会群体与专家学者的强烈关注[25]。发展型政体虽满足了经济效率的内在需求，但在一定程度上以牺牲社会公平、历史文化与环境品质为代价，种种积弊激起了"反增长力量"（anti-urban growth coalition）的反弹[26]，社会各界开始呼唤多元价值的回归，发展型政体也随着增长主义时代的终结而解体。

发展型政体主张变革，在追求经济发展的目标导向下风貌保护是无足轻重的"额外任务"，所以对少城采取的是"抓小放大"的局部保护策略。虽然发展型政体对于宽窄巷子核心区的保护也给予了一定的重视，但保护的侧重点是可供资本积累的符号化空间，街区的风貌塑造也被异化为消费文化驱动的空间生产；而非核心保护区的总体容积率更是被"增长联盟"不断拔高，其风貌格局、街巷肌理逐渐被侵蚀破坏，尤以少城西南侧的通惠门区域最为严重（图4）。综上所述，发展型政体在遵照空间管制基本政策的前提下，运用土地市场规律和高效的决策体系完成了少城街区的现代化改造。少城街区由此演变成包罗传统街巷、单位大院、现代高层住宅区的混合型街区，整体风貌陷入无序混沌的状态，呈现出"马赛克式"的土地利用格局和"盆地式"的空间形态特征（图5）。

（三）进步型政体：多元参与，"开放包容"

在维持型政体与发展型政体宣告失效后，出现了充分融合社会性组织、中介性组织的进步型政体。该政体兼容了政治性组织的秩序诉求、市场性组织的效率诉求与社会性组织的公平诉求，并且沟通协调手段也运用得更加成熟。维持型政体的决策模式为跨界跨时空的多元参与；地方政府出台了一系列提高治理水平的政策措施，促进社会性组织和中介性组织的积极参与，全方位弥补了先前治理架构的缺失；以地方政府、开发商、小微文创企业、居民、游客、专家学者以及其他非政府组织为代表的核心主体，通过"宽门社区工作坊"、"商居联盟"、成都文旅集团、网络媒体等中介性组织（平台）

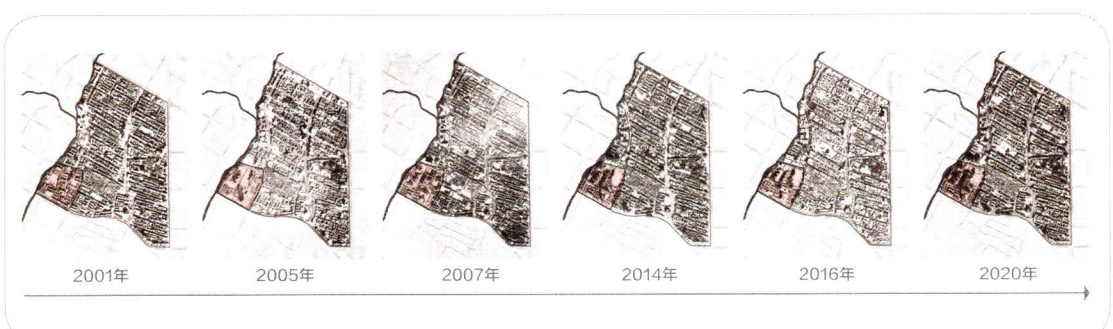

图4　少城卫星影像
Fig.4　The satellite imagery of Shaocheng District

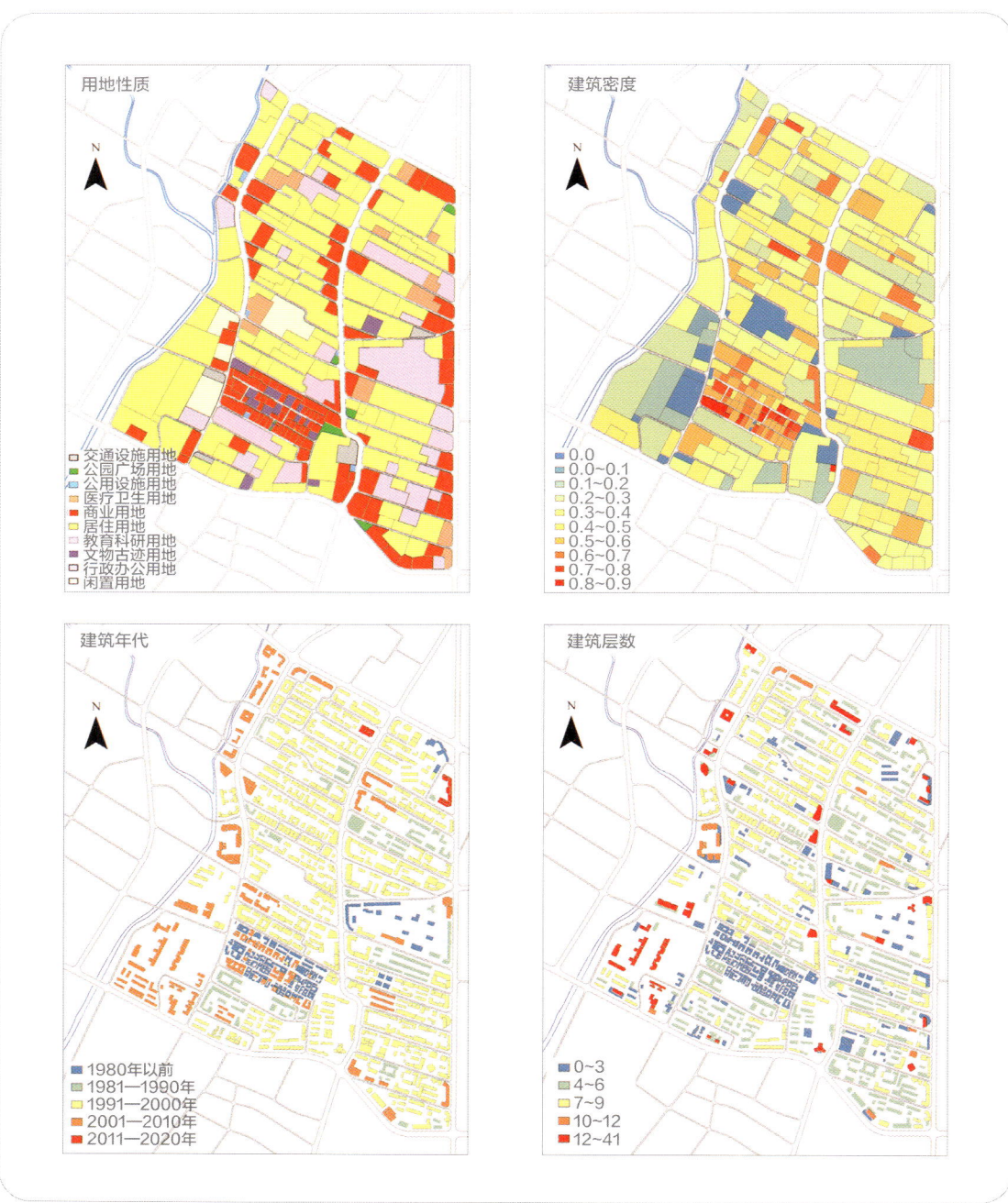

图 5　少城用地信息与建筑信息可视化
Fig.5　Visualization of land use information and building information

反馈诉求和协商沟通，旨在推动少城向综合多元化的方向发展。

随着存量时代的来临，风貌（建筑外观）的私权属性凸显，而风貌塑造就成为协调各类主体诉求的空间治理工作。因此，在某种意义上进步型政体也推动着少城街区新一轮的风貌变迁。但相比于之前的时期，进步型政体主导下的风貌塑造并没有清晰明确的特征，而是出现了更加开放包容的"内涵式景观"。进步型政体本质是各类主体动态博弈而形成的治理结构，"内涵式景观"则反映的是社会、经济、文化等多元价值的融合产物。比如，对非核心保护区的房地产化倾向及时"踩刹车"：成都市中心城区人口增长的动力依然强劲，少城土地的潜在地租也在持续上升，为了不消磨市场开发的热情，同时又达到保护历史风貌、社会生活的目的，地方政府与成都文旅集团联手，运用开发权转移的制度工具完成地产开发项目的财务平衡[23]。又如，对具有文化底蕴的历史地段进行风貌重塑：借助网络媒体的力量，一些原本萧条的场所被"流量经济"激活，如魁星楼街、泡桐树街、视井文化产业园成为游客集中的新晋网红打卡地；资本进入了第三次循环，转向对文化空间更深层次价值的投入，形成了注重历史文脉的后现代主义景观格调；在场所营造过程中，地方政府会适当赋权给民众，民众也会结合社区生活习惯来灵活改造建筑外观。这些工作的落实，标志着少城风貌塑造正式进入内涵式的有机更新阶段。

四、讨论与启示：响应城市政体演化的保护与更新机制

少城历史街区传统风貌的形成是长期历史沉淀的结果，然而其剧烈的风貌变迁实则是经济社会结构快速调整的物化体现。本文发现，不同更新阶段形成的城市政体对于诱致少城历史街区风貌变迁具有关键性作用：第一阶段，政府部门对空间资源的分配进行全面干预，市场、社会能发挥的作用有限，所以总体风貌无较大变化，但是量大面广的非核心保护区已出现"空心化"的倾向；第二阶段，政企结成的"增长联盟"在保护与开发的博弈中胜出，土地价值较高的交通节点处被置换高层住宅、商务楼，随之形成了现代与传统"二元拼贴"的混合型风貌；第三阶段，原本弱势的居民、专家、游客群体开始寻求与强势的私人部门展开谈判或合作，中介性组织成为其中的沟通的界面，一些具有文化底蕴、生活气息的街巷得到了深度的品质提升，内涵式的场所营造成为风貌塑造的新趋势（图6）。

从理论回归实际，需结合我国特定的时空环境来辩证理解城市政体的演化方向。历史街区更新出现的"多元共治"局面可认为是进步型政体的本土体现，但该政体并非已经"尽善尽美"，更不会是一成不变：当前进步型政体多出现在社会经济基础相对发达的大城市，所以不应强求所谓的"先进理念""创新手段"在任何城市都可以拿来运用；另外，进步型政

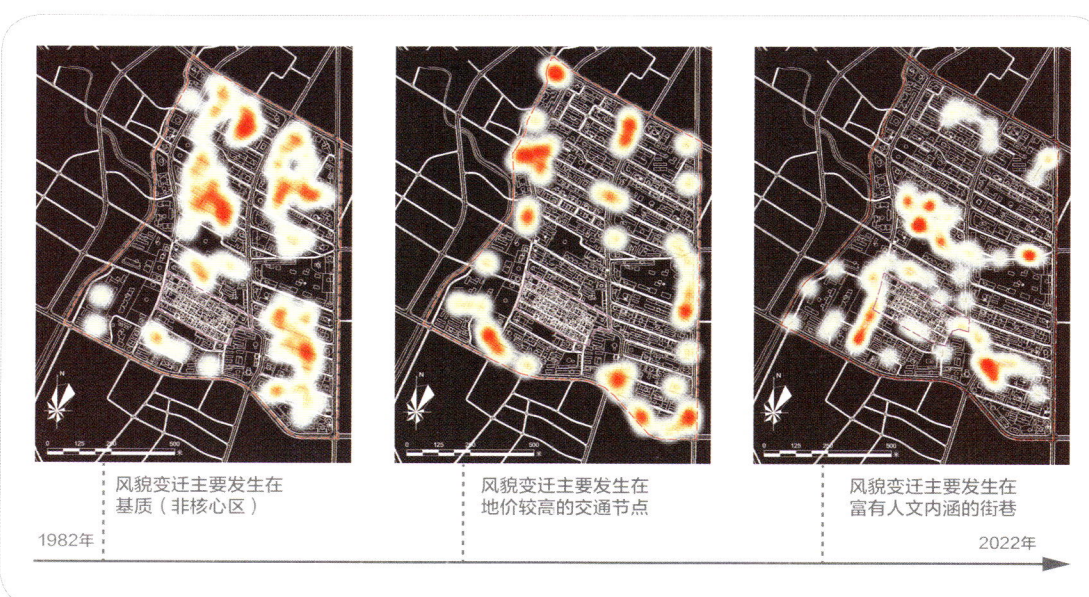

图6 不同阶段的风貌变迁区域位置分布
Fig.6 Features changed area in Shaocheng District

体也具有类似"刀刃效应"的不稳定性，主体诉求的多样性与风貌塑造的整体性构成了新时期空间治理的主要矛盾。同时还需要客观地看到，理论模型中的"扩张型政体"并不一定是少城街区城市政体演化的最终归宿，具有中国特色的"发展联盟"也可能成为历史街区保护更新的新动向[27]。

在存量时代中，历史街区的保护更新需要构建响应精细化治理的规划编制和更新实施框架：一方面需要更加完善的产权制度安排，以提升各类主体参与城市空间资源配置的积极性；另一方面需要在各类主体之间建立正式或非正式的伙伴关系，以达成各方均比较满意的集体行动。基于成都少城案例的证据和分析，本文认为历史街区保护更新中的风貌保护不是一项简单的形体安排工作，其背后实际上蕴含着丰富的人文背景和深刻的政治经济学逻辑。对于规划师而言，风貌保护的工作程序不应再局限于注重尺度、比例、色彩的协调的"图则表达"，还应通过制度规则安排以促成有效的集体行动。总之，如何在保护更新规划中体现社会公平、正视各方利益诉求，这些问题在未来的实践中应该给予更多的思考。

致谢：感谢西南交通大学毕凌岚教授、杨钦然老师为调研提供的帮助，以及审稿专家对本文提出的建设性修改意见。城

参考文献 REFERENCES

[1] 阮仪三. 历史街区的保护及规划 [J]. 城市规划汇刊, 2000 (2):46-47+50-80.
[2] 国新办举行《关于在城乡建设中加强历史文化保护传承的意见》发布会 [N]. 中国建设报, 2021-09-09 (001).
[3] 王建国. 城市风貌特色的维护、弘扬、完善和塑造 [J]. 规划师, 2007 (8): 5-9.
[4] 杨宏烈. 历史文化名城建筑风貌特色的传承与创新 [J]. 中国名城, 2011 (2): 34-41.
[5] 焦雨虹, 方文全. 传统风貌空间的变迁及其文化阐释：以广州北京路步行街为例 [J]. 国际城市规划, 2010, 25 (4): 62-66.
[6] 唐源琦, 赵红红. 中西方城市风貌研究的演进综述 [J]. 规划师, 2018, 34 (10): 77-85+105.
[7] 张京祥, 邓化媛. 解读城市近现代风貌型消费空间的塑造：基于空间生产理论的分析视角 [J]. 国际城市规划, 2009, 23 (1): 43-47.
[8] 黄怡, 吴长福, 谢振宇. 城市更新中地方文化资本的激活：以山东省滕州市接官巷历史街区更新改造规划为例 [J]. 城市规划学刊, 2015 (2): 110-118.
[9] 刘彬, 陈忠暖. 权力、资本与空间：历史街区改造背景下的城市消费空间生产：以成都远洋太古里为例 [J]. 国际城市规划, 2018, 33 (1): 75-80+118.
[10] 丁少平, 陶伦, 王竹, 等. 原真性视角下历史街区风貌更新的困境、根源与实践：基于南京、苏州、杭州、福州五个历史街区的比较分析 [J]. 东南文化, 2021 (1): 14-22.
[11] 陈易. 转型期中国城市更新的空间治理研究：机制与模式 [D]. 南京：南京大学, 2016: 21-23.
[12] STONE C. Regime politics: governing Atlanta,1946-1988[M]. Lawrence: University Press of Kansas, 1989: 20-24..
[13] 于洋. 西方城市政体理论的源起、挑战及其演变 [J]. 中国人民大学学报, 2019, 33 (6): 132-139.
[14] 赵燕菁. 制度经济学视角下的城市规划（上）[J]. 城市规划, 2005 (6): 40-47.
[15] 丁凡, 伍江. 城市更新相关概念的演进及在当今的现实意义 [J]. 城市规划学刊, 2017 (6): 87-95.
[16] 李晨曦, 何深静. 基于城市政体理论的工业园区文化导向的更新研究：以上海红坊为例 [J]. 现代城市研究, 2020 (3): 98-105.
[17] 张霜霜. "再见少城"：成都"少城"片区城市空间及其变迁研究 [D]. 成都：西南交通大学, 2014: 21-22.
[18] 李月, 杨静微. 从成都旧城改造历史与政策回溯看自治改造模式的形成 [J]. 成都行政学院学报, 2014 (3): 22-25.
[19] 成都市青羊区地方志编纂委员会办公室. 青羊街巷：他们的地方史 [M]. 成都：成都音像出版社, 2018: 54-55.
[20] 殷洁, 张京祥, 罗小龙. 转型期的中国城市发展与地方政府企业化 [J]. 城市问题, 2006 (4) :36-41.
[21] 刘迪. 中国当代城市风貌解析：两次风貌重塑的机制、实效与困境 [J]. 现代城市研究, 2022 (4): 1-6.
[22] 成都市规划和自然资源局, 成都市规划设计研究院. 成都少城有机更新规划实践 [M]. 成都：四川人民出版社, 2020: 192-197.
[23] 刘刚. 少城的传递 [J]. 城市设计, 2015 (2): 72-83.
[24] 青羊区地方志编纂委员会办公室. 青羊年鉴（2019）[M]. 北京：开明出版社, 2019: 10-11.
[25] 抢救少城余韵, 刻不容缓 [N]. 四川日报, 2005-08-03 (003).
[26] 陈浩, 张京祥, 林存松. 城市空间开发中的"反增长政治"研究：基于南京"老城南事件"的实证 [J]. 城市规划, 2015, 39 (4): 19-26.
[27] ZHANG J, GAO Y. From growth coalition to development coalition: a case study of urban renewal governance transformation in Southern Area of Nanjing（SAN）, China. [J]. Transactions in Planning and Urban Research, 2022 (1): 66-85.

图片来源 CREDITS FOR PHOTOGRAPHS

图表来源：图 1、图 2、图 5 作者自绘；图 3 作者根据《成都历史文化名城保护规划（2016—2036 年）》改绘；图 4 Google Earth 历史航拍影像（2001—2020 年）；图 6 作者根据调研记录在 ArcGIS 平台上完成分布点的核密度分析；表 1 作者根据参考文献 [12] 整理；表 2 作者归纳；表 3 作者归纳，表格图片由作者拍摄

作者简介 ABOUT THE AUTHOR(S)

黄龙颜 HUANG Longyan
南京大学建筑与城市规划学院，硕士研究生，南京 210008
School of Architecture and Urban Planning, Nanjing University, Postgraduate, Nanjing 210008

沈 瑶 SHEN Yao
通信作者，shenyao81@hotmail.com，湖南大学建筑与规划学院，副教授、博士生导师，长沙 410082
Corresponding Author, shenyao81@hotmail.com, School of Architecture and Planning, Hunan University, Associate Professor, Changsha 410082

城市变化的观察者和思考者：莎朗·佐金访谈录
Observer and Thinker of Urban Change: The Dialog with Professor Sharon Zukin

钟晓华　周　瑛　ZHONG Xiaohua　ZHOU Ying

■ 摘要 ABSTRACT

美国著名城市社会学者莎朗·佐金教授，现任教于美国纽约市立大学研究生院，本刊顾问委员会专家，长期致力于现代城市生活相关问题的研究。自20世纪80年代以来，佐金教授敏锐地跟踪观察着所在城市纽约的变迁，深入思考城市文化、消费、创新等因素对城市空间，以及其重塑机制的影响。除了深入而持续的田野调查，她的研究还活用了诸多音像资料及网络媒体资料，这是很多社会学家及都市作家鲜少运用的方式。本次访谈以回顾漫谈的形式展开，佐金教授向本刊读者深入分享了自己的学术思想演进历程和最近的研究进展。

Professor Sharon Zukin, a famous urban sociologist in the United States who specializes in the study of issues related to modern urban life, is currently a professor in the Sociology Department of the Graduate School of the City University of New York. She is also the expert on the advisory committee of this journal. Since the 1980s, Professor Zukin has keenly observed and tracked the changes of her city, New York, and deeply considered the impact of urban culture, consumption, innovation, and other factors on the reconstruction mechanism of urban space. In addition to in-depth and continuous field research, her research also uses a variety of audio-visual and online media materials, which are rarely used by other sociologists and urban writers. This interview was conducted in the form of a retrospective dialog. Professor Zukin shared her academic thought evolution and recent research projects with the readers.

■ 关键词 KEYWORDS

莎朗·佐金　纽约　城市创新　原真性　城市文化
Sharon Zukin　NYC　urban innovation　authenticity　urban culture

■ 访谈时间：2022年12月20日

Q 访 谈 者：钟晓华

■ 文稿整理：周瑛、钟晓华

A 本期人物：莎朗·佐金

Q 我们这期特刊是关于城市更新和再生的。所以这对您来说也是一个非常熟悉的话题。您在研究初期就已经对此展开了许多讨论的理论建树，从城市文化和权利到现今的新兴议题如数字科技等，您有很多相关的研究成果。如《阁楼生活：城市变迁中的资本与文化》《权力地景：从底特律到迪士尼世界》《裸城：纯正都市地方的生与死》等。您认为城市再生的重要因素和影响是什么？

A 首先，我想说的是，感谢你们给予我接受新刊采访的机会。感谢你和你的同事们关注我的经历和观点。我非常高兴有机会与你们分享这些经验和想法，并继续向你们学习。观察中国城市，特别是上海的城市更新，对我来说是一个非常有趣的议题。我第一次来到上海是在2007年。从那时起，我非常幸运地被多次邀请回到中国，并与同济大学建立紧密合作。最重要的是有机会亲自感受中国城市的现实场景，我也非常庆幸自己作为学者而非城市规划师或政策制定者，能够中立、客观地看待城市问题，而不需要被城市变迁带来的政策后果所影响。

我对城市的研究兴趣源自我的切身经历。我的童年时期成长在一个城市衰落的历史阶段，或者至少不是美国东北地区的城市增长和繁荣期。自20世纪70年代以来，北美和全球城市都经历了快速增长。对我的学生而言，他们成长于城市持续增长阶段，甚至无法想象生活在城市衰落时期是什么样子。

1. 双重身份的城市观察

我很幸运地经历了城市衰落和城市增长两个阶段。作为一名城市居民，我从个人视角出发谈论了城市再生和城市更新，但我围绕一个概念重新组织了我的研究和思考，这通常只是一个常用的词，如本真性、地景或创新，但它反映了更大的结构和文化变化。虽然我不需要承担城市政策制定带来的责任，但作为一名城市研究学者，我试图帮助人们反思正在经历的城市变化。至少我希望我能做到，不知道我是否成功地做到了这一尝试。同时回答你的问题：重建或再生从来不是我的主要关注点。在我的工作经历和生活中，我身处于漫长的城市成长期。但当我还是个孩子的时候，美国的城市看起来有些不同。它们正处于一个长期的撤资和衰退时期，这一时期始于20世纪初的汽车制造业，然后是高速公路的建设和郊区新住房的建设，以及工业向美国东南部和西南部的迁移。

作为一名在高校工作的社会学家，我处于一个很好的位置，并试图清楚地了解当地正在发生的事情。我试图跟踪城市中具体项目和地点的发展，但始终是围绕公共讨论和社会学讨论中出现的城市变迁的关键概念。每10年，我都会发现一个不同的概念出现在公众讨论中，作为表达决策者目标、公众诉求以及这些群体之间差异所导致的边界与张力的重要指标。然后，我就会用这个概念来构建我的研究，更多的是阐述相应的观点而非基础性的研究过程。纵观过去40年的城市重建，我已经从"生产的艺术模式"和城市重建中的文化作用转向了"景观""原真性"和最近的"创新"研究之中。

2．理解文化的重要性

20世纪80年代，当我开始对我居住多年的纽约市进行研究时，我被距我住所不远的艺术家工作室如何在老工业社区中产生这一微观问题所吸引。这也是我城市研究的第一个项目，教会了我很多关于纽约城市的运作机制以及城市发展的总体规律，最终形成了《阁楼生活：城市变迁中的资本与文化》这本书和系列相关文章。这项研究教会我关注土地的重要性，土地功能及其区划调整，以及谁从这些土地使用决策中受益，这些都是城市重建的重要问题。

2007年我第一次来到上海后，2009年再次来到上海，此后一直到2019年，我多次回访。在调研过程中，我关注到M50，即苏州河莫干山路50号老纺织厂的艺术家聚集地。这也让我一直关注苏州河地区、整个滨水空间、集聚地的重建，以及城市中艺术家的所在地。延伸至研究层面，我试图寻找文化与不同城市土地使用或再利用之间的联系。由此产生了关于纽约的第二本书《城市文化》。20世纪90年代初，我在纽约和其他城市看到了三种不同形式的文化意义。

这就是我写这本书的目的。作为一名社会学家，我试图了解我所在城市的重大变化，但结果证明，这与世界上许多其他城市都有关联。在"创意城市"概念出现之前，文化就已经作为"软实力"开始在全球范围内被研究和讨论。首先，将文化作为经济增长的手段，可以溯源至20世纪七八十年代将老旧工厂区作为艺术家的生活工作区的做法，这在当时也是一种新兴的方式。其次，一般人类学意义上的文化：人们的生活方式，人们谈论和试图赖此生活的价值观和文化规范。最后，文化的这一功能可能更具体地适用于多元文化社会，如美国，文化被作为一种构建认同手段，特别是关于不同群体间民族起源方面的文化认同。

3．关注土地问题

在《阁楼生活：城市变迁中的资本与文化》和《城市文化》两本书之间，当制造业在经济活动中的重要性减弱之后，我试图跳出纽约城市，去理解多元城市和地区的经验，并由此写作了《权力地景：从底特律到迪士尼世界》一书。工厂或不再运转的钢厂中的工人群体将何去何从？土地的使用情况将发生何种变化？这类空间或地区文化会发生何种变化？与纽约相比，在一个以钢铁厂生产作为主要经济活动的小城市，城市变迁什么不同？纽约是一个经济多元化的大城市，从来没有钢铁厂或真正的重工业。纽约确实有大型服装业、印刷厂、啤酒厂、化工厂和金属加工厂，但不像上海那样有钢铁厂。在这个研究项目中，我在西弗吉尼亚州的一个钢铁小镇、底特律的工业郊区和佛罗里达州的后工业迪士尼世界等一系列地方进行了五个案例研究。由此，我试图研究经济变化和文化变化的非常具体的案例，并将它们描述为不断变化的"权力地景"。

与此同时，我也来到其他国家，在法国北部的旧纺织区和法国东部的旧钢铁区进行了相关研究。这样一来，虽然我就美国和法国城市分别写作了相关文章，但不同国家和城市的经历使得我能够在一个比较框架中看到去工业化和区域变化。在我作为城市研究者的整个职业生涯中，城市土地的使用一直是非常重要的问题。无论我走到哪里，无论是在上海、重庆、纽约还是伦敦，当我听到城市再生（城市更新、城市复兴）时，我总是关注土地使用的变化。谁作出这些决策？谁从相关决策中受益？谁相信他们从这些决策中失去了什么？有时，土地所有权或使用方面的损失是有形的。而当人们觉得自己被周围不断变化的环境所取代时，这种损失又是无形的，是文化上的或精神上的。所以，无论我去到哪里，无论我在做什么研究，我始终关注土地和文化问题。

Q 随着全球化进程的深入，纽约和上海等超大城市越来越多地涉入其中，这对您的研究有何影响？

A 在 2010 年出版的《裸城：纯正都市地方的生与死》中，我把重点放在了"原真性"上，我理解这是为了表达生活在全球城市中的人们的失落感，他们试图了解城市在他们周围的变化。他们对城市的发展感到自豪，但也感受到城市变化带来的流离失所和失落。我写的是纽约，但其他国家和其他城市的人，如上海、伦敦或巴黎，对这种失落的感受都有相似之处，这也反映了城市的快速发展和变化。这本书以一种更具体的方式介绍了我试图了解的城市的不同部分和元素，包括曼哈顿的哈莱姆区或布鲁克林的威廉斯堡等社区，以及公园和社区花园等公共空间，在城市经济变化的同时，如何反映出土地使用和文化变化的紧张关系。这些紧张关系经常放在"士绅化"概念中讨论，但通过使用本真性的概念，我试图找到一个更普遍的城市再生和反抗（抵制）的通用资源。

多年来，城市研究人员一直在谈论当地和全球之间的联系。我们的研究人员与其他国家的同事合作完成了这项研究。多年来，城市研究人员一直在谈论当地和全球之间的联系。上海的城市社会学家与我在纽约以及其他四个国家的同事合作，从当地和全球的一个缩影——当地的购物街——来研究这些联系。我们试图了解购物街是如何作为一个社会可持续的生态系统运作的。（我们后来出版了合著《全球城市地方商街：从纽约到上海的日常多样性》。）即使是当地的购物街也显示出地方和全球之间的许多联系。一切都是全球性的而非地方性，诸如此类总体论断始终成立。反之，全球的也是地方的。有时很难理解什么是本地的，什么是全球的。因此，我将对可持续性作出个人的回应和理解。

Q 您最新的著作开始关注城市创新和可持续发展问题，您的主要发现是什么？

A 在《裸城：纯正都市地方的生与死》出版十年后，我出版了《创新之所：城市、科技和新经济》一书，试图反映未来10年纽约经济和文化的变化，同时继续关注土地问题。我发现这些变化可以通过"创新"这一词语表达，创新也代表了决策者、许多企业和大学的目标和居民的诉求、愿景。2008年经济危机后，每个人都希望重新启动纽约和其他美国城市的经济增长。从2009年或2010年开始，很多城市都接纳并采用了创新的语汇，因为以前的创意阶层和创意经济的语言并没有带来显著的经济成果，"创新"在这一层面也理解为城市经济增长的说辞之一。经济增长目标、土地租赁和使用以及地方政府融资之间在各个城市都存在紧密的关联。尽管我并非公共财政专家，但也能够理解土地与城市发展是创新和城市经济增长的背景。

人们开始用"创新"这一概念来表达重启城市经济增长的愿望。对于企业来说，其也是良性的，因为创新带来更多运用数字技术的机会。然而，许多企业很难理解如何采用数字技术并适应数字技术。正如我在书中所解释的，在纽约，市政府有必要鼓励现有企业采用数字技术，同时鼓励科技初创企业。通常鼓励的形式是补贴数字技术应用空间，将其作为房地产开发的一种新形式。在美国城市，你可能知道，城市预算的基础是财产税，而不是所得税，也不是国家的捐款，而是地方财产税。美国城市的融资结构将企业和政府，特别是房地产行业和地方政府联系起来。大多数土地是私人所有的，因此市政府总是面临着帮助房地产行业发展的巨大压力。这与中国城市不同，在这些城市，地方政府在租赁土地方面发挥着非常重要的作用，并对开发项目产生了影响。

关于城市可持续发展，这是一个很重要的话题。每次我去水槽，打开水龙头，水从水龙头里出来，水很干净，我可以喝。我感到很幸运，我生活在世界上一个幸运的地方。可持续性虽然非常基础，但很难实践。我们需要清洁的空气，我们需要干净的水。我认为人类需要限制自身行为带来的影响。这些问题都是由经济活动的扩张、人类的活动、许多进步和改善生活的迹象造成的，这些都为人类共享的地球带来了代价和相应后果。

在纽约，暴风雨期间洪水对于城市的威胁不言而喻。但滨水地区的房地产开发特别是住宅建设却从未停止，滨水的宝贵区位使得房屋建设仍然存在价值。由此出发，城市研究学者还有很多研究需要开展，如试图了解城市更新的宏观条件，以及经济复苏的文化、经济和公共卫生成本是什么。这也是关于城市重建大问题的重要的答案。当城市的一部分有可能落入海洋时，城市的更新和发展也难以为继。虽然我谈论的是纽约，但绝大多数全球城市都是滨水城市，面临类似的危机。

此外，根据我的人生经历，关于可持续发

展还应该加入一些通常在城市研究中不太被论及的话题，如对和平、稳定、可持续气候等宏观层面的理解。所以我实际上认为，与创造新的虚拟世界相比，应该更多地关注可持续的人类生活及其相关问题，无论这些世界是由人工智能还是由其他类型的软件创造的。我认为必须解决可持续性的基本物质问题。

Q 下一个问题涉及不同城市之间的比较研究，如纽约和上海，您对此有何建议和经验？

A 这是一个很好的问题，并且和我最近的经历非常接近。有一位来自另一个国家的同事读了我的书《创新之所：城市、科技和新经济》。他说，这是一次很好的尝试，但并非是一个比较研究，而只是关于纽约的研究。这是我经常听到的批评之声，这只是关于纽约特定城市的研究，但奇怪的是，我能够识别出我认为普遍存在的概念、问题或变化。我的书被翻译成了九种不同的语言。所以我认为我为纽约写的东西不仅有趣——因为它是关于纽约和人们可能感兴趣的，而且我写的东西在所有正在变化的城市都是普遍的，也许不是在一些城市，而是在所有正在变化的城市。

即使我只写了一个地方，我也会从其他城市的同事那里得到相应思考。即使我没有在书中或文章中这样说，但当我写纽约时，我总是在思考其他城市。我正在学习小说家的表达方式，小说家说："写你所知道的、感受到的。"所以我写我所了解的东西。我去外面写关于商街的文章，因为这是我所熟悉的。但我对这条街很好奇，这让我在纽约和世界其他地方的其他城市也在问同样的问题。我希望这能激励各地的研究人员用全球眼光看待当地的情况。有时，单个研究人员可以自己进行很好的比较研究。但如果想获得深入的本地知识，还是需要与其他城市和世界其他地区的研究人员合作。

发展合作关系需要漫长的时间和过程。在我们进行本地商街的研究项目之前，我花了一到两年时间与其他城市的研究人员建立联系，探索不同研究人员之间是否能开展合作。我非常清楚地记得我是如何开始与同事们逐一会面的，首先是在多伦多，其次是在东京和上海，最后是阿姆斯特丹和柏林。但我自己可能很难开展这项研究，可能需要60年甚至更多时间学习不同国家和城市的语言。然而，我确实和当地的研究团队一起走过了书中的12条购物街。重要的是，首先要在自己熟悉的城市里走走，找出研究问题，然后尝试看看这些案例在自己的城市和世界其他城市的发展方式。虽然制度、语言各不相同，但问题往往是相同或非常相似的。

再以创新为例，有很多方法可以实现创新。我试图了解数字技术的生产是如何在城市中形成的，特别是在纽约市。从21世纪初到2010年前后，城市成为"创新综合体"中最突出的组成。在此之前，纽约市没有生产数字技术的历史，除了20世纪初，当时物理和工程实验室开发了电话和无线电通信，并最终开发了第一批晶体管。之后，用于先进技术开发的电子实验室搬到了新泽西州，然后在20世纪60年代搬到了加利福尼亚州的硅谷。20世纪90年代的纽约和旧金山，我们看到了称为"dot-com"的内容生产商的发展，发展了第一代基于互联网和网页的商业服务。其扩张速度很快，但没有足够大的市场来支持更多种类的数字产品的发展。20世纪90年代，纽约并没有足够多的公司或研发机构采用数字技术。直到2007年，随着智能手机和社交媒体平台的发展，以及应用程序（尤其是移动应用程序）的普及，数字技术生产才拥有其城市基础。

与数字技术应用的研究人员和学者相比，我更感兴趣的是研究纽约和其他城市的数字技术生产基地是如何发展起来的。所以，当我在纽约做研究时，调研上海、伦敦、巴黎、斯德哥尔摩和哥本哈根等城市的经历就十分重要。不同城市的同事们非常友善地带我调研各类科技工作场所，从共享办公空间、创客实验室到一座新的科技城市，这样我就可以"接地气"地看到这些地方的现实发展形态，并与科技开发人员和管理人员交谈。对我来说，通过观察数字技术产生的特定微观空间来理解城市创新的发展过程也大有裨益。

然后我回到纽约，写下其发展故事，同时怀揣着学者在其他城市展开相似研究的希望。事实上，我这本书的书名灵感来自我对上海长宁区哥伦比亚圈（上生新所）的访问，当时此处还没有完工。当我看着科技和创意产业办公室的新建筑、可用于咖啡馆和公共表演的绿地，以及正在送往地下空间之一的浓缩咖啡机时，我想起了DUMBO——一个位于布鲁克林海滨的"科技和创意"区。虽然哥伦比亚圈看起来完全不同——DUMBO的大多数建筑都是旧仓库，而不是新建筑和历史别墅，但这两个地方的用途组合是相似的。这使我联想到一个概念用以界定此类场所，"这是一个创新综合体。它是一个有望实现创新的地方"。在这里，你可以看到城市的自然景观正在重塑，以适应未来的经济增长情景。我在哥伦比亚圈和DUMBO也有同样的感受。

因此，对我来说，做比较研究需要脚踏实地，实地调研、观察并与管理空间、创造空间的人交谈，尝试了解所有的制度、组织和文化是如何协同作用的。

Q 能介绍一下您现在正在做的研究，并评价一下社会学对城市研究及发展实践的作用吗？

A 我正在做两个项目。其中一个项目是我在《阁楼生活：城市变迁中的资本与文化》一书中的第一个城市研究项目的回归，该地区是20世纪70年代，艺术家的生活工作空间因区划变化而合法化的曼哈顿地区。该地区于2021年被重新划分，但许多仍居住在那里的老艺术家不想改变。关于重新分区（rezoning），我想了解许多重要的问题和冲突。

关于重新分区的问题实际上与城市增长有关。这意味着经济增长和人口增长。当城市没有空地时，如何为更多的人口建造住房？类似纽约的大城市土地资源有限，建造新住房的公有土地更加稀缺。此外，市政府同样缺乏建造住房的资金。那么，当既没有土地也没有钱建造住房时，如何为不断增长的人口建造住房呢？还有一个重要的问题：如果新建住房增长不足，住房价格也会随之上涨。当房地产开发商更倾向于为高收入人群建造住房，而这些人群能够支付市场价格时，如何为低收入人群建造房屋也是需要进一步思考的问题。

纽约的苏荷区在经历了上阶段城市更新后，成了一个昂贵的居住场所，因而不再是年轻艺术家可以居住的住区。这让我对一个艺术家群体的成长和衰落提出疑问和思考。20世纪70年代，是什么原因导致艺术家们在地理上集中在纽约市的这个区域？20世纪70年代后它发生了什么？为什么会改变？地区房价为何会产生巨变？与这些问题相关的是，艺术空间是如何改变的？我采访了很多老艺术家，他们都是非常有趣的人，我也采访了画廊老板，他们为城市变化提供了有价值的观察。在过去的一周里，我采访了两位美术馆老板，他们在20世纪80年代和90年代住在苏荷区，但现今搬到了另一个地区。他们组建新艺术画廊区的原因与艺术家组建新艺术家区的原因不同。对我来说，与当地政府人员交谈并不总是容易的。例如，纽约的城市规划者不与研究人员或记者交谈，因为他们担心自己的话可能会被错误引用。

也有可能有些人会表述一些与城市规划者相悖或错误的观点，这也会产生调研过程中的相应问题。但缺乏和城市规划者的交流也很难从其角度出发理解相应的城市问题。所以，这是我正在研究的一个大问题：在50年的城市变迁中，艺术家区会发生什么？就像我之前的研究项目一样，这将经济增长和文化变化联系起来。此外，我正在开发另一个研究项目，但很难给它起个名字。这是关于金融投机和元宇宙的发展。这是一个很大的话题，既使我当前关注于物质产品和虚拟景观而非城市，又与文化和经济变化息息相关。我们也将会看到这一研究项目的发展。

关于社会学在当代城市变迁中的功能和价值，在美国和许多其他国家，社会学专业学生的就业前景黯淡，专业面临不小压力。与之形成反差的则是，对比计算机科学、软件工程等，社会学和新闻学则是不能为毕业生带来优渥工作的两个学科。因此，尽管社会学在政府、企业和第三部门都能够发挥其功能，但对于他们而言雇请社会学家仍非必选项。社会学的另一发展方向则是在城市研究中，这也是你们主攻的研究方向和工作。城市研究中关于数字技术的研究作为新兴研究方向，也理应在所有专业学科中发挥重要作用。

数字技术以许多不同的形式在城市中建立起来，不仅是在"智慧城市"建设中，而且在消费者的使用、商业服务和交通等方面。我们可以探究数字技术的应用中"4C"要素是怎样体现的，即通信、协调、消费和控制。研究数字技术的生产、社会过程的创建和管理以及硬件和软件开发、数字化技术体系建立和市场竞争力的研究也同样重要。这些是城市科技生态系统创新的基础。数字技术在理论上超越了特定地点和时代,如全球网络,甚至超越了我们可感知的现实世界和日常生活。但作为社会学家,我们肩负着帮助人们理解数字技术产生的各种形式和基础,以厘清数字技术与城市之间存在的问题的重要使命,例如,规范实践、制定规则、创造良好就业机会等。关于数字技术和城市,有一整套系统研究可以探索。

■ 图片来源 CREDITS FOR PHOTOGRAPHS

莎朗·佐金照片来源:https://help.gc.cuny.edu/people/sharon-zukin

■ 莎朗·佐金 Sharon ZuKin

美国著名城市社会学者莎朗·佐金教授(Sharon Zukin)专门研究现代城市生活,现任美国纽约市立大学研究生院社会系教授,她的研究和著述涉及城市、文化和消费,代表作有《阁楼生活:城市变迁中的资本与文化》(*Loft Living: Culture and Capital in Urban Change*,1989)、《权力地景:从底特律到迪士尼世界》(*Landscapes of Power: From Detroit to Disney World*,1993)、《城市文化》(*The Cultures of Cities*,1995)、《购买点:购物如何改变美国文化》(*Point of Purchase: How Shopping Changed American Culture*,2003)、《裸城:纯正都市地方的生与死》(*Naked City: The Death and Life of Authentic Urban Places*,2011)、《全球城市 地方商街:从纽约到上海的日常多样性》(*Global Cities, Local Streets: Everyday Diversity from New York to Shanghai*,2015)等。佐金教授曾获美国社会学协会社区与城市社会学分会林德奖,以表彰她在城市社会学领域的杰出贡献,她还凭借《权力地景:从底特律到迪士尼世界》一书获得米尔斯奖。佐金教授同时是阿姆斯特丹大学客座教授,在 2014 年秋被表彰为纽约市立大学研究生院高等研究合作中心杰出研究员,曾任美国社会学协会消费者与消费分会主席、《城市与社区》(*City and Community*)副主编,美国社会学协会社区与城市社会分会林德奖委员会主席。

佐金教授早在 20 世纪 80 年代,就从自己生活的城市——纽约出发,探讨苏荷区(SoHo)自 20 世纪 60 年代以来的变化以及纽约城市的变迁。她将自己的研究嵌入工业化、消费社会以及审美经济兴起等社会背景,其研究内容也是对上述社会进程的回应。她着重考察"城市空间如何在应对资本的需求中被特意地生产"这一话题,延续了马克思主义对资本的批判。但不同的是,佐金教授认为,在上述生产过程中,文化和以文化、艺术符号为代表的"象征性经济"起到了重塑城市的重要作用。与此同时,不同的社会阶层也经历了在城市空间中的重组。她的大多数研究与其城市体验密切相关,同时,她也捕捉着城市街区、人口结构和产业的变化。较之于"现代化""生态进化""增长机器""企业家型政府""城市绅士化"这些常用理论框架,佐金教授试图去发现一种新的思路,来解释当代城市的变迁。她着力阐释文化、消费等要素对城市空间的影响,乃至重塑机制,她的研究也活用了诸多音像资料及网络媒体,这是一般社会学家及都市作家感兴趣却碍于方法论限制而鲜少运用的方式。本次访谈以回顾漫谈的形式展开,佐金教授向本刊读者深入分享了自己的学术思想演进历程和最近的研究进展。

■ 著作推荐

在《阁楼生活：城市变迁中的资本与文化》中，她提出的"一种艺术的生产方式"（an artistic mode of production）成为解释"文化艺术导向的城市再生"的主要逻辑，同时，她所批判的"资本的累积是如何利用艺术，并以艺术的名义来实现"，随之也设置了城市绅士化研究的一个主要议程。

在《裸城：纯正都市地方的生与死》中，佐金教授探讨的则是"原真性"（authenticity）。她追问城市的本原，并且，从原真性作为一种被消费的体验，由此一部分人通过索求原真性而使相对弱势的群体在城市空间中处于被迁移的状态，重新提出列斐伏尔（Lefebvre）和大卫·哈维（David Harvey）所提及的"对于城市的权利"这一问题。

在《全球城市 地方商街：从纽约到上海的日常多样性》中，佐金教授通过微观视角审视商业街中的全球性及地方性问题，用生态系统的分析框架对全球城市中的商业街进行深入剖析，探讨这些看起来差不多的小空间在社会、文化及经济维度上的重要性，提出了在全球化挑战下，如何保护作为文化遗产的本土商街及其多样性的问题。

在其最新的著作《创新之所：城市、科技和新经济》（The Innovation Complex: Citis, Tech, and the New Economy）中，佐金教授敏锐地捕捉了纽约在金融之城转向科创高地的过程中呈现的典型空间和关键行动者，并洞悉了不离其宗的社会生产关系和资本累积逻辑。

完整社区视角下大都市边缘转型社区特征研究 *

A Study on the Characteristics of Transitional Community in Metropolitan Fringe from the Perspective of Integrated Community

袁奇峰　韩　帅　YUAN Qifeng　HAN Shuai

■ 摘要 ABSTRACT

大都市边缘转型社区是当前我国快速城镇化进程中大都市郊区社会形态的微观呈现，因此完整社区应该成为其城乡社区治理的理论视角与行动指南。本文基于完整社区的理论内涵与所研究社区的治理实践，尝试构建"制度—空间—行为"的分析框架，指出大都市边缘转型社区是我国大城市近郊特定地域单元在特定发展阶段里，多类型制度、多尺度空间、多主体行为等要素博弈磨合与互动耦合的结果。制度中的转型社区表征为城乡村社趋同化而积分制度有效厘定新市民；空间中的转型社区体现为协调公共服务与居民生活的多尺度动态空间；行为中的转型社区表现为两类家庭日常生活圈协同三类主体自主行为。

The transitional community in metropolitan fringe is the microcosmic manifestation of the social form in the suburbs of metropolis in the process of rapid urbanization. Therefore, the integrated community is expected to be the theoretical perspective and action guideline of urban and rural community governance. Based on the theoretical connotation of integrated community and the governance practice of the community studied, this paper tries to construct an "institution-space-behavior" analysis framework, and points out that the transitional community in metropolitan fringe is the result of games and run-ins and interactive coupling of multi-type institution, multi-scale space, and multi-agent behavior of the specific regional unit in the suburbs of mega cities in the specific development stage. It is concluded that the transitional community in the institution is characterized by the assimilation of urban and rural communities and the point system effectively selects the new citizens. The transitional community in the space is embodied as a multi-scale dynamic space that coordinated public services and residents' daily life. The transitional community in behavior is manifested as two groups of people's daily life circles cooperating with three types of subjective autonomous behavior.

■ 关键词 KEYWORDS

大都市边缘区　转型社区　完整社区　制度　空间　行为
metropolitan fringe　transitional community　integrated community　institution　space　behavior

  大都市区是城市化发展到一定阶段的高级形态[1]。大城市边缘地区是城乡经济、社会各要素相互渗透且最富变化的地理单元，其功能与结构特征介于传统城市与乡村之间[2]。在都市区演化中，独立于城乡二元异质空间的都市边缘区，会持续在大都市城乡统筹发展中扮演核心的角色[3]。大都市边缘转型社区是当前我国快速城镇化进程中大都市郊区社会形态的微观呈现，因此完整社区应该成为其城乡社区治理的理论视角与行动指南。本文以广州—佛山（以下简称"广佛"）大都市核心区与边缘区之间的南海区大沥镇黄岐片区的乡城转型社区为实证案例，基于完整社区理论探究大都市边缘转型社区的基本特征与发展趋势。

---

* 基金项目：国家社会科学基金重大项目（21&ZD175）"中国特色郊区社区社会形态研究"。

一、大都市边缘转型社区的表征与困境

（一）大都市边缘转型社区的基本表征

相较于一般城市边缘区，大都市边缘区面临着更为激烈和复杂的土地利用转变、人口结构变动和社会制度转型。大都市边缘转型社区是大都市边缘地区由农村村落向城市社区转变的过渡形态[4]，为我国快速城镇化进程中大城市近郊社会转型的微观呈现。在此区域，农村社区、"村改居"社区、城市社区相间并置，通常表征为社会空间破碎化、人口构成复杂化、城乡管理分治化。

地处珠江三角洲腹地的佛山南海区大沥镇空间格局在原旧城镇发展变迁、农村社区工业化转型及广州大都市功能外溢等综合作用影响下快速演化。由于广佛城市区域空间是被一系列生产要素流动与经济活动聚集重构而成，两市跨界通勤联系密切且人流交往活动频繁，南海桂城千灯湖与大沥黄岐片区已成为广佛同城化的重要功能节点[5]（图1）。

本文研究区域分布着大量的乡城转型社区，人群与住房空间均是异质性的。社区人群分为村里人、城里人、厂里人三类，住房则由自建房、租赁房、商品房等类型组成。村里人指住自建

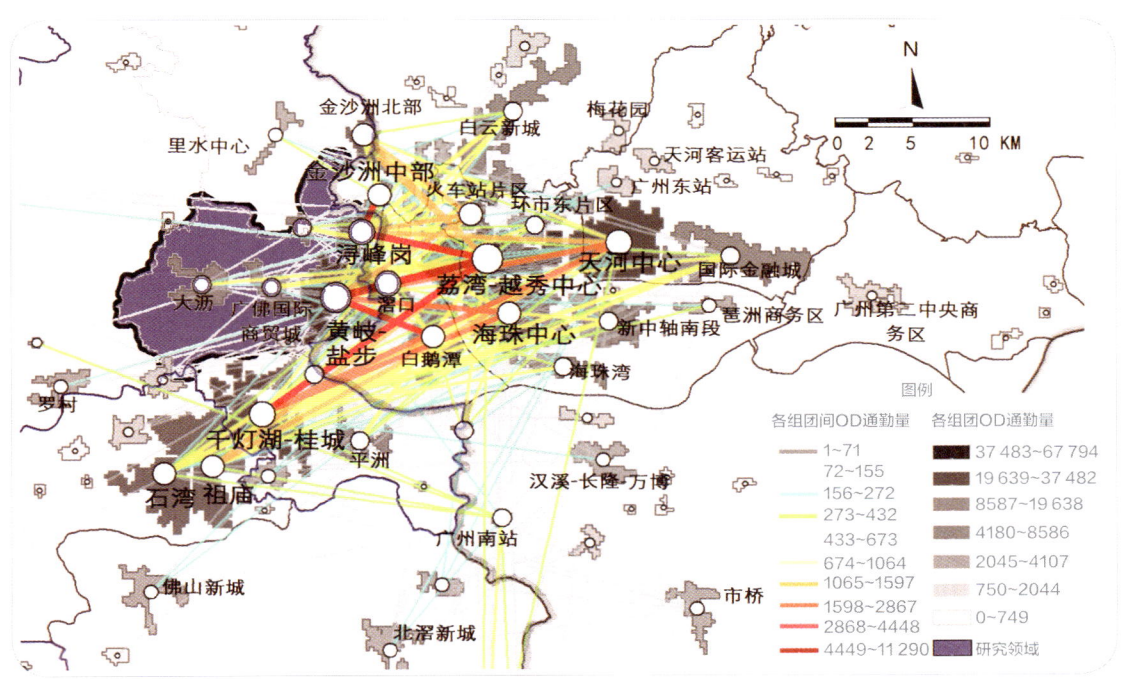

图1 广佛同城化中跨城通勤联系与交通流量
Fig.1 Cross-city commuting connection and traffic flow in the integration of Guangzhou and Foshan

房的本地村民，城镇人即购买商品房的城镇居民，厂里人通常为租住本地人自建房的外来流动人口。根据居民定居意愿强弱情况，人口构成按照流动人口（非户籍暂住人口）、新市民（非户籍常住人口）、本地人的三种类型来划分更符合现实情况。其中，新市民作为外来流动人口向本地城镇人口转化的一类群体，多为近年积分入户、积分入学的家庭人员，该群体具有比较强烈的择业定居与长期发展意愿。

（二）大都市边缘转型社区的发展困境

改革开放以来，城市郊区成为中国城市化的前沿阵地，城市边缘地区则是郊区经济增长与资本积累的共同产物[6]。在珠三角地区，城市郊区化、农村城镇化及园区工业化等多股力量共同推动城市边缘地区的快速演化。

以广州为代表的中国大都市的郊区社会空间是非均衡破碎化的[7]，多元破碎化的城镇空间模式是因其差异化分权的空间治理结构所导致[8]。伴随着从管理到治理模式的转变，城市郊区形态在不同治理模式下呈现出高度异质性与碎片化区隔的特征，如广佛大都市边缘区则是由原自然村落、外来移民聚落、国企事业单位、中产阶层商品房居住区、全球化产业居住空间等多种社会空间相间分布并拼贴形成。

佛山市南海区是位于粤港澳大湾区之广佛大都市核心区与边缘区之间的大都市成长区，出现常住人口城镇化率偏高而城镇化质量不足的发展困境。而大沥镇是推进广佛同城化最早的街镇级行政单元之一，其正好处于广佛大都市功能极核之间的公共服务洼地，教育、医疗、文化等基本公共服务配套欠缺的问题愈发突出。所以，完整社区这个概念在这里也可以成为一个动词、一种行动。

二、完整社区的内涵及分析框架

（一）完整社区的内涵

社区是指以一定地域为基础的社会生活共同体，是居民生活、社会治理、城市结构的基本单元。社区具有学术概念、行政定义、实际使用的多重内涵[9]。完整社区内涵丰富，不仅是住房问题，还包括治安、教育、卫生、文化等多方面因素。

在社会转型期间，完整社区建设是从微观角度出发，通过对人的基本关怀，进行社会重组、维护社会公平、实现社会和谐[10]。完整社区由"硬件"和"软件"两部分构成，"硬件"包括基础设施、公共服务、公共空间，"软件"的核心在于塑造认同感与归属感。

目前，住建部推行的《完整居住社区建设指南》可看作是完整社区实践的行动方向，强调从微观层面构建规模适度、功能完整的城市基本细胞，从而激发城市活力、完善城市功能、优化城市结构，解决大城市病并推动城市转型发展。完整居住社区建设重在以公共配套设施为核心，通过公共服务补短板行动，提升社区建设质量、服务水平及管理能力。完整居住社区的合适尺度宜根据儿童、老年人等社区"一老一小"的步行活动特征、基本设施的服务能力以及社区居委会的管理水平来综合确定。

（二）完整社区分析框架

社区是国家制度与社会生活在基层交互的基本单元。"国家与社会"关系理论是中西学者从宏观尺度研究社区治理的主流框架[11]，"制度与生活"关系理论是从中微观尺度研究社区的替代性视角[12]；"空间与行为"分析框架适合从微观尺度研究居民日常生活场景与城市生活圈规划[13,14]。其中"国家与社会""制度与生活"分析框架对社区研究的空间性考虑比较缺乏，而"空间与行为"分析框架却忽视了制度因素对社区建设的影响。

一方面，完整社区的潜在含义似乎指向"滕尼斯式"社会生活共同体，也偏向社区治理的基本内涵，旨在实现一定地域单元的公共利益最大化。另一方面，完整社区建设也可以作为社会管理与社会服务在基层相结合的创新实践，可看作多尺度空间、多类型制度、多主体行为耦合的社会治理共同体。

笔者尝试从"制度—空间—行为"三个维度来建构完整社区理论的一般性分析框架，将对社区建设各要素进行贯通与整合。"制度"指涉正式的制度规则，"空间"指涉不同的空间边界及对应的尺度规模，"行为"指涉居民的生活需求与行为规律。三个维度对应三个分析视角，"制度"是公共管理视角，"空间"是城市功能视角，"行为"则是社会生活视角，深度诠释社区作为社会生活共同体与社会治理共同体的整体内涵。

经过实地调研、深度访谈及参与式治理，结合佛山市南海区社会生活的发展实践与转型

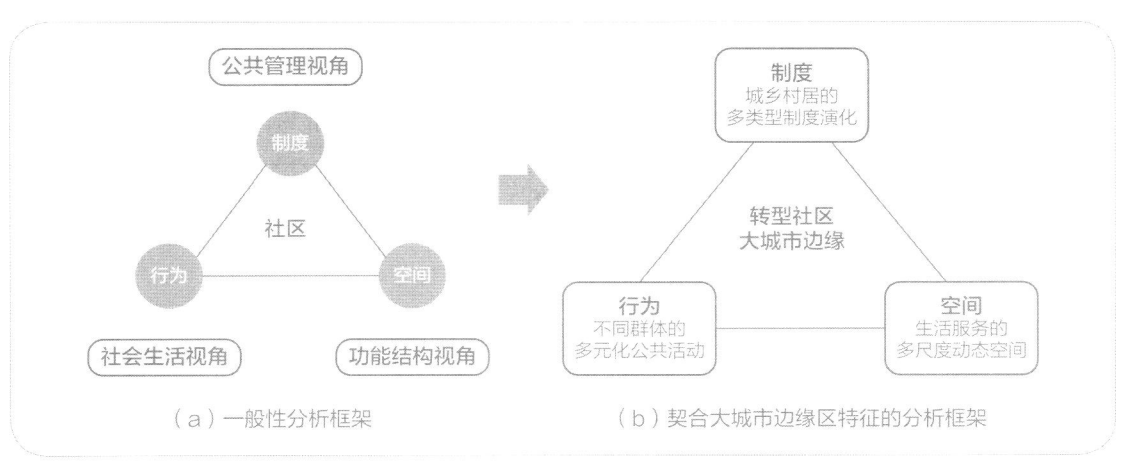

图2 基于"制度—空间—行为"的完整社区分析框架
Fig.2 An analysis framework of integrated community based on "institution-space-behavior"

社区人们日常生活的现实情境，提出契合广佛大都市边缘区特征的完整社区分析框架（图2）：多类型制度（城乡村居的多类型制度演化）—多尺度空间（生活服务的多尺度动态空间）—多主体行为（不同群体的多元化公共活动）。

三、完整社区视角下大都市边缘转型社区的内在特征

佛山南海区作为改革开放的先行地区，总体而言已从城市边缘区过渡到大都市成长区。大都市近郊社会形态开始呈现出新的发展特征，但是在与广州交界的地区还存在大量大都市边缘转型社区，在多类型制度、多尺度空间、多主体行为等要素的博弈磨合与互动耦合过程中逐步形塑。

（一）制度中的社区：城乡村社趋同化而积分制度有效厘定新市民

制度中的社区侧重于从公共管理视角分析社区，体现社区行政定义与实际使用中的治理制度内涵。在南海区层面，南海社会管理（社区治理）系统是由纵向与横向两条块所架构。纵向体系由区两委（区政府、区党委）—街镇两委（镇政府、镇党委）—社区两委（社区居委会社区党委），自上而下贯通。横向系统由不同的职能部门分管社区的不同方面，如民政部门管人口、城建部门管住房、教育部门主管基础教育等。

在街镇—社区层面，城乡社区从分治化走向等值化，在管理制度上越来越趋向城市居委会社区的管理模式。原先，城乡社区分治化管理，即本地自然村社的集合按照农村型社区管理，以农业为主在集体土地上发展；而商品房居住小区的集合采用城市型社区管理，非农产业在国有土地与集体土地上并存；以党群服务中心与社区居委会为引领，城镇社区与农村社区并置分治。城镇社区正式制度主要为居委会制度、业委会制度及物业公司管理标准，农村社区主要有村委会制度、经联社民主理财制度及村民议事会制度等。

近年来，快速城镇化背景下大都市郊区乡村均在进行"村改居"建设，乡村村民生活方式逐步城镇化、乡村产业完成非农化转型，城乡社区边界模糊化。如今，无论是商品房社区还是村改居社区，均在社区"两委"工作制度、新时代文明实践站建设以及"五挂钩三规定"全方位联系村社制度[①]的规范下（图3），城乡社区空间、产业、人群虽尚未完全等值化，但俨然已经开始趋同化。

---

① "五挂钩三固定"全方位联系村社制度为佛山市南海区新近形成的基层治理制度。"五挂钩"：1名区领导+1个区直机关党支部+1名镇领导干部+1个镇机关党支部+若干"两代表一委员"，各有工作职责及清单；"三固定"：一是固定时间动员，如明确周二为"组织直联日+党员活动日+政治学习日"，区直机关党支部每季度选一个周二下午、镇机关党支部固定每周二下午；二是固定地点集中，固定到经济社、住宅小区开展工作；三是固定团队落实，固定由镇机关党支部安排1名联络员。

与此同时，城乡社区治理的焦点已从城乡二元化转变为本外（本地人与外地人）二元化，尤其是以教育为核心的公共服务的分治管理。由于大都市边缘地区是外来人口的大量流入地，基于属地管理的积分制度是对该地区影响巨大且深远的制度，备受人们关注。佛山市从2012年开始施行积分制，在不断调整中适应本地的新发展情况，缓解社会公共问题和增进城市公共利益，致力于实现最低成本的有效治理。2019年起按照《佛山市新市民积分制服务管理办法》施行积分入户与积分入学新规。在佛山市统一标准的基础上，各区的自主加分有所提高，具体在各镇街层面统筹。

从长三角、珠三角各城市积分体系的核心指标设置来看，佛山市有高技术性人才偏好，这与佛山本身的城市社会经济发展目标与高端制造业的产业发展导向相契合[15]。南海区根据当地实际情况制定出最新的《2022年南海区新市民积分计分标准》及各镇职能部门和社区自定指标的加分标准（表1），有助于留住所需要的高技能人才并解决其子女入学相应的加分问题，指向城市治理精细化的高质量发展。积分制度是一项平衡地方政府公共产品供给水平和流动人口公共服务获取能力的利益平衡机制，在政府经营市民权利与流动人口家庭发展能力之间的博弈关系中有效选择与厘定南海新市民。

（二）空间中的社区：协调公共服务与居民生活的多尺度动态空间

空间中的社区侧重于从功能结构视角来分

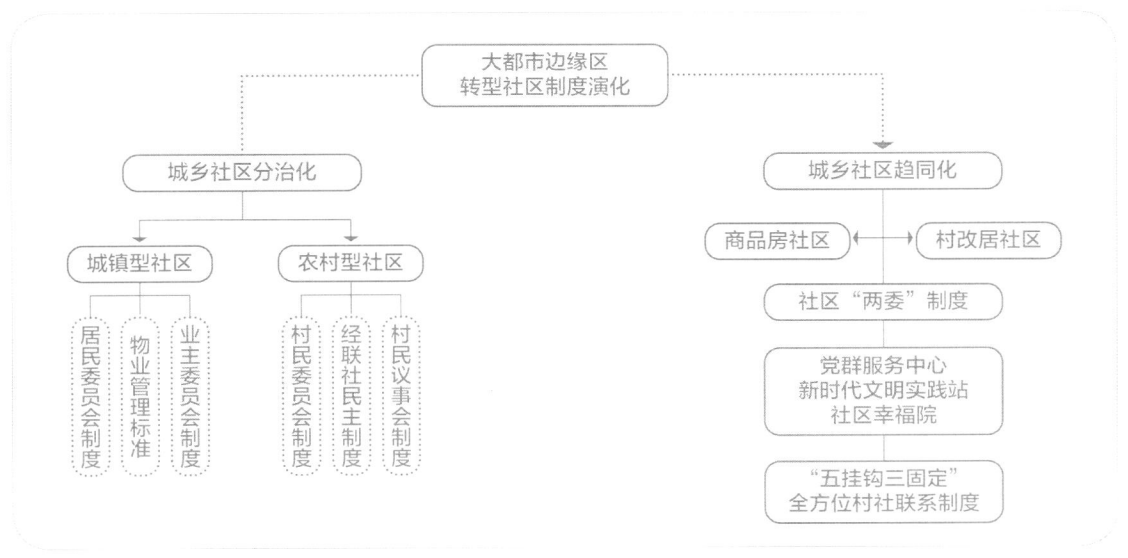

图3　大都市边缘转型社区制度演化：从城乡分治化到趋同化
Fig.3　The evolution of the transitional community in metropolitan fringe: from urban-rural separation to assimilation

表1 佛山市南海区新市民积分制度指标
Tab.1 Index of new citizen points system in Nanhai District of Foshan

内容	序号	积分项目	
基础指标	1	居住证（粤居码）	
	2	房产情况	
	3	租住房屋	
	4	合法稳定就业	
加分指标	5	文化程度	
	6	职业技术资格	职业资格
			专业技术资格
	7	特定的公共服务岗位	
	8	科技创新	
	9	表彰奖励	
	10	竞赛获奖	
	11	社会贡献	
	12	投资纳税	
	13	卫生防疫	
	14	住房公积金缴交	
减分指标	15	失信情况	
	16	违法犯罪	
一票否决指标	17	申请材料造假	
		刑事犯罪	
自定指标	18	各镇（街道）自定积分入学加分指标60分	

析社区的边界、尺度、规模。多个空间尺度在动态调整中逐步稳定。

改革开放以来，伴随着广东省与佛山市多次行政区划调整，南海区在尺度重组与空间重构的过程中，各镇街逐渐形成趋于稳定的空间治理格局②。南海区各镇街的空间尺度结构目前形成"街镇—片区—行政村—居委会社区—网格—小区"多个治理尺度。小区是人们居住功能的最基本尺度，网格是维护公共治安的责任单元尺度，居委会社区是对多个小区居民进行居住登记与属地管理的尺度，行政村是具有原农村物质空间与社会关系的尺度，片区是街镇分片区提供社会公共服务的尺度，街镇是基层政府行政管理的尺度。

广佛南海区大沥镇由三个片区组构而成，分别为大沥片区、黄岐片区、盐步片区；每个片区由多个行政村组成，行政村里存在农村社区与城镇社区。农村社区由多个自然村社组成，居委会社区由多个商品房小区、原单位大院、保障房住区、安置房住区以及职工公寓组成。社区尺度在动态变化，比如黄岐片区的海北三乡原先由白沙村、沙溪村、泌冲村三个行政村（农村社区）组成，由于广佛同城化过程中产生大量商品房小区、回迁房小区以及单位公寓，

---

② 佛山南海历史悠久。从公元前214年设为南海郡，590年置为南海县，1992年"撤县设市"为南海市，2003年（"撤市设区"）至今为佛山市南海区。从2002年佛山完成"撤市设区"行政区划调整至今，"大佛山"格局（如今的佛山五区）已形成20年；2013年南海区完成"并镇扩权"的行政区划调整至今，南海区七镇（街）格局已形成10年。

D镇	行政村	居委会社区	居住小区
HQ 片区	LA 村	LA 社区	
		JY 社区	
	YE 村	YE 社区	
	HQ 村	HQ 社区	
		QF 社区	
		QY 社区	
		DT 社区	
	BS 村 MC 村 SX 村	BS 社区	
		MC 社区	
		SX 社区	
		JY 社区	1 万科四季花园
			2 敏捷花城里
			3 中海金沙湾
			4 新荔湾花苑
			5 白天鹅花园
			6 沙面新城
			7 时代水岸
			8 永丰花园
			9 奥丽依
			10 万汇楼
			11 岐海苑
			12 云翠轩
			13 公安单位
			14 部队宿舍
			15 交警宿舍
			16 海北回迁楼
			17 黄岐保障房

图4 大沥镇黄岐片区海北三乡的社区空间构成
Fig.4 The community space composition of Haibei, Huangqi Area, Dali Town

于是镇政府在此地设置了一个城市管理型的新社区管理机构，即江北社区居委会。江北社区曾一度管理17个居住小区，由于空间尺度与人口规模的不断增大，现以主干路海北大道为边界分为江北与浔峰两个社区，以便于公共管理与公共服务（图4）。

不同层级、距离、类型的公共服务动态匹配居民生活需求，形成多尺度的社区空间，深刻体现社区学术概念与实际使用中的空间性内涵。空间中的社区既包括村改居社区和商品房社区在公共管理的多尺度动态空间，也包括居民日常生活设施如基础教育、医疗、文化、公安、行政服务、社会服务的多尺度动态空间。

公共管理方面，行政村改居社区存在自然村、网格、行政村居委会社区等管理尺度；商品房社区有居住小区、网格、居委会社区等管理尺度。居住生活方面，存在村民小组（居住小区）、社区、片区、镇街等日常生活尺度。基础教育如小学、初中以本地片区为学区空间划分，医疗有小区医务室、社区诊所、片区医院多个层次，文化设施有小区读书驿站、社区图书室、片区图书馆多个类型，公安有社区警务室、片区派出所、街镇公安分局多个层级，行政服务有楼长、小区负责人、片区责任人、社区党群服务中心、社区行政服务中心等多个级别。空间中的社区是协调多层级公共服务空间与多尺度居民生活空间在动态磨合中的相对稳定状态。

（三）行为中的社区：两类家庭日常生活圈协同三类主体自发行为

行为中的社区是从居民具体的社会生活实践角度分析社区。

南海区是我国珠三角地区非常典型的大量外来人口流入地，流动人口按定居意愿由弱到强程度可分为非户籍暂住人口、非户籍常住人口、积分入户或积分入学的新市民。社区中的行为通常有四种类型：个体行为、家庭行为、不同群体的集体行为、社区活动的公共行为，不同群体、不同年龄段、不同家庭也具有不同的行为属性。

笔者从 2022 年 7 月到 12 月，先后六次在南海区大沥镇黄岐片区深度访谈了 30 多个家庭，包括本地人家庭与新市民家庭，研究发现：两类人群（本地人、新市民）家庭差异化的日常生活圈模式协同三类社区主体（老人、小孩、妈妈）各自相似性的自发性行为特征，这是大都市边缘转型社区里日常生活的特性呈现。

一方面，社区内两类家庭的日常生活圈具有一定的差异性。基于日常生活的深度访谈，总结出本地人与新市民两种典型的社区生活圈模式：

本地人家庭成员主要活动范围在街镇尺度之内，一般只有在假期才会有选择性地前往街镇、南海区、佛山市之外的目的地。新市民家庭主要成员至少有一人要在街镇、南海区甚至佛山市之外的地区上班，每日或每周需定期定时地完成跨街镇、跨城区的职住通勤行为，其他家庭成员通常基本在居住地所在街镇尺度之内活动。以小李家为代表的本地人家庭与小黄家为代表的新市民家庭为例。小李是南海大沥某村人，如今在本地大沥城区小学读六年级，爸爸在大沥行政中心工作，妈妈在大沥社区居委会上班，周末家人会经常到附近的永旺超市购物，最近的中秋节在儿童公园玩耍，春节全家人会回到大沥本地的奶奶家，只有暑假才会到南海区之外的高明鹭湖玩耍，这说明一般情况下的小李家日常生活圈基本会固定在大沥镇范围之内（图 5 左）。

小黄家则是新市民家庭，老家在广西壮族自治区钦州市，爸爸目前在广州市珠江新城上班，妈妈随爸爸来到南海区的黄岐敬老院工作；爸爸每天需要开车从广州天河区到佛山南海区完成一来一往的日常职住通勤，属于典型的"广佛候鸟"。由于广州天河房价比佛山南海高，但南海基础教育却不比广州差，于是在南海买房积分上学对于小黄家来说是一种理性决策。小黄家人在假期通常会在大沥镇之外的桂城千灯湖、广州海心桥甚至港澳地区的目的地进行休闲娱乐活动，每年春节基本都会回到广西老家跟奶奶团聚，这则说明新市民家庭的日常活动范围不限于居住地所在街镇尺度（图 5 右），小黄的家人在广佛两市之间甚至广东与广西两省之间频繁往来则是一种生活常态。

另一方面，社区三类主体的自主性行为具有一定的相似性。社区行为主体通常是一老一小及一家之主的妈妈，该三类群体日常生活特

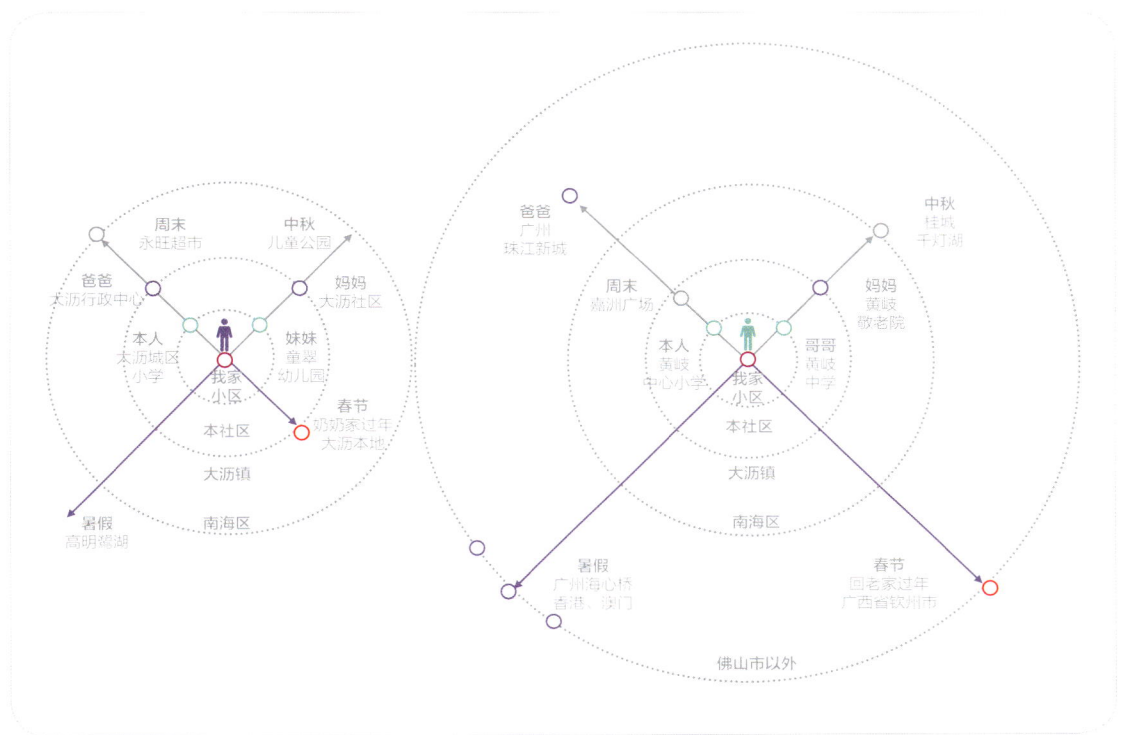

图5　两种典型生活圈：本地人家庭与新市民家庭日常生活的行为特征
Fig.5　Two typical living circles: the behavior characteristics of the daily life of the native family and the new citizen family

征具有趋同性。小孩爸爸一般在社区里的活动相对较少，通常在社区、街镇之外上班并担当全家生计重任。社区里的老人既是一家长者，也是缤纷社区的引导者。她们退休后，除了照看孙辈，平时隔三岔五地会聚集在社区露天广场或社区室内场地练歌、练舞、健身、绘画，已经成为社区里靓丽多姿的风景。尤其在元宵节、妇女节、中秋节、国庆节等节庆前后，社区"大姐"会持续组织庆典活动，不仅愉悦自己的身心，还为来自不同地域的家庭创造了积极交往的机会，客观上有效促进了社区社会资本的积累。

社区里小孩（主要指中小学生）的主业是在校学习，在社区里的主要活动是多位同学一起写作业或假期在社区中心参加学校指定的社会实践项目，此外选择性地参与感兴趣的课外拓展活动与运动项目。在这里，本地人家庭与新市民家庭的小孩并没有"本外二分"，而是作为兴致相投的玩伴、盟友，一同乐在其中并缔结友谊，"熟人社区"建设自然而然从娃娃抓起。由于南海区的高中与初中分别要求学生做20小时、10小时的社会实践，他们寒暑假会在社区服务中心也做义工，比如黄岐初级中学在同一个班的5个同学，中考后分别在5个不同学校读高中，假期会回到本社区的公共中心约见碰面交流。

社区里的妈妈不仅是一家之主，更是频繁出现在社区多个场所的有为奉献者。妈妈们除了工作外，还办理全家的租房入住、孩子积分上学、家庭成员就医等各种手续。多位妈妈还经常结伴出现在医院、学校、社区服务中心等公共场所做义工，在用时间与汗水为自家换取积分值之外，同时还成为乡城转型社区基层治理的重要力量。

社区三类主体因家庭需要而自发参与社区公共活动，在一定程度上助推了大都市边缘地区从陌生人社会走向熟人社区的进程。这个互动过程充分体现了社区营造中的社会性激发，激发社会性动机的关键在于让邻居就成为社区居民的重要他人[16]，促进新移民与本地居民的社会交往与社会融合，通过社区治理的生活与情感维度塑造以人为本的生活空间共同体[17]，逐步实现从陌生到开始熟悉，再到睦邻友好的熟人社区。

四、结论与讨论

大都市边缘地区的基本特征通常表现为社会空间破碎化、人口构成复杂化、城乡管理分治化，于是大都市边缘乡城转型社区的治理制度动态调整、物质空间演化剧烈、社会人群流动性强。完整社区作为理想是公共服务完善、居民生活满意、管理制度健全的美好人居单元；也可以作为新时代中国城乡社区治理的理论视角与行动指南。

在以佛山市南海区大沥镇为代表的中国大都市成长区，多类型新制度、多尺度新空间、多主体行为等要素持续发生强烈的交互作用，正在大都市边缘地区诞生具有乡城转型特征的"新社区"。本文基于"制度—空间—行为"三维要素构建的完整社区分析框架，尝试从多学科角度全面剖析社区的学术概念、行政定义、现实使用的多元内涵。论文深化了完整社区作为大都市边缘转型社区行动指南的上述三个维度。

制度中的社区侧重于从公共管理视角分析社区，体现社区行政定义与实际使用中的治理制度性内涵，从城乡分治化到村社趋同化而积分制度有效厘定新市民。

空间中的社区侧重于从城乡规划学的功能结构视角来分析社区的边界、尺度、规模，不同层级、距离、类型的公共服务动态匹配居民的日常生活需求，形成多尺度动态的社区空间，作为协调管理侧的公共服务与需求侧的居民生活的多尺度动态空间。

行为中的社区是从居民具体的社会生活实践角度分析社区，呈现出两类家庭差异性的日常生活圈协同三类主体相似性的自主性行为。

参考文献 REFERENCES

[1] 易承志. 国外大都市区治理研究的演进[J]. 城市问题, 2010 (1): 89-95.
[2] 王玲慧. 大城市边缘地区空间整合与社区发展[M]. 北京: 中国建筑工业出版社, 2008: 5.
[3] 杨浩, 罗震东, 张京祥. 从二元到三元: 城乡统筹视角下的都市区空间重构[J]. 国际城市规划, 2014, 29 (4): 21-26.
[4] 吴昊, 郑永君, 谷玉良. 快速城镇化背景下转型社区的发展陷阱及其治理困境[J]. 城市发展研究, 2017, 24 (5): 85-90.
[5] 袁奇峰, 顾嘉欣, 曾悦, 等. 嵌入大都市区: 城市边缘区地方政府的区域策略——以佛山市南海区为例[J/OL]. 南方建筑. https://kns.cnki.net/kcms/detail//44.1263.TU.20230110.1032.002.html.
[6] 吴缚龙, 沈洁. 中国城市的郊区开发和治理[J]. 国际城市规划, 2015, 30 (6): 27-33.
[7] 魏立华, 闫小培. 大城市郊区化中社会空间的"非均衡破碎化"——以广州市为例[J]. 城市规划, 2006 (5): 55-60+87.
[8] 姜克芳, 张京祥, 罗震东, 等. 差异分权与多元碎化: 大都市边缘地区城镇化空间模式研究——基于武汉市蔡甸区的实证[J]. 人文地理, 2016 (4): 87-94.
[9] 黄怡. 社区与社区规划的空间维度[J]. 上海城市规划, 2022 (2): 1-7.
[10] 吴良镛. 住房·完整社区·和谐社会[J]. 住区, 2011 (2): 18-19.
[11] 周孟珂. 国家与社会互构: "村改居"政策"变通式落实"的实践逻辑——基于Z街道"村改居"的案例分析[J]. 浙江社会科学, 2016 (5): 93-98+158.
[12] 李友梅. 自主性增长: 制度与生活视野下的中国社会生活变迁[C].2008年度上海市社会科学界第六届学术年会文集(年度主题卷), 2018: 331-342.
[13] 柴彦威, 谭一洺, 申悦, 等. 空间—行为互动理论建构的基本思路[J]. 地理研究, 2017, 36 (10): 1959-1970.
[14] 柴彦威, 张雪, 孙道胜. 基于时空行为的城市生活圈规划——以北京市为例[J]. 城市规划学刊, 2015 (3): 61-69.
[15] 王毅杰, 卢楠. 随迁子女积分入学政策研究——基于珠三角、长三角地区11个城市的分析[J]. 江苏社会科学, 2019 (1): 69-79.
[16] 熊易寒. 国家助推与社会成长: 现代熟人社区建构的案例研究[J]. 中国行政管理, 2020 (5): 99-105.
[17] 高飞. 梯度情感动员的双重过程: 社会治理共同体构建中的递进逻辑[J]. 中国行政管理, 2022 (4): 55-62.

图片来源 CREDITS FOR PHOTOGRAPHS

图1根据参考文献[5]改绘; 图2—图5作者自绘

作者简介 ABOUT THE AUTHOR(S)

袁奇峰 YUAN Qifeng
华南理工大学建筑学院, 教授, 博士生导师, 广州 510641
School of Architecture, South China University of Technology, Professor, Guangzhou 510641

韩 帅 HAN Shuai
通信作者, handsomehanshuai@126.com, 华南理工大学建筑学院, 博士研究生, 国家注册城乡规划师, 广州 510641
Corresponding Author, handsomehanshuai@126.com, School of Architecture, South China University of Technology, Doctoral Candidate, Guangzhou 510641

广州传统中轴线历史城区总规划师制度探索与实践

Exploration and Practice of the Chief Planner System in the Historical Urban Area of Guangzhou

王世福　陈丹彤　梁潇亓　邓昭华　WANG Shifu　CHEN Dantong　LIANG Xiaoqi　DENG Zhaohua

■ 摘要 ABSTRACT

广州传统中轴线片区是广州历史城区的空间原点，古代中轴线和近代中轴线的双轴线空间结构已成为广州城市文化的缩影。近年来，该片区存在土地利用效率低、空间品质不高、老龄化严重、人口活力不足、历史文化遗产不显、市民城市意象感知认同偏低等城市问题，同时其面临建成环境构成复杂、城市更新涉及多元主体利益协调、历史保护任务重等更新治理挑战。该片区于**2017**年创新性采用历史城区总规划师制度（以下简称"总师制"）为保护历史城区风貌、提升城区空间品质、增强城区活力提供专业化、在地性的规划设计咨询服务。本文以广州传统中轴线片区总师制实践为基础，归纳总结近五年来总师制实践经验。总师团队主要负责统筹制定片区设计纲要与实施计划、跟踪重点更新项目"规建管"全过程、把关各类型更新项目设计质量、辅助区政府日常规划管理四个方面工作，有效支撑北京路商业步行街、海珠广场及其周边地区等一系列更新工作落地实施，促成保护与发展的共进。

The traditional central axis area of Guangzhou is the spatial origin of the historical city of Guangzhou. The dual-axis spatial structure of the ancient central axis and the modern central axis has become the epitome of the urban culture of Guangzhou. In recent years, there have been some city problems in this area, such as low land use efficiency, low spatial quality, serious aging, insufficient population vitality, no obvious historical and cultural heritage, and citizens' low urban image perception and identity. At the same time, it is faced with renewal and governance challenges, such as complex built environments, coordination of interests of multiple stakeholders involved in urban regeneration, and heavy tasks of historical protection. In 2017, the district innovatively adopted the Chief Planner system of historic urban districts to provide professional and local planning and design consulting services to protect the style of historical urban districts, improve the spatial quality of urban districts and enhance the vitality of urban districts. Based on the practice of the Chief Planner system in the traditional central axis area of Guangzhou, this paper summarizes the practical experience of the Chief Planner system in the past five years. The Chief Planner team is mainly responsible for the overall planning and implementation of the area design outline and implementation plan, tracking the whole process "regulation, construction and management" of key renewal projects, checking the design quality of all types of renewal projects, and assisting the daily planning and management of the district government.t, effectively supporting the implementation of a series of renewal work such as Beijing Road Commercial Pedestrian Street, Haizhu Square ar.d its surrounding areas, and promoting the joint progress of protection and development.

■ 关键词 KEYWORDS

城市设计　设计治理　广州历史城区　总规划师制度
urban design　design governance　historical urban area of Guangzhcu　Chief Planner system

一、我国城市设计实施的现实困境与发展方向

（一）现实困境：如何面向规划管理与实施

我国城市发展进入以盘活存量空间为主的城市空间品质化建设和推进城市治理精细化的新阶段。城市设计作为精细化规划管理的有效方式，是落实城市规划、指导建筑设计、塑造城市特色风貌的重要抓手，在提升城市品质、改善人居环境等方面发挥重要的作用。"蓝图式"城市设计如何面向实施建设、如何辅助规划管理等问题已成为现代城市设计研究的重要课题。城市设计实施是以

获得高品质的城市空间秩序为目标，对开发建设行为进行设计控制和开发控制，将设计意图落地实施的一系列活动[1]。虽然目前我国城市设计工作取得一定发展，但城市设计的实施依然面临诸多问题与困境。

一方面，源于设计管控文件的局限性。由于法定地位缺失，城市设计缺乏审批和实施的流程，城市设计成果难以法定化形式保障实施[2]。规划编制阶段难以精准预测实施阶段的需求或不确定性，进而导致刚性指标配置过大或过小或功能分配不均；而弹性指标更多是条文管控，规划方与管理方、地块设计与建设方等各方理解有所偏差。非法定化、存在误差的管控文件导致城市设计成果难以有效传达至实施层面。

另一方面，源于多方协商机制的缺失。城市设计要素的落实需要依赖开发商的认可与建设，但往往规划设计师在提交完设计文本后便结束自己的工作，其设计意图通过设计文本传达到开发建设者这一过程缺乏有效性。此外，设计师与开发建设者、政府部门立场不同，市场逐利导致空间资源受到侵占，开发商找出各种理由争取更多建筑面积、公共空间私有化。可见，目前缺乏规划师、政府部门、开发商以及市民之间正式的协商平台。

（二）发展方向：走向"总师制"设计治理

当前语境下，承载地区发展愿景的城市设计要真正走向实施，除了加强顶层设计、争取法定路径、系统化编制体系与管控体系外[3]，还需要从技术层面的空间设计走向具有公共政策属性的空间管理[4]，从提升"控制"能力转向提升"治理"能力。"设计治理"的概念源于西方学界，2013年，卡莫纳提出"设计治理"的概念：在建成环境设计手段和过程中介入的国家认可的干预过程，从而使设计过程与结果更符合公众利益[5]。他认为设计的决策环境会对最终成果产生积极影响。城市设计是发达国家城市开发控制的重要手段，其所蕴含的核心理念是希望规划设计师作为片区的统筹者、组织者与协调者，能够调配片区资源、塑造特色空间，而围绕设计师介入"规—建—管"全过程统筹的特征，发达国家各有理论与实践，如美国城市设计工作小组、英国建筑和建成环境委员会、法国协调建筑师制度、日本主管建筑师协调组织等[6]，虽然手段、赋权、组织模式等有所不同，但均体现出"设计治理"的核心思想——以实现"更好的设计"和"更符合公众利益的结果"为目标，以国家、官方认可的手段为过程，干预城市空间环境。未来我国城市设计在面向实施发展的进程中，必然从设计控制走向设计治理，在这一过程中，城市重点片区总规划师/总设计师制度应运而生。

目前，国内已有不少总师制的实践项目，总师制多应用于重大开发项目及重点地区，如上海世博会园区总师团队、西藏鲁朗国际旅游小镇总设计师负责制、广州国际金融城城市设计顾问总师制度、广州琶洲西区总设计师、深圳湾超级总部基地总设计师制等，其中以北、上、广、深等一线城市应用最为积极，且逐渐转向常态化实践，当前在粤港澳大湾区，已约有31个重点片区推行总师制。也有学者开始从设计治理的视角明确总师制的作用，指出总师制是在城市治理转型中，建立多元利益沟通平台、实现协商式规划、兼顾公共与私人利益的有效途径[7]。总规划师是将规划设计师这一技术角色放到政府社会和市场的扭接点上，促成角色的混合，某种程度上是将政府延展向社会和市场，使政府得以通过总师向社会和市场赋能、干预、协作，也为设计师创造了设计落地与设计赋能的可能性。除了重点地区，在当下重视城市内部更新的存量时代，城市老城区、历史城区的发展也可尝试引入总师制，从设计治理的角度探索存量地环境的精细化更新与老城复兴的目标。

二、广州历史城区保护与发展的现实矛盾

（一）广州历史城区建成环境现存问题

相比城市新区，历史城区的空间环境构成往往更为复杂，要素众多。在经历了快速城镇化发展后，广州等大城市的历史城区内部多出现功能过度集中、用地严重不足、空间品质下降等问题，城区内面临更新改造和再开发的巨大压力，城市整体格局和风貌特色遭受破坏。目前，历史城区存在土地利用效率和城市空间品质不高，老龄化严重、人口活力不高，城市意象感知认同度与实际热度不匹配等问题。

1. 土地利用效率和城市空间品质较低

目前，广州历史城区内以居住用地为主，占比约42.2%。推倒重建式旧城改造方式破坏了广州历史城区的物质空间形态，打碎了原有的历史格局和肌理，传统街巷碎片化，骑楼街巷连续性被破坏，历史河涌被填埋或掩盖；高层建筑破坏了老城区整体的历史格局与风貌；存量建筑由于监督管理缺位，"住改仓""住改商"现象泛滥，火灾、爆炸等安全事故时有发生；市政设施原建设标准不高，在人口逐年集聚的情况下不堪重负；上下班高峰期内环路、跨江桥梁接口等交通转换节点经常大排车龙，拥堵严重[8]。这些问题反映出广州历史城区的土地价值与城市宜居水平下降的状况，亟须思考解决方案。

2."空挂户"和老龄化问题严重，城市活力不足

广州历史城区中存在"空挂户"现象，因其经过几十年的发展，虽然设施已然落后，但医疗教育等配套完善，很多居民虽然不在老城居住，但仍保留着当地户口，就是想享受老城优质的教育、医疗等公共服务资源，这一现象占用了老城区资源，也给老城区发展带来了阻碍。再从人口年龄构成看，历史城区大部分区域所隶属的越秀区和荔湾区60岁以上的人口占比达到26.79%与29.01%，老龄化水平远超全市18.27%的数据水平；而18岁以下人口占比仅有15.21%与15.23%，对比广州市21.59%的

数据，反映出老城区中年轻人群不足的现象[9]。近年来年轻人纷纷转向新区，剩下老人家留守老城区，这些老人家也成了历史城区中的"原住居民"及弱势群体，历史城区中的原住居民是历史城区中人文内核的重要组成部分，是社会关系的维护者与传统文化的传承者[10]。历史城区需要着重考虑如何在优化原住居民生活条件的同时吸引年轻人群与高端人才的进驻。

3. 城市意象感知认同度与实际热度不匹配

城市意象是城市中足以代表城市的节点、标志物或地名[11]，其认知度代表了该城市的城市文化与城市品牌的辨识度。网络时代互联网、大数据、智能移动终端等新兴技术与信息化的发展压缩了时空距离，也影响了市民对城市意象的认知[12]。网络数据多种多样，其中，以百度搜索词频为代表的网络数据，反映城市意象对外认知程度；以大众点评评论数据为代表的网络数据，反映城市意象实际认知程度。两者的对比可以反映出一个城市的对外认知与实际认知的区别，从而进一步解读城市自身存在的问题。对比广州城市意象百度搜索词频数据与大众点评评论数据，可以发现，广州历史城区在网络意象中表现出高对外认知度与低实际认知度的矛盾，说明广州历史城区具备认同程度较高的文化价值与城市品牌，但并非一个有魅力的体验目标，其被破坏的城市肌理与落后的城市设施使得市民在其中不便利与不舒适，市民、游客不愿意前往历史城区，导致历史城区的魅力丢失，活力流失。

（二）广州历史城区保护与发展需求

广州是中国首批24座历史文化名城之一，拥有深厚的文化底蕴，其历史城区范围涵盖越秀区、荔湾区、海珠区三个行政区的老城部分，其中越秀区是两千多年来一直未曾迁移的广州古城中心[13]。改革开放后，广州进入高速开发建设阶段，花都、番禺撤市设区以及"南拓、北优、东进、西联"的总体发展战略奠定广州城市外扩的发展方向[14]。2007年，广州市委市政府在"南拓、北优、东进、西联"基础上增加"中调"，城市空间发展从外拓向内优转化。2008年，国土资源部（现为自然资源部）与广东省联合启动"三旧"改造试点工作，旨在探索旧城、旧厂、旧村改造中盘活土地资源和创新更新的模式。2015年，广州在原"三旧"改造办公室的基础上成立了国内第一个城市更新局，开始尝试"微改造"等创新政策的实施[15]。旧城更新改造的兴起将大众的视线引回老城区。恩宁路成为首批试点，也暴露出了多元主体在城市更新中的冲突矛盾。而随着荔枝湾涌揭盖复涌方案的提出、肯定与实施，粤剧艺术博物馆、永庆坊项目的相继开展，"共同缔造"社区规划的推进，广州正逐步探索历史城区中保护与发展的平衡点。承载了广州城市发展原点与历史记忆的传统中轴线地区的提升与复兴也被提上议程。2017年，越秀区引入总师制，开展传统中轴线地区优化提升工作，通过第三方专业团队的介入构建协调平台，促进多元主体形成共识，而这也是一次转化设计与治理的有效尝试。

2018年，习近平总书记到永庆坊考察时指出："城市规划和建设要高度重视历史文化保护，不急功近利，不大拆大建。要突出地方特色，注重人居环境改善，更多采用微改造这种'绣花'功夫，注重文明传承、文化延续，让城市留下记忆，让人们记住乡愁。"[16] 为贯彻习近平总书记视察广东重要讲话精神，广州提出"老城市新活力"的三年提升计划，以绣花功夫建设珠江文化带，提升城市活力，推动城市文化出新出彩。2020年12月29日党的十九届五中全会通过"十四五"规划，明确提出实施城市更新行动。2021年8月30日，《住房和城乡建设部关于在实施城市更新行动中防止大拆大建问题的通知》印发。可见，当下国内依然十分关注旧城更新的问题。回看广州历史城区保护与发展历程与经验，在关注空间内的微改造、绣花功夫的同时，一直不断尝试建立多方协调的机制，从"共同缔造"到"总规划师"制度，均是从设计空间到设计治理的创新尝试。

三、广州传统中轴线地区总师制实践探索

广州传统中轴线地区包含以广州北京路为载体的古代中轴线、以广州起义路为载体的近代中轴线以及其周边地区，范围北至五羊雕塑，南至珠江，西至人民路，东至东濠涌高架，共约4.5km²（图1）。该片区是广州城市的政治中心、文化中心和商业中心，是广州城市生长时间轴上最早的空间原点，包括南越国宫署与千年古道文化的古代中轴线，以及承载广州起义与解放战争记忆的近代传统中轴线，独具特色的双轴线空间结构成为广州历史与文化的缩影，也使片区成为广州历史城区的代表地。越秀区政府承担起建设保护好广州传统中轴线地区、打造向国内外展示广州文化精神魅力窗口的重任，其借鉴琶洲西区、国际金融城地区总规划师的模式，于2017年开展广州传统中轴线地区优化提升工作，组建广州传统中轴线地区总规划师团队（以下简称"总师团队"），为片区的品质提升提供专业性、全面性的技术咨询服务。这是全国创新性的"历史城区"+"总规划

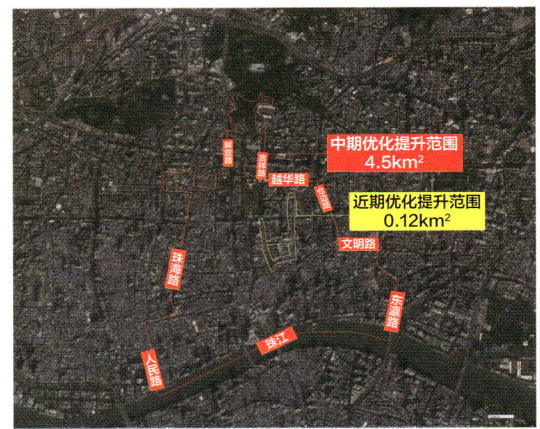

图1 2017—2019年广州传统中轴线地区总规划师工作范围示意图
Fig.1 Schematic diagram of the scope of work of the Chief Planner in the traditional central axis region of Guangzhou from 2017 to 2019

师"的实践探索，也是推动历史地区在"保护"与"发展"中借助专家外力寻求更佳路径的尝试。

历史城区的总规划师有别于其他地区的总规划师，其所面对的工作层面、工作内容、工作对象更为冗杂，不仅需要对多尺度的城市空间进行把控，还需要面对从立面修缮到植株选择、从产权纠纷到公共艺术等多种项目类型，也需要面对政府、开发商、原住居民等多重利益主体，因此团队成员涵盖城乡规划、建筑设计、历史文保、城市特色、道路交通、景观设计、公共艺术、公共政策、市政工程、消防安全、生态环境等领域，以便于为历史城区的环境品质提升提供策划提案、决策咨询、技术顾问、现场咨询等服务。这一总师团队服务模式从2017年6月持续至2018年，其间通过编制传统中轴线提升纲要作为行动指南，对片区范围内多处重点地段的环境提升进行多轮讨论与现场沟通。2019年，在越秀区的支持下，总师团队提取过去一年半的实践经验，将总师制度推广至越秀区全区，共约33.8km²，充分利用专家智库资源，作为政府及相关行政管理部门的重要技术支持平台。在近5年的工作中，总师团队积累下丰富的实践经验，总结团队的工作内容，主要包括统筹制定片区设计纲要与实施计划、跟踪重点更新项目"规建管"全过程、把关各类型更新项目的设计质量、辅助区政府日常规划管理工作四个方面。

（一）愿景描绘与规划统筹：总师统筹制定片区设计纲要与实施计划

2017年，传统中轴线片区总规划师咨询服务开启后，总师团队基于广州市市政府批复的传统中轴线（近代）、北京路、文德南三片历史文化街区的保护规划，发挥规划师的传统职能，对片区进行宏观统筹与资源调配，协助越秀区政府编制了《广州传统中轴线地区提升计划设计纲要》。这一纲要以广府文化思源的空间承载为提升目标，确定"世界粤文化中心、湾区文化极核"的发展愿景，对标世界历史文化名城，提出三大目标、四大战略。通过文化枢纽建设带动新经济发展，共创国际一流的文商环境。在历史城区的底蕴上，建立"一纵一横"的空间结构，以近代中轴线、古代中轴线共同联通云山珠水的传统风水格局，以精品街区、精华路径提升整体空间品质，并形成近中远期的主题提升项目库。这一纲要也成为整个传统中轴线片区品质提升的行动指南，基于纲要并结合项目库，总师团队协同编制《广州传统中州线地区保护规划实施方案》，提出"亮招牌、提品质、疏交通、优空间"的27个实施项目（图2、表1），并确定项目建设内容、责任单位、起止时间、资金来源、资金估算等内容，对实施项目作出建设愿景与设计指引。由此，通过明确更新实施主体与项目，将片区愿景与空间相关联，确保规划的可实施性。这一过程总师团队以设计者的角色，描绘片区愿景，调配片区资源，整合片区诉求，提出片区发展计划，发挥对片区的宏观统筹作用。

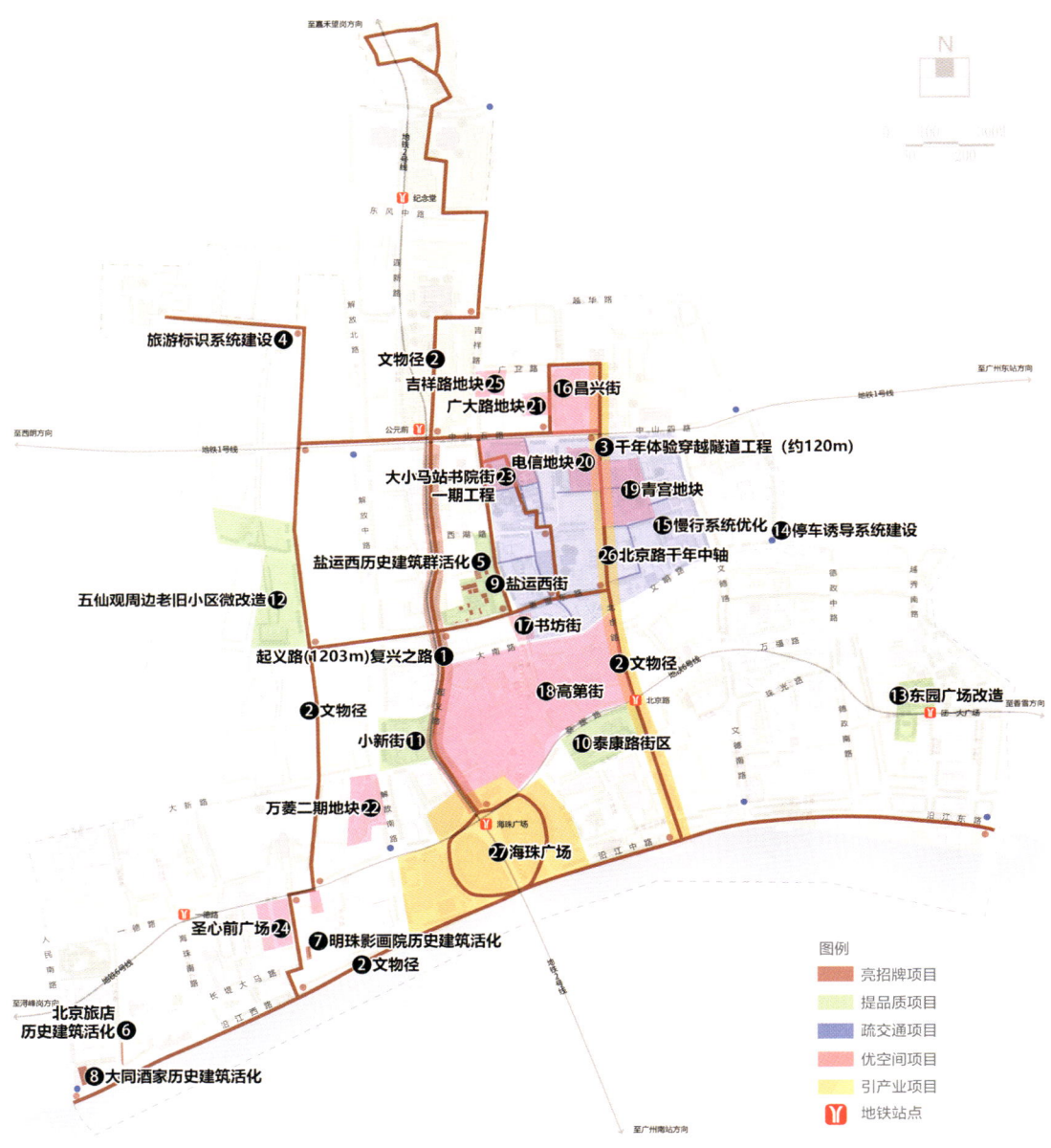

图 2 广州传统中轴线实施项目图
Fig.2 Guangzhou traditional central axis implementation project map

表 1 广州传统中轴线实施项目表
Tab.1 Guangzhou traditional central axis implementation project

项目类型	序号	项目名称	建设内容
亮招牌项目	❶	起义路（1203m）：复兴之路	沿线综合整治；风貌整治；景观提升；研究海珠广场景观平台，与海珠广场整体设计，形成中轴线重要景观节点；功能活化、文化展示、文化表演等体验式功能及文化产业引入
	❷	文物径	梳理古代、近代、宗教、浙江四条文物径上的文化遗产、文保单位和历史建筑，增加线性文物径地面铺装和节点性文物标识，结合进行公共空间梳理和周边景观提升
	❸	千年体验穿越隧道工程（约120m）	在中山路两端打造千年体验穿越隧道，解决行人交通问题的同时，引入千年文化展示功能
	❹	旅游标识系统建设	在中轴线地区 4.5km² 内，策划旅游游线，形成完整的游览体系；完善整体范围旅游标识、标牌和导视系统
	❺	盐运西历史建筑群活化	对盐运西周边 13 处历史建筑进行功能活化，置入文化创意、文化展示等功能，整体整治后作为远期建设的盐运西特色街区启动区域
	❻	北京旅店历史建筑活化	对北京旅店历史建筑进行修缮和功能活化
	❼	明珠影画院历史建筑活化	对明珠影画院历史建筑进行修缮和功能活化
	❽	大同酒家历史建筑活化	对大同酒家历史建筑进行修缮和功能活化
提品质项目	❾	盐运西街	特色街区微改造，主要涉及立面整治、三线下地、绿化景观等工作，置入文化展示、文化表演等体验式功能，打造集居住、娱乐、旅游于一体的生活情景体验区
	❿	泰康路街区	特色街区综合改造，主要涉及立面整治、肌理疏通、三线下地、绿化景观等工作，通过对街区业态进行综合提升，建设老广州原真生活情景体验区
	⓫	小新街	特色街区微改造，主要涉及立面整治、肌理疏通、三线下地、绿化景观等工作，置入文化展示、文化表演等体验式功能，打造集娱乐、旅游于一体的体验式街区
	⓬	五仙观周边老旧小区微改造	结合历史文化街区的保护，对五仙观周边老旧小区进行微改造，主要包括改造公共设施、改造老旧房屋、改造人居环境、落实长效管养
	⓭	东园广场改造	为建设团一大纪念馆，进行拆迁安置以及原地复建，并建设东园广场
疏交通项目	⓮	停车诱导系统建设	在中轴线地区 4.5km² 内，结合旅游径、文物径建设停车诱导系统，完善区域停车配套设施
	⓯	慢行系统优化	根据《北京路核心区起步区控制性详细规划》中综合交通规划的研究，营造"一主九辅"慢行环形步行街区，先期在已有步行街基础的"一主"北京路核心步行街区（约30hm²），对大马站路、小马站路、龙藏街、惠新西街 4 条街巷进行步行化道路改造，延伸龙藏街至大南路，开行通教育路与龙藏街，广百北侧大马站北京路、北京路与府学西路、文德路与府学西街等 9 条横街的步行连接。后续再在 4.5km² 范围内推广
优空间项目	⓰	昌兴街	根据《越秀区昌兴街区保护规划和城市设计》开展招商引资对象洽谈，培育文化商业功能。以"政府主导、引入企业、居民参与"的模式，完善市政基础设施和公共服务设施，营造公共空间，保护历史文脉，适度更新既有建筑物，注入文化、商业、旅游等功能，达到整体活化利用街区的目的
	⓱	书坊街	拟作为广州花街博物馆选址，深入摸查书坊街地块现状建设情况，结合北京路文化旅游区建设，研究该地块适合引入的公共服务及产业功能，提出功能业态引入的具体方案和实施计划，制订建筑及环境景观的微改造方案

续表 1　广州传统中轴线实施项目表
Tab.1　Guangzhou traditional central axis implementation project

项目类型	序号	项目名称	建设内容
优空间项目	⑱	高第街	深入摸查高第街现状建设情况，研究小连片改造的可行性，制订整体改造提升策略、规划设计方案和实施计划。建设高第街——老广州原真生活情景体验区。引导批发业外迁，孵化、培育商贸、文化、消费互融互动的产业氛围
	⑲	青宫地块	摸查青宫地块现状建设情况，通过城市设计方案比选，研究连片改造的可行性、整体风貌控制要点、与府学西社区的关系，制订整体改造提升策略、规划设计方案和实施计划
	⑳	电信地块	摸查电信地块现状建设情况，通过城市设计方案比选，研究连片改造的可行性、整体风貌控制要点，制订整体改造提升策略、规划设计方案和实施计划
	㉑	广大路地块	旅游咨询及公共服务中心，与市城投进行对接，盘活广大路地块，为北京路核心区提供旅游服务，建设旅游集散中心、旅游大巴停车场及配套商业
	㉒	万菱二期地块	摸查万菱二期地块现状建设情况，研究小连片改造的可行性，制订整体改造提升策略、规划设计方案和实施计划
	㉓	大小马站书院街一期工程	依托"北京路文化核心区"发展优势，在保护传统风貌和肌理的前提下，将书院建筑、历史遗存、省非遗中心等新建建筑在空间和功能上充分协调，建设文商旅融合发展的历史街区
	㉔	圣心前广场	与圣心大教堂结合，新增一德路南侧的开敞空间，形成"圣心前广场·城市新客厅"，采用渐进式更新改造和局部新建等改造手段，逐步引入民间金融、商务办公和文化旅游功能
	㉕	吉祥路地块	新建行政综合楼/商务办公楼
引产业项目	㉖	北京路：千年中轴	功能活化：文化展示、文化表演等体验式功能及文化产业引入。天字码头改造：研究分析古代岭南接官亭的建筑形式，拆除现状建筑，重建天字码头广场及接官亭，作为北京路轴线的起点。北京路南段沿线综合整治，风貌整治、景观提升
	㉗	海珠广场	一德路人防工程，与周边的地铁站、海印缤纷广场、万艺广场及未来的恒基中心地下空间相联系形成较为完善的海珠广场地下空间片区。引入金融办公服务产业，形成越秀滨江总部金融办公集聚区。引入岭南印象表演，融合灯光秀与文艺表演，增强展示

（二）设计协调与实施跟踪：总师跟踪重点更新项目"规—建—管"全过程

历史城区因其自身空间因素复杂、涉及利益方众多，在发展过程中并不能简单依靠政府规划许可来推进工作，因此总师团队需要在其中承担设计协调、实施跟踪的部分职责。总师全流程跟进片区内重点建设项目从实施项目提案、概念设计、建设方案与施工图、施工、竣工验收到交付使用，以专业技术服务保障设计质量和空间建设品质。

以海珠广场改造为例，策划阶段，总师向区政府提案重点实施项目。总师在对越秀区市民的日常城市意象认知调查中，发现位于近代中轴线上的意象点中，市民们对海珠广场的认知程度普遍较低。海珠广场作为近代中轴线上的一个重要空间节点，其品质与意象的提升对近代中轴线整体的品质与意象的提升具有重要意义。2019年，时值新中国成立70周年，越秀区政府工作重点聚焦于塑造城市具有庆典意义的市民活动空间，总师团队利用提案权建议越秀区政府关注海珠广场。这一提案得到越秀区政府的肯定[17]。

设计阶段，总师为设计团队提供规划定位和创意设计概念。总师团队结合海珠广场自身的历史价值挖掘，提出将海珠广场从交通环岛改造成为功能提升与活力焕发的市民活动广场、主题公共空间、湾区文化客厅的愿景，希望海珠广场不仅满足于市民日常的活动，还可承担重要礼仪性活动。总师团队挖掘海珠广场历史文化基础，提取具备象征性与可识别性意象符

图3 海珠广场品质提升概念设计总平面图（左）、效果图（右）
Fig.3 General layout of Haizhu Square quality improvement left: concept design, right: renderings

图4 海珠广场改造前后（左：改造前，右：改造后）
Fig.4 Before and after the renovation of Haizhu Square left: before the renovation, right: after the renovation

号，以五角星代表中华人民共和国成立后人民的奋斗，以木棉花代表岭南文化与广州特色，由此构成"五角星+木棉花+五边形+放射线"的广场构图概念[18]。总师团队的概念设计方案（图3）为《海珠广场及周边地区品质提升详细设计》提供设计指引，并多次组织设计协调会，保障规划设计的有效传导和提高设计方案的可实施性。

施工阶段，总师全程跟踪施工建设过程，对工程质量进行品质把关和技术指导。在海珠广场施工过程中，总师团队多次组织施工协调会，以"伴随式"技术服务贯穿实施环节。由总师团队及广州市规划和自然资源局越秀区分局、专项设计团队、交警大队、地铁部门、文物保护部门、周边相关开发商及业主进行全面的施工协调对话[18]。总师充当规划设计部门和建设部门的"桥梁"，充分发挥技术协调作用，在施工期间保持随时待命状态，施工现场需要进行咨询时，能及时到场，保障项目顺利实施并把控实施品质（图4）。

运营阶段，总师协助"省—市—区"各级政府进行城市节事活动策划。总师团队协助越秀区政府相关职能部门对海珠广场举办相关节事活动进行前期策划和社会影响评估，包括新中国成立70周年升旗仪式和国庆灯光秀活动、园林博览会、墟市活动等。2019年，广东省委省政府在此举行新中国成立70周年的升旗仪式和国庆灯光秀活动（图5），海珠广场以鲜明的五星意象景观、庄严的升旗仪式、热闹的园博会和光彩的庆典灯光秀献礼祖国，焕发出新时代的新活力。海珠广场在举办城市节事过程中，海珠桥暂时封闭，市民们纷纷到桥上拍照留念，唤醒市民心中对海珠桥的步行记忆。

图5 2019年中华人民共和国成立七十周年广东省升旗仪式（左）、海珠广场灯光秀夜景图（右）
Fig.5 The 70th anniversary of the founding of the People's Republic of China in 2019, left: the flag-raising ceremony of Guangdong Province, right: the night view of the Haizhu Square light show

（三）方案比选与设计把关：总师把关各类更新项目的设计质量

设计把关是指总师团队需要借助自身专业水平，协助片区获得更好的空间品质与空间亮点。片区内的重要节点空间及相关因素，如步行街入口、街头公园广场、重要建筑立面等的相关设计与建设项目，均是总师团队提供方案比选决策咨询与创意把关的对象。总师从保护与发扬城市文化、塑造城市特色风貌出发，对片区空间形象进行把关。在历史城区环境提升过程中，总师团队保持中立地位、坚守公共利益，探寻城市公共利益最大化的最优解，以行政赋权和专业储备确立"把关"的权威性，通过构建基于空间品质最优的协商平台，促使各方最大化地达成共识，整体提升项目设计与建设水平，保障环境提升工程项目高效实施。2017年，全球财富论坛在广州举办，广州市政府和越秀区政府针对广东省财政厅、北京路商业步行街及其周边地区进行空间品质提升工作，总师团队持续参与、梳理所有相关资料、组织专家论证、对多方案的比选形成预判，高效辅助行政决策，实现环境总体提升。其中，包括广东省财政厅前广场的花坛及铺装、北京路北段步行化、骑楼街立面清理、骑楼外立面改造、北京中路环境小品及环境修复、西湖路广场铺装、大佛寺北广场环境提升协调、铜壶滴漏再设计、惠福路铺地及入口节点、街道设施等进行多次详细的现场沟通或组织专家咨询，实现环境总体提升。

对于北京路商业步行街北段骑楼外立面改造（图6），总师团队通过历史照片考证提出包括骑楼样式、构件、比例等要素的民国风格骑楼设计指引，并将指引提供给设计施工单位。设计施工单位也乐于有指引提供参考，依据指引做出的方案再给回总师团队审查。针对重要

图6 北京路商业步行街北段骑楼外立面改造（左：改造前，右：改造后）
Fig.6 Reconstruction of the exterior facade of the arcade in the north section of Beijing Road Commercial Pedestrian Street left: before reconstruction, right: after reconstruction

图7 北京路北段新大新百货大楼改造（左：改造前，右：改造后）
Fig.7 Reconstruction of New Daxin Department Store in the north section of Beijing Road left: before reconstruction, right: after reconstruction

图8 西湖路广场改扩建（左：改造前，右：改造后）
Fig.8 Reconstruction and expansion of Xihu Road Square left: before the reconstruction, right: after the reconstruction

图9 广东省财政厅前广场改造（左：改造前，右：改造后）
Fig.9 Renovation of front square of Guangdong Provincial Department of Finance left: before reconstruction, right: after reconstruction

历史建筑或有争议性的方案，总师团队会组织专家多次研讨，力求听取多方意见，以把控建筑特色风貌。北京路北段新大新百货大楼改造（图7），改造前其裙房风格、不锈钢柱等与传统中轴线重要地标的区位不协调。通过历史照片的考证，总师团队对该大楼提出裙房立面修复的提案，以民国历史照片为依据，恢复民国风格骑楼样式、构件与比例，并全程指导建筑设计和建设施工过程，提升了北京路北段的整体风貌。西湖路广场改扩建（图8），改造前其为大佛寺前的空地，寺庙原本将广场围合成自己内部的半封闭式的前院，总师团队在介入后促使寺庙与城市达成共识，去除围合围墙，广场在保留部分宗教活动属性的同时向外开放，成为市民可使用的公共性空间。广东省财厅前广场改造（图9），其方案探讨先后经历了拆除花坛、修建旱喷池、修建喷水池等多种提案，谨慎选择了更新花坛与铺装的轻触式提升方式。

（四）辅助管理与宣传教育：总师辅助区政府日常规划管理工作

总师团队辅助越秀区政府和广州市规资局越秀分局及相关部门的日常规划、建设管理工作，包括参与政府内部工作例会、专家咨询会、项目协调会等设计咨询工作，以及规划设计项目、建筑设计项目的设计方案技术审查工作，并完善存档制度、联系人制度、建设信息互动平台，实现一般项目5个工作日内、重要项目当日内反馈的高效服务。

2017年至今，总师团队向广州市规划和自然资源局越秀区分局、越秀区建设和水务局、越秀区房管局、越秀区代建中心等单位提供顾问咨询和设计审查工作，先后提供包括建筑设计、环境风貌提升、国土空间规划、控规调整等规划设计方案的技术审查书面意见约330多份。总师团队参与广州市规划和自然资源局越秀区分局、北京路步行街改造提升工作指挥部办公室、广州北京路文化核心区管理委员会等单位组织的各类重点项目的专家评审会及工作协调会约180余次（图10）。

除了坚持在地辅助决策、指导项目实施的日常实务模式，总师团队也应需求积极组织不同背景专家学者针对公务人员进行专业培训和宣传科普。2021年至今，总师团队配合广州市规划和自然资源局越秀区分局、越秀区委组织部、越秀区建设和水务局开展专题培训班5场（图11），包括城市更新、历史文化传承、风貌塑造、名城保护等主题。对于历史城区而言，建成环境的复杂性需要总师在地且迅速到场应对，并充分了解该片区基础信息，捍卫历史文化保护底线，寻求社会环境发展突破点，有效缓解政府工作的压力，补足规划管理工作中技术手段与协商平台的缺位，实现政府、社会、市场对于高品质空间的期待。

四、总结

我国的历史街区、历史城区的保护，不应

图 10　总师参与北京路步行街改造现场设计协调会
Fig.10　The Chief Planner participated in the on-site design coordination meeting for the reconstruction of Beijing Road Pedestrian Street

图 11　总师团队开展专题培训班
Fig.11　The Chief Planner team carries out special training courses

是大规模、短时间、一次性的修缮工程，而应当是一场细水长流的持久战。因此，总师制的引入是极具实践意义的。总师团队的"伴随式"服务，有助于历史城区在面对其复杂的空间要素和利益主体时，得到技术支持、协同平台和专业把关。总师制是城市设计面向实施、走向设计治理的有效尝试。总师制的优势在于在地伴随区政府的过程中及时介入、先行引导重大事件或重要公共空间的相关工程，并全程伴随、跟进项目的落地实施。这一过程除了传统的规划设计与设计许可，还需要运用治理、协调等方式与工具以完成最终的设计，这对总师团队作为设计师的基础角色是一个重大改变，极具价值与意义，也由此得以实现真正的设计赋能。广州传统中轴线地区及越秀地区的总师制是历史城区中以设计辅助治理的一次创新实践，在近五年的探索中不断优化自身机制，尝试回应广州"老城市新活力"的时代命题，寻求历史城区保护与发展的共进，也希望这些探索与实践经验能够为未来城市设计实施走向设计治理提供参考。

参考文献 REFERENCES

[1] 王世福. 面向实施的城市设计 [M]. 北京：中国建筑工业出版社，2005.
[2] 蔡震. 关于实施型城市设计的几点思考 [J]. 城市规划学刊，2012 (S1)：117-123.
[3] 周作江. 面向实施的城市设计管控路径研究——以上海、南京、珠海为例 [J]. 城乡规划，2019 (3)：94-102.
[4] 秦红岭. 城市设计治理：一种伦理视角的阐释 [J]. 北京建筑大学学报，2018, 34 (3)：73-80.
[5] CARMONA M, MAGALHÃES C D, NATARAJAN L. Design governance: the CABE experiment[M]. New York: Routledge, 2017.
[6] 黄静怡，于涛. 精细化治理转型：重点地区总设计师的制度创新研究 [J]. 规划师，2019, 35 (22)：30-36.
[7] 冯倩晶. 设计治理视角下的珠海市城市设计研究 [D]. 广州：华南理工大学，2020.
[8] 广州市城市规划委员会办公室. 广州历史文化名城保护规划 [R]. 2014.
[9] 《广州统计年鉴—2021》编辑委员会. 广州统计年鉴 [M]. 广州：中国统计出版社，2021：71.
[10] 殷景文，钮卫东，许业和. 优化人口结构 恢复古城活力——苏州古城人口发展引导研究 [J]. 城市规划，2014, 38 (5)：50-53.
[11] LYNCH K.The image of the city[M].Cambridge: MIT Press, 1960.
[12] 赵渺希，徐高峰，李榕榕. 互联网媒介中的城市意象图景——以广东21个城市为例 [J]. 建筑学报，2015 (2)：44-49.
[13] 广东年鉴编纂委员会. 广东年鉴 [M]. 广州：广东年鉴社，2019：404.
[14] 李萍萍，袁奇峰，赖寿华，等. 从"云山珠水"走向"山城田海"——生态优先的广州"山水城市"建设初探 [J]. 城市规划，2001 (3)：28-31.
[15] 王世福，陈丹彤. 从名城保护到文化兴湾的广州思考 [J]. 城市观察，2019 (5)：18-28.
[16] 中华人民共和国自然资源部. 习近平与中国文化遗产保护 [EB/OL]. (2020-09-15) [2023-04-21]. https://www.mnr.gov.cn/dt/ywbb/202009/t20200915_2557909.html
[17] 吴若晖. 历史城区总规划师角色特征研究 [D]. 广州：华南理工大学，2021.
[18] 吴若晖，王世福，邓昭华. 广州海珠广场"绣花"式改造的系统提升与设计创新 [J]. 城市观察，2020 (5)：84-96.

图片来源 CREDITS FOR PHOTOGRAPHS

图1 作者自绘，影像图来源：国家地理信息公共服务平台_天地图_在线地图 https://map.tianditu.gov.cn/；图2《广州传统中轴线地区保护规划实施方案》，广州市规划和自然资源局越秀区分局提供；图3、图6—图11 广州传统中轴线地区总规划师团队提供；图4 广州市越秀区政府提供；图5 广州市越秀区政府提供

作者简介 ABOUT THE AUTHOR(S)

王世福 WANG Shifu
华南理工大学建筑学院，教授，博士生导师，广州 510000
School of Architecture, South China University of Technology, Professor, Guangzhou 510000

陈丹彤 CHEN Dantong
华南理工大学建筑设计研究院有限公司，助理级城乡规划师，广州 510000
Architectural Design and Research Institute Co., Ltd. of South China University of Technology, Guangzhou 510000

梁潇亓 LIANG Xiaoqi
华南理工大学建筑学院，博士研究生，广州 510000
School of Architecture, South China University of Technology, PhD Candidate, Guangzhou 510000

邓昭华 DENG Zhaohua
华南理工大学建筑学院，副教授，硕士生导师，广州 510000
School of Architecture, South China University of Technology, Associate Professor, Guangzhou 510000

基于社区分类技术的城乡社区发展规划：以成都市青白江区为例*

Urban and Rural Community Development Planning Based on Community Classification Technology: Take Qingbaijiang District of Chengdu as an Example

贾姗姗　杨辰　兰蓓　辛蕾　JIA Shanshan　YANG Chen　LAN Bei　XIN Lei

■ 摘要 ABSTRACT

社区是城乡居民生活的基本单元，也是提升城乡空间品质和加快转变国家治理体系的重要抓手。本文以成都市青白江区为例，基于实地调查和多源数据，综合考虑现状地区资源禀赋与多维规划目标，构建了反映社区在"品质、活力、美丽、人文、和谐"五大方面发展水平的多维指标体系；通过"主因子＋聚类分析"的方法对社区进行了分类研究，识别出"创智生活型""共建家园型""产社融合型"和"农林悠闲型"四类社区发展群；最后，基于社区发展群的特征识别以及"现状—目标"差距分析，为四类社区发展提出了差异化的规划策略和行动计划，从社区角度为城乡区域协调发展提供了新的思路。

Community is the basic unit of urban and rural residents' lives, and it is also an important breakthrough point for improving the quality of urban and rural space and accelerating the transformation of the national governance system. Taking Qingbaijiang District of Chengdu as an example, this paper comprehensively considers the current regional resource endowment and multi-dimensional planning goals based on field investigation and multi-source data, and construct a multi-dimensional index system reflecting the development level of the community in five aspects: quality, vitality, beauty, humanities and harmony. Through the method of "principal factor + cluster analysis", four types of community development groups were obtained by classifying communities: intelligent life type, co-construction home type, industry-community integration type, and agriculture and forestry leisure type. Finally, based on the feature identification of community development groups and the "status-goal" gap analysis, differentiated planning strategies and action plans are proposed for the development of four types of communities. From the perspective of community, it provides new ideas for the coordinated development of urban and rural areas.

■ 关键词 KEYWORDS

社区分类　社区发展规划　规划策略　区域　青白江区
community classification　community development planning　planning strategy　region　Qingbaijiang District

一、引言

2012年，党的十八大首次将"城乡社区治理"写入纲领性文件。2019年，十九届四中全会提出"推动社会治理和服务重心向基层下移，把更多资源下沉到基层，更好提供精准化、精细化服务"。2021年，国务院办公厅印发《"十四五"城乡社区服务体系建设规划》，指出"强化社区为民、便民、安民功能"是落实以人民为中心发展思想的必然要求。社区发展成为新时期提升城乡居民生活品质和推进国家治理现代化的重要阵地。

---

* 国家自然科学基金面上项目"基于多源数据的社区生活圈测度方法、影响机制与规划策略研究"（52078351）。上海市自然科学基金面上项目"多元价值导向下社区生活圈公共服务设施评价与配置方法研究"（23ZR1468300）。

为响应国家战略要求,成都市政府于2017年公布了《关于深入推进城乡社区发展治理建设高品质和谐宜居生活社区的意见》,从"品质、活力、美丽、人文、和谐"五大维度确定了成都城乡社区的发展目标和行动计划;同年,成都在市和区(县)两级党委序列设立了社区发展治理委员会,编制了全市和各区(县)的社区发展规划。这是国内首个覆盖全市域的社区发展规划,是从区域视角指导社区建设的一次重要尝试[1]。

作为位于成都东北部的市辖区,青白江区是成都—绵阳经济走廊的北门户,与金堂县、新都区、广汉市共同构建了成都外围最大的城镇密集区(图1)。由于平原—山地的自然地形,城镇—乡村的二元经济格局,以及公共服务设施不均衡配置等原因,青白江区的城乡社区从西北到东南呈现出显著的差异性(图2)。社区发展规划如何面对这种差异,如何根据现状特征与发展机遇分类施策,是区级社区发展规划编制的重点和难点。

二、问题的提出

社区发展现状。青白江区常住人口50万,总面积378km²,下辖2个街道、8个镇、1个乡,共124个社区(村居委),其中有城市社区14个(11.3%),涉农社区18个(14.5%),乡村社区92个(74.2%)。2018—2019年间,课题组通过部门座谈,对青白江区社区发展在"五大维度"的共性问题进行了梳理(表1);同时通过重点社区走访,深入了解各类社区面临的个性问题:城市社区中,老旧小区的服务设施普遍陈旧;新建商品房社区的设施虽然较全,但由于功能单一和运营经费不足,使用率不高。涉农社区是城镇化进程中具有"半城半乡"特征的社区:大量失地农民被集中安置,除了再

表1 青白江区社区在"五大维度"面临的主要问题
Tab.1 The main problems faced by the community in Qingbaijiang District in the "five major aspects"

品质	活力	美丽	人文	和谐
城乡社区发展水平以毗河为界呈现明显的南北差异(北部社区发展水平相对较高,公共服务资源配置较优,而南部社区发展水平总体偏低,资源较少);设施建设与居民需求之间有差距(政府近年来在南部地区加大了投入和设施建设,但缺少居民需求调查,设施空置率较高)	社区造血能力不足(对政府财政中的社区专项资金依赖性大,限制了社区对本土资源的挖掘与利用,社区发展缺乏内生动力)	环境质量有待改善(工业生产和环境污染对人居环境影响较大);绿色低碳生活方式接受度低(社区居民的生活方式与环保要求有冲突,管理难度大)	缺乏本土文化与特色(社区建设与治理有"一刀切"现象,与本地历史、自然特色、生态资源、社会关系的结合不足);社区自治水平有待提升(社区共治过程中居民的参与度低,对社区认同感也不高)	治理体系尚未理顺(街道镇和村居委的职能职责划分不清晰,两者之间存在"踢皮球"或"过度干预"的情况);驻区单位和地方互动也较少);社会组织力量薄弱(基层政府发动居民参与社区治理非常困难,而社工和社会组织数量有限,尤其是乡村社区缺少专业人才)

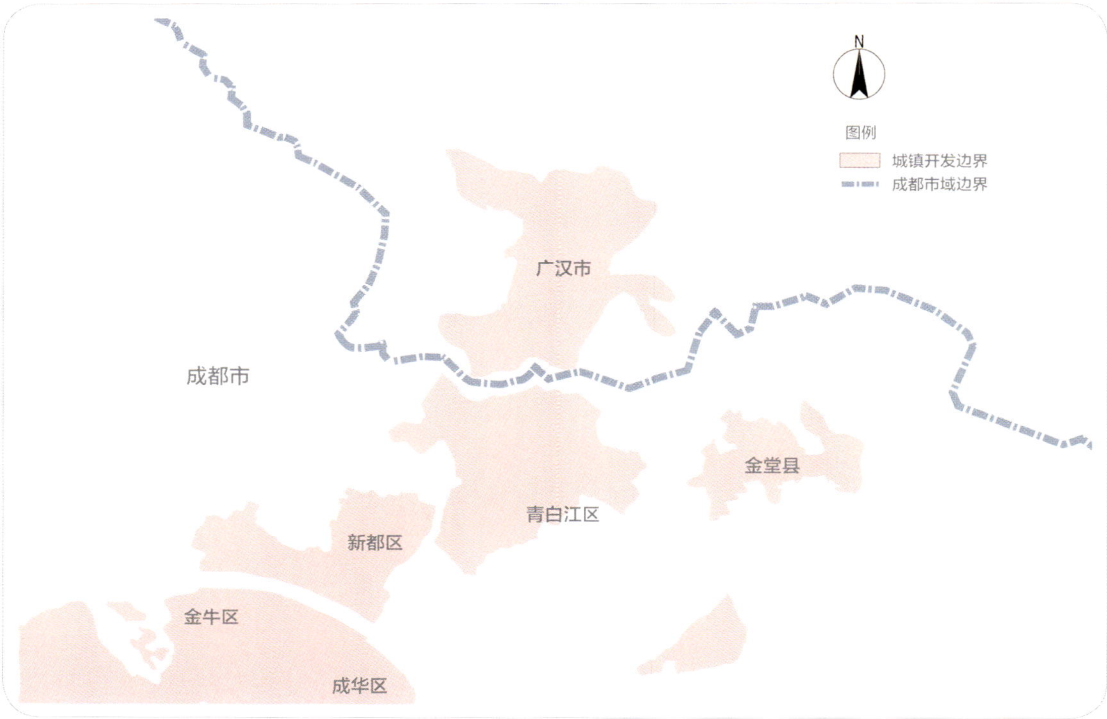

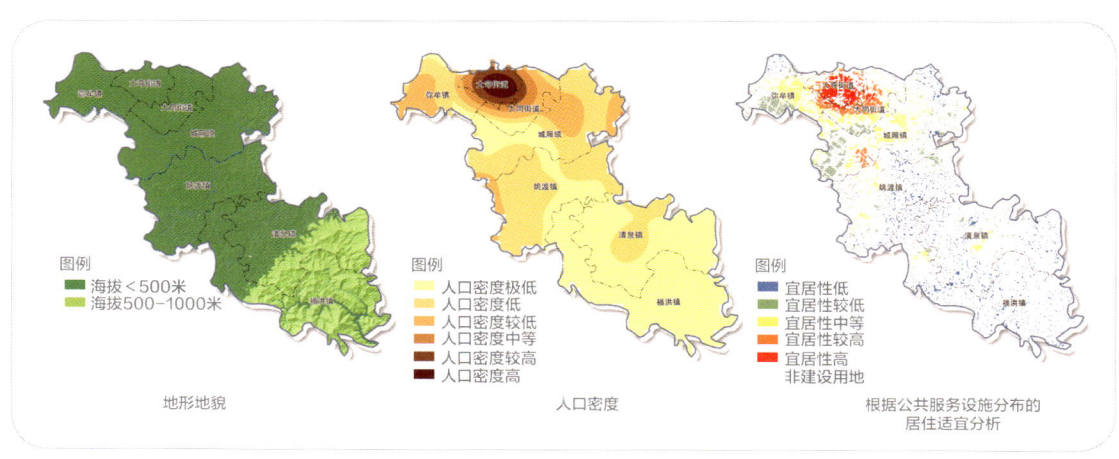

图1 青白江区区位图
Fig.1 Qingbaijiang District location map

图2 青白江区南北差异概览图
Fig.2 Overview of north-south differences in Qingbaijiang District

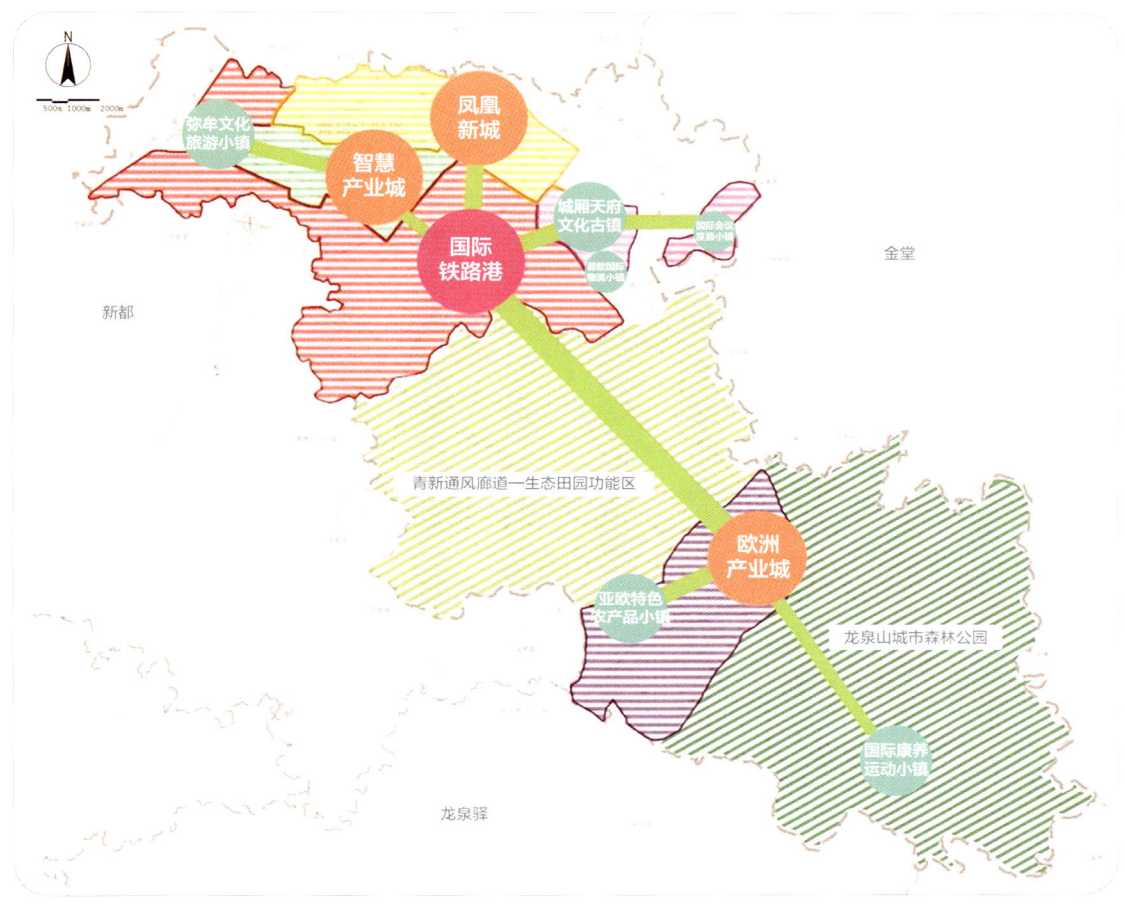

图 3 青白江区"1+3+6"规划空间结构图
Fig.3 "1+3+6" spatial structure planning map of Qingbaijiang District

就业的压力，社区治理还面临流动人口管理和邻里关系培育的难题。乡村社区则以传统农业为主，除个别示范村外，绝大部分的村庄都存在人、财、资源匮乏的问题，特别是东南部龙泉山区的村庄还存在基础生活设施短缺的现象。由于不同地区在资源禀赋、城市化水平、产业结构、空间特色、文化认同、生活方式等方面的差异性，简单的城乡二元分类难以概括青白江区社区问题的复杂性。

社区发展的机遇。1960年，青白江因川化股份有限公司和成都钢铁厂两个国家重大工业项目的设立而建区，工业发展给青白江带来了繁荣。经历了20世纪90年代工业转型的阵痛之后，青白江区在2008年再次获得了成都铁路集装箱中心站的建设机会。2013年，中欧班列自青白江始发，经哈萨克斯坦、俄罗斯、白俄罗斯后抵达波兰罗兹。自此，成都、四川其他地区乃至西部地区的商流、物流、资金流、信息流不断汇集于青白江区，使其迅速成为西南地区重要的对外窗口。青白江区抓住机会，在分区规划中提出了"内陆亚欧门户、国际化青白江"的定位，并确定"1+3+6"的空间格局①，这一格局对青白江区未来的社区发展具有重要的引导作用（图3）。

问题的提出。2019年，青白江区启动了《城乡社区发展规划》的编制，这一覆盖全区的规划面临着两个关键问题：一是如何对全区2街道8镇1乡124个城乡社区展开整体性规划并分类制定发展策略；二是如何整合资源禀赋与发展机遇（规划：产业、资金和土地等方面的政策倾斜）两种要素制定发展策略。鉴于此，本文结合多源数据和实地调研，尝试构建包含"品质、活力、美丽、人文、和谐"五大维度、综合资源禀赋（现状）和发展机遇（规划）两种导向的指标体系；通过"主因子+聚类分析"方法对全区的城乡社区进行科学分类，最终提出基于分类技术的青白江区社区发展规划策略。

三、研究方法与数据来源

（一）社会区分析

对区域内的社区进行分类，就是要从社会、经济、空间环境等角度，将处于同一发展水平的社区划为一类，这实际上是对区域内社会空间单元的识别，可以采用社会区分析（social area analysis）的方法。这一方法一般有三个步骤，一是建立指标体系（indication system），即建立全面反映区域社会空间属性的多维指标体系；二是主成分分析（principal component analysis），在尽可能多地保留原始变量信息的情况下，将体现社会空间属性的多个因子转化为少数几项主成分因子，以实现降维与消除多重共线之目的；三是聚类分析（cluster analysis），通过比较各项特征指标，将性质相近的社区归为一类，达到社会区划分（即社区分类）的目的。社会区分析始于20世纪初美国芝加哥学派提出的"同心圆—扇形—多中心"的经典模型；20世纪50年代的人文地理学者首次将主因子和聚类分析引入城市社会区的识别[2]，发现经济收入、家庭结构、种族和城市化水平等因子与城市空间分异存在关联[3-4]；随着20世纪60年代以来计算机技术的快速发展，社会区分析方法得到了广泛应用。2000年以后，国内的地理学者也开始将这一方法引入中国的城市研究。如许学强利用人口和房屋普查数据，将广州市的社会区划分为"呈同心椭圆态势分布"的五大区[5]。顾朝林利用街道单元的调查数据，发现北京的城市社会区呈现"同心圆+

---

① "1"即"一港"，为成都国际铁路港；"3"即"三城"，一是以先进材料、智能制造、加工贸易为主的欧洲产业城，二是构建产城融合、集"产、研、住"一体化、高端型、花园式智慧产业新城区，以完善配套、改善环境、提升品质为重点发展品质生活的凤凰新城；"6"即以特色产业发展为重点的"六个特色小镇"。

扇形"的空间结构，形成这一结构的影响因素并非传统的经济社会指标，而是土地利用强度与流动人口的分布情况[6]；付磊通过第五次全国人口普查数据，对上海市常住人口和外来人口的社会区结构进行了识别和比较，发现两种结构在总体上具有"圈层、指状和多核心混合"的同构性，但在发展趋势和内部构成方面也具有显著的异质性[7]。2017年的上海都市社区调查（SUNS）则通过随机抽样与入户调查结合的方式，选取收入、教育、职业三个维度，构建了社区层面的社会经济状况指数，并对上海的社会区进行了精细识别，为社区分类治理提供政策依据[8]。

社会区分析为我们理解城市社会空间的结构提供了有力的工具，但将其运用在社区分类中仍存在三个不足：一是大部分的社会区研究依赖统计年鉴和人口普查等社会经济数据，缺乏空间属性数据；二是社会经济数据统计周期长，有一定的滞后性，与基层社区快速变化的实际情况之间存在较大偏差；三是这类数据往往以区（县）或街道镇为统计单元，这与社区规划的精度要求不一致。因此，本文在社会经济等传统数据基础上，引入POI（point of interest）服务设施数据和社区问卷调查数据（以村居委为单元），对青白江区124个社区的现状和发展规划进行全面调查分析。

（二）数据来源

本研究的数据来源于课题组2018—2019年对青白江区开展的三方面调研：一是走访座谈与社区发展相关的区民政局、区规划局、区建设局、欧管委、港管委、智管委等主要部门，了解全区社区发展的现状问题与机遇；二是向全区124个社区（村）发放《城乡社区基本信息调查表》，对城乡社区的基本情况（性质、面积、土地、人口、社区居民委员会和社区共产党员支部委员会人员等）、居民生活（小区数量、社会组织、产业经济、就业创业等）、服务设施（综合服务、专项服务、居民需求、设施管理）等情况展开排摸，并对其中53个重点社区（村）进行了实地走访；三是对青白江区的社会经济数据、分区规划和专项规划，以及各类POI服务设施数据等进行系统梳理，为建立社区分类的多维指标体系打下基础。

四、社区分类与特征识别

（一）多维指标体系

综合上述三种数据，本文建立了由5个一级指标（品质、活力、美丽、人文、和谐）和21个二级指标构成的多维指标体系来综合评价青白江区的社区发展水平。需要说明的是，该指标体系不仅统计"现状"数据，还加入了《青白江区城镇体系规划》《青白江区分区详细规划》《15分钟公共服务圈规划》《青白江区绿道规划》等已公布实施的上位和专项规划中的"发展"数据，把社区未来可获得的发展潜力也纳入考量，加强社区分类对规划建设的指导性（表2）。

表2 社区分类指标一览表
Tab.2 List of community classification indicators

维度	现状水平指标	发展要素	
品质	室内活动设施情况；室外活动设施情况；室内活动满意度；室外活动满意度；保障性服务设施情况；保障性服务设施满意度；生活性服务设施情况；生活性服务设施满意度	生活型服务圈	《青白江区15分钟公共服务圈体系规划》
活力	所在社区性质；主导产业；个体创业；人口密度；外来人口占比；一套房屋平均月租	产业型服务圈	
美丽	林盘；物管水平	生态保护力度 绿道等级	《青白江区绿道体系专项规划》
人文	文保单位；济困服务水平；就业服务水平	风貌特色	《青白江区分区详细规划》《青白江乡村振兴空间战略规划》
和谐	每年孵化个体创业者；社工数量；社区服务的社会组织	新型社区	

（二）分类方法

研究采用主成分分析和聚类分析相结合的方法，借助SPSS、ArcGIS工具对社区进行分类。首先，根据调查问卷中社区居民委员会和社区共产党员支部委员会人员对"品质、经济、美丽、人文、活力"五个维度相关题项的重要性排序，得到最能反映现状水平的21组指标值。其次，在SPSS中对21组指标变量和124个空间单元构成数据矩阵进行分析，利用主成分分析得到7个主因子，据此分析影响社区现状发展水平的因素主要为"室内外活动、保障性服务等设施情况"（品质），"所在社区性质②、主导产业"（活力），"帮扶服务、文保单位"（人文）、"个体创业"（活力）、"林盘、物管水平"（美丽）、"生活性服务设施情况"（品质）和"人口密度"（活力）。再次，为了将社区未来的发展潜力纳入考量，研究从青白江区公布实施的四项规划中提取了6项指标作为"发展要素"，并在ArcGIS中对相关社区单元进行赋值。最后，将现状和发展要素叠加后的27组指标与124个空间单元在SPSS中构成27×124的矩阵，获得新的主因子，依次为"所在社区性质、主导产业、社工数量、社区服务的社会组织、生态保护力度、风貌特色、新型社区点位（活力+和谐+美丽+人文）""室内外活动满意度、保障性服务设施满意度、生活型服务设施满意度、就业服务水平（品质+人文）""林盘、生活型公服圈、物管水平、人口密度（美

---

② 社区性质指成都市在官方文件中，按照城镇化水平将辖区内的城乡社区简单分类：城市社区、涉农社区、乡村社区。

表3 基于"现状"+"规划"指标的主成分分析矩阵
Tab.3 Principal component analysis matrix based on "status quo" + "planning" indicators

	成分						
	1	2	3	4	5	6	7
所在社区性质	**0.799**	-.137	.168	-0.091	-0.081	.079	-0.292
主导产业	**-0.775**	-0.019	-0.314	-0.029	0.043	-0.073	0.008
社工数量	**-0.716**	0.020	0.019	-0.011	-0.269	-0.049	-0.011
社区服务的社会组织	**-0.634**	0.127	0.069	0.260	-0.010	0.252	0.143
生态保护力度	**0.570**	-0.090	0.317	0.532	-0.056	0.040	0.059
风貌特色	**0.533**	-0.037	0.470	0.500	-0.050	0.001	0.099
新型社区	**0.517**	0.059	-0.098	0.343	-0.117	-0.265	0.115
室外活动满意度	-0.029	**0.778**	-0.004	-0.043	-0.219	0.055	0.147
室内活动满意度	0.109	**0.760**	0.091	-0.165	0.048	-0.155	-0.047
保障性服务设施满意度	0.030	**0.753**	-0.077	-0.211	0.090	0.114	0.187
室内活动设施情况	0.014	**-0.691**	0.041	-0.024	-0.074	0.045	0.073
生活性服务设施满意度	-0.089	**0.620**	-0.252	-0.010	-0.276	-0.168	0.048
保障性服务设施情况	0.196	**-0.597**	0.048	-0.127	-.217	-0.179	0.348
室外活动设施情况	0.202	**-0.527**	0.082	-0.234	0.239	-0.183	-0.031
就业服务水平	0.311	**-0.403**	0.125	0.187	0.400	-0.184	0.015
林盘	0.023	-0.066	**0.659**	0.247	-0.109	-0.046	-0.344
生活型公服圈	-0.386	-0.027	**-0.615**	0.313	0.043	-0.005	-0.184
物管水平	-0.348	-0.038	**-0.589**	0.025	0.034	0.161	-0.129
人口密度	-0.064	-0.168	**0.360**	-0.016	0.095	0.036	0.023
产业型公服圈	0.093	0.119	0.062	**-0.792**	-0.091	-0.008	0.067
文保单位	-0.136	0.076	0.042	-0.048	**0.773**	0.140	-0.040
济闲服务水平	0.217	-0.282	-0.145	0.105	**0.604**	-0.155	0.140
每年孵化个体创业者	0.045	-0.093	0.072	-0.029	-0.056	**0.728**	0.074

续表3 基于"现状"+"规划"指标的主成分分析矩阵
Tab.3 Principal component analysis matrix based on "status quo" + "planning" indicators

	成分						
	1	2	3	4	5	6	7
一套房屋平均月租	-0.210	0.234	-0.123	0.034	0.209	**0.657**	-0.017
绿道等级	0.354	-0.104	-0.241	0.011	-0.313	**0.502**	-0.206
生活性服务设施	-0.024	0.056	0.102	-0.095	0.027	0.073	**0.743**
外来人口占比	-0.371	-0.031	-0.129	0.303	0.043	-0.121	**0.559**

注：提取方法——主成分分析法；旋转在26次迭代后已收敛。加粗数字表示主成分中各组成项的荷载，反映了该变量对主成分的重要性。

丽+品质+活力）""产业型公服圈（活力）""文保单位、济困服务水平（人文）""每年孵化个体创业者、一套房屋平均月租、绿道等级（和谐+活力+美丽）""生活性服务设施、外来人口占比（品质+活力）"。主因子累计解释方差为60%，因子结构较为清晰（表3）。

（三）分类结果与特征识别

按照7个主因子对124个社区做多次聚类分析后发现：当社区分类数为4的时候，类别之间差异最大（计算过程略）。因此，研究最终将青白江区城乡社区分为四类"社区发展群"③，并根据其类型特征进行命名：创智生活型社区发展群、共建家园型社区发展群、产社融合型社区发展群和农林悠闲型社区发展群

（图4）。根据"现状水平"提取主因子的过程中我们发现，对社区分类影响最大的因素为各项公共服务设施的配置水平，其次为社区性质和主导产业。叠加了"发展要素"后，主因子的指标维度显著增加，成分的多元化说明青白江区的各类规划更加关注城乡社区的"全面发展"（而不仅仅是服务设施建设），例如多次出现的"美丽"因子，体现出对于生态基础的重视和保护；"活力""和谐"和"人文"因子在叠加了"发展要素"后位次提前；"品质"等规划指标继续保留在相对前列位置，这说明除了服务设施等物质空间要素，青白江的发展日渐重视非物质空间的营造，文化建设、和谐社区、生态环境保育和产业经济发展等规划导向均会对社区分类产生一定的影响。

---

③ "社区发展群"指在资源禀赋、现状条件和发展要素方面具有相似属性的一组社区。

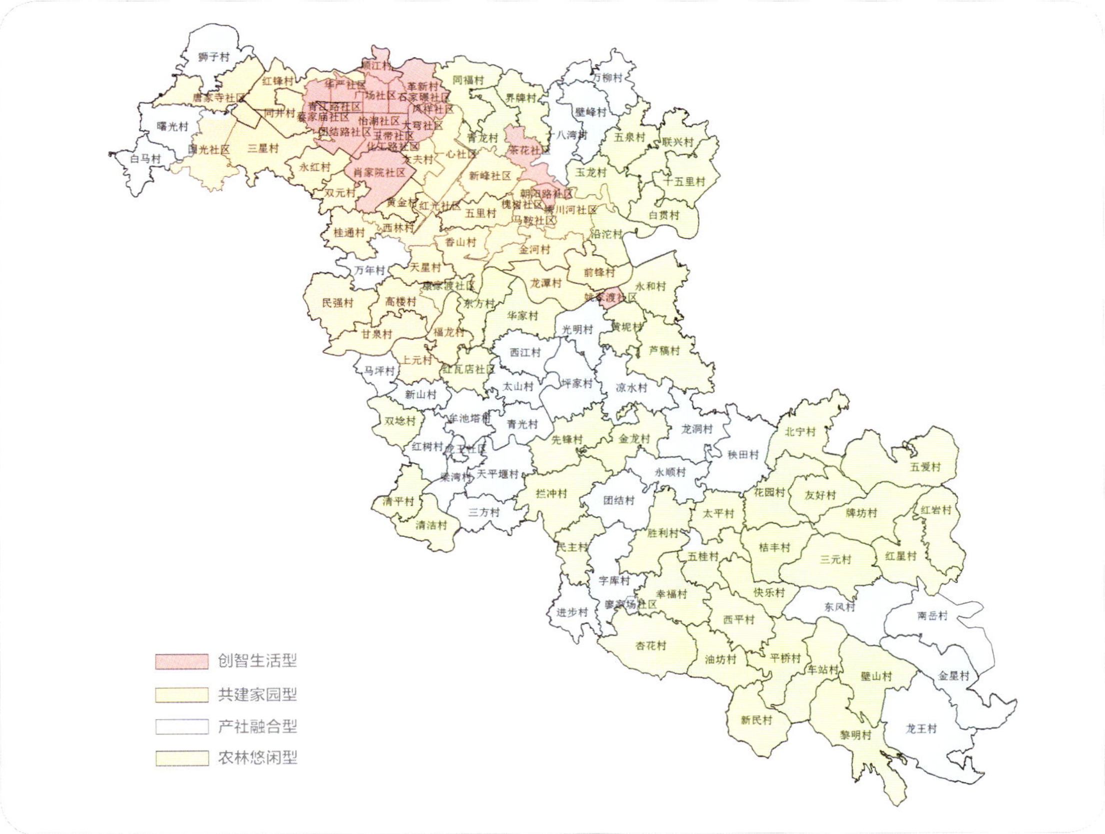

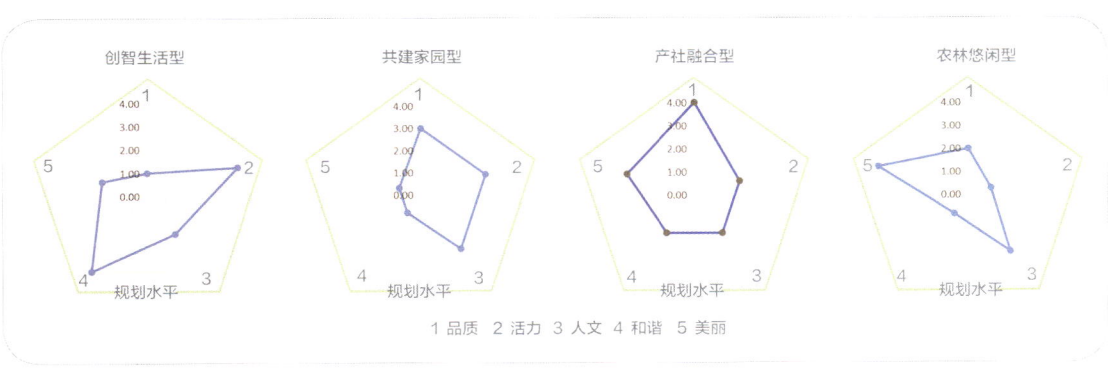

图4 青白江区社区发展群的分类结果
Fig.4 Classification results of community development groups in Qingbaijiang District

1 品质 2 活力 3 人文 4 和谐 5 美丽

图5 四类社区发展群综合发展水平雷达图
Fig.5 Radar map of comprehensive development level of four types of community development groups

五、规划策略与行动计划

为制定差异化的社区发展规划策略，本文对124个社区的各项指标信息进行归一化处理，在对4类社区发展群包含社区的各指标求取平均值后，制作了社区发展群综合水平雷达图（图5）。其中，1、2、3、4、5个顶点分别代表五大维度，规划策略的"导向"取决于各发展群在五大维度指标"现状"与"目标"之间的差距（雷达图中蓝线与绿线之间的距离）：差距越大说明该方面就是未来工作的重点，即"补短板[④]"。

结合社区特征识别和实地调研，四类社区发展群的"短板"总结见表4。

根据综合发展水平雷达图，各社区发展群通过"五大维度"指标的得分情况对标、找差距，从而明确未来的社区发展方向和重点工作，以及围绕重点工作形成的规划策略和行动计划（表5）。从而实现综合"现状资源"和"发展潜力"两种要素的分类发展引导，因地制宜地制定社区发展策略。

六、结语

近年来，各大城市都围绕着社区开展了"微更新""微治理""社区营造"等行动，取得了不少基层经验。但国家治理的宏观视角能否为"具体而微"的社区建设给予引导和支持，

表4 四类社区发展群短板
Tab.4 Weaknesses of four types of community development groups

五大维度	创智生活型社区发展群	共建家园型社区发展群	产社融合型社区发展群	农林悠闲型社区发展群
品质	公共空间功能复合化滞后、交往活动等空间不足	就业、居住与生产空间的配置不合理、建设品质不高	空间打造的特色化不足，空间活力较差	基础生活设施配备不足，载体空间利用率低
活力	新消费场景打造不足，双创氛围有待提升	居民就业存在难度	产业发展与居民需求尚存在不相适应的部分	基础公服设施配置不足，自我造血与本地资源活化能力差
美丽	生态要素未融入社区生活，绿色低碳生活方式还需培育	生态品质不高，生态与生产功能协同性较差	生态环境保护力度有待加强，居住环境品质较差	生态屏障功能有待加强
人文	针对人群结构的多样化、差异化服务供给不足	人群的社区认同感较低，治理水平较低	对文化建设的认识不足，治理成效一般	乡土文化的保护、传承与彰显不足
和谐	社区资源共享程度较低，群众参与治理的积极性不高	企业、就业人群参与社区治理的渠道少	共治共享资源少，社会组织培育力度不够	自组织、社会组织发育不成熟，多元自治基础弱

④ 为了横向比较，课题组对四类社区发展群在五大维度的综合指标进行了数据归一化处理（统一在0~1之间）。因此，雷达图中蓝线和绿线之间的距离仅代表相对差距，实际上代表品质、活力、人文、和谐和美丽的五个顶点的绝对值不一样。绝对值体现了不同社区发展群的差异化特征。

表5 四类社区发展群规划策略
Tab.5 Planning strategies for four types of community development groups

维度	创智生活型社区发展群	共建家园型社区发展群	产社融合型社区发展群	农林悠闲型社区发展群
品质	加强社区空间治理，实施"乱象"整治，打造开放街区，盘活社区闲置空间，支持文化艺术活动介入 完善建设高品质公共服务设施体系，鼓励功能混合的空间设计，提供多样化的社区服务，倡导有利于交往的空间设计 提升交通可达性，提升公共交通便捷度	推进公服设施布局，建成区域开展公服设施配套水平综合评估，重点关注老年人、儿童等弱势群体，超前补齐公服设施配套短板 完善建设高品质公共服务设施体系，构建多元化交往空间，建设多元人群活动空间，提升公共空间建设品质	推进公服设施分类布局。新建社区采取相对集中、适度分散的公服设施布局方式；新城规划符合众擎的复合型社区综合体 创新产业邻里中心建设模式，适当配置高等级、高品质公服设施 高效利用地上地下空间	提升山村服务供给品质，打造乡村15分钟骑行生活圈，推进电商便民发展，分类引导公服设施配置 增强服务设施运营能力，创新基础设施建设管理模式，引导社会资本参与乡村公益性基础设施建设和运营 建设社区智能监测系统
活力	激发社区创业就业活力，促进居住和就业适度平衡 打造社区商业消费新场景，鼓励生活性服务业发展，发展社区电商、共享经济、体验经济等新业态、新模式 打造社区智慧生活，推广智慧服务	打造缤纷社区商业，推广"O2O+社区"发展模式，发展社区电商、物业增值服务、邻里社交等内容 完善服务业内容并优化结构，促进和规范居民生活服务业健康有序发展 推进商业和社区联动，引导社区商业综合体与街道、社区党委联合	布局建设双创载体空间。支持社区充分利用社区综合体，群建双创空间 用地规划注意居住与就业平衡：就业岗位考虑与人群的诉求、实力与发展潜力相契合 加强对在地居民的就业培训；关注失地人群	推进"农业+"深入发展，推进农商文旅体融合发展，创建活而新的产业发展机制，探索"合伙人"制度，搭建产业发展服务平台。探索建设新经济下的共享农庄，推进乡村IP智慧营销，促进农民本地化就业，激活自有资源
人文	塑造社区文化认同，一社一品创造品牌，大力培育社区自组织；打造特色文化创意街区与社区 营造互帮互助的邻里氛围，引导自组织发展，鼓励志愿者服务 建设多元文化的混合社区，推动国际化社区建设；构建多元协同治理格局	塑造富有产业特色的文化符号，规划建设体现上导产业特色的标识性文化设施，推进"产业+创意"场景营造 打造富有历史文化特色的街区和社区风貌，推进古镇更新，加强社区各类历史文化要素的保护，实施特色街区创建	建设多元文化包容的混合社区，建设多种文化共生—共存—共融的产业服务型国际化社区，营造兼容并蓄的社区文化环境 注重在拆迁安置过程中保留原有村镇文化，塑造社区文化认同	保护与传承传统文化，打造文化场所；倡导与弘扬先进文化 丰富乡村文化、产品供应，打造特色乡村文化节会 塑造乡野雅致的民居风貌，打造田园示范建筑
和谐	以党建引领社区治理，构建多元协同治理格局，鼓励社会资源开放共享 完善社区智慧化治理，建设物联网，扩展居民、社会组织等利益主体参与社区治理的智能化机制，完善社区信息化人才培训机制	加强社区社会网络的构建，提升活动频率，通过社区空间改善与制度完善调动居民广泛参与社区治理，提升社区凝聚力 挖掘社区能人，促进社区多元活动开展，通过能人带动推进社区空间整治工作，建立长效维护机制	党建引领社区治理，大力推进产业功能区（园区）、楼宇企业在职党员向社区党组织报到 推进产业型社区多元协同治理。大力培育社区社会组织，推进"互联网+社区治理"，支持社区智慧云平台建设	增强乡村基层党组织领导力，推进乡村德治法治建设与基层政策理念培训，推动农村党建服务网络与社会管理网络"两网融动"，探索建立新乡贤理事会，深化村民自治实践
美丽	构建社区生态空间服务网络，完善绿化体系，打造社区绿色小景观，推动宜居水岸建设和"小游园、微绿地"建设 倡导绿色低碳生活，鼓励慢行交通优先，大力推进垃圾分类处理，加强社区环保教育	打造绿色产业空间，严格企业准入门槛，严防生态污染，构建多维立体的绿化体系，推动绿色建筑与技术应用，有序推进被动房建设 打造高效低碳绿色出行网络，建设无忧畅行公交网，倡导自行车出行	创新绿地系统建设，运用国际先进技术和产品，推进绿化立体布局 推进公园建设，提供多层级、多功能的休闲游览、生态保护功能，进而促进环境提升与人际交往 倡导绿色出行，打造以小城镇为节点，覆盖多功能地区的网络化公共交通系统	推进宜居家园整治；倡导绿色清洁生产方式；构建社区生态保育屏障；引导村民形成自我环境维护意识，打造生态田园轴线串连的乡村景观，分类建设乡村郊野公园，推进农业场景艺术化

宏观战略能否有效的传导至社会治理的"最后一公里",始终未得到充分论证[9]。本次的《青白江区社区发展规划》是典型的"区域型"社区规划,要求对全域378km^{2}的124个社区(村),从"四大社区"的五个维度给予综合研判,并提出有针对性的发展策略和行动计划。因此,处理好"上下关系"(结合政策引导和地方诉求)、"左右关系"(协调社区发展与全区社会、经济、环境和空间规划的关系)和"远近关系"(综合考虑现状资源问题和未来发展潜力)是本次区域型社区发展规划的关键。本文基于实地调查和多源数据,综合考虑现状地区资源禀赋与多维规划目标,构建了反映社区在"品质、活力、美丽、人文、和谐"五个维度发展水平的多维指标体系;通过"主因子+聚类分析"的方法对社区进行了分类研究,识别出"创智生活型、共建家园型、产社融合型和农林悠闲型"四类社区发展群;最后,基于社区发展群的特征识别以及"现状—目标"差距分析,为四类社区发展提出了差异化的规划策略和行动计划。

当代中国的城乡社区研究,需要一种总体性的视野和方法论[10]。本研究以一种全局性的手段尝试打通城乡社区发展的顶层设计与基层建设之间的传导路径,从社区角度为城乡区域协调发展提供了新的思路。城

参考文献 REFERENCES

[1] 杨辰,辛蕾,兰蓓,等.超大城市治理的"社区"路径——《成都市城乡社区发展规划（2018—2035年）》的编制与思考[J].城市规划学刊,2020 (1):71-78.
[2] SHEVKY E, WILLIAMS M. The social areas of Los Angeles[M]. Los Angeles：University of California Press, 1949.
[3] BELL W. Economic, family, and ethnic status: an empirical test[J]. American Sociological Review, 1955, 20 (1): 45-52.
[4] ANDERSON T R,BEAN L L.The Shevky-Bell social areas: confirmation of results and a reinterpretation[J].Social Forces, 1961, 40 (2): 119-124.
[5] 许学强,胡华颖,叶嘉安.广州市社会空间结构的因子生态分析[J].地理学报,1989 (4): 385-399.
[6] 顾朝林,王法辉,刘贵利.北京城市社会区分析[J].地理学报,2003 (6): 917-926.
[7] 付磊,唐子来.上海市外来人口社会空间结构演化的特征与趋势[J].城市规划学刊,2008 (1): 69-76.
[8] 孙秀林,蒋细斌.从社会区到社区SEI: 当代中国都市社区研究的新取向[J].新视野,2018 (5): 116-122.
[9] 赵孟营.社会治理精细化: 从微观视野转向宏观视野[J].中国特色社会主义研究,2016 (1): 78-83.
[10] 孙秀林.城市研究中的空间分析[J].新视野,2015 (1): 61-67.

图片来源 CREDITS FOR PHOTOGRAPHS

图1根据《成都市国土空间总体规划（2021—2035年）》国土空间用地现状图改绘；图2来源于青白江区政府规划文件；图3来源于《青白江区分区详细规划（2016—2035年）》图集；其余图表均为作者整理

作者简介 ABOUT THE AUTHOR(S)

贾姗姗 JIA Shanshan
西北农林科技大学风景园林艺术学院助教，咸阳712100
College of Landscape Architecture and Art, Northwest A & F University, Teaching Assistant, Xianyang 712100

杨 辰 YANG Chen
通信作者，yangchen@tongji.edu.cn，同济大学建筑与城市规划学院副教授，上海200092
Corresponding author, yangchen@tongji.edu.cn, College of Architecture and Urban Planning, Tongji University, Associate Professor, Shanghai 200092

兰 蓓 LAN Bei
成都市经济发展研究院（成都市经济信息中心）高级经济师，成都610072
Sichuan Economic Development Academy（Chengdu Economic Information Center）,Senior Economist, Chengdu 610072

辛 蕾 XIN Lei
同济大学建筑与城市规划学院博士研究生，上海200092
College of Architecture and Urban Planning, Tongji University, PhD Candidate, Shanghai 200092

基于手机信令数据的高校联系网络研究：对上海城市创新空间营造的启示
A Study of University Linkage Network Based on Mobile Phone Signaling Data: Implications for the Creation of Urban Innovation Space in Shanghai

罗淮英　李曼雪　肖　扬　LUO Huaiying　LI Manxue　XIAO Yang

■ 摘要 ABSTRACT

城市—高校合作是城市科技创新的重要驱动力，高校对于城市微观尺度下的创新活动和空间营造具有显著的促进作用。本文以上海为例，聚焦于高校这一城市街区尺度的创新主体，基于手机信令大数据识别高校之间实际人群到访强度来构建上海市高校联系网络。研究发现上海并未形成明显的高校集聚创新空间，仅发现上海交通大学作为头部高校在网络中的中心优势显著。虽然空间结构上，上海市高校目前已经形成"1+1+6"的组团结构，但是组团等级规模两极化趋势明显，发育程度严重不均衡，因此建议未来城市创新空间建设需考虑城市—高校合作下的科技创新的溢出效应。

City-University cooperation is an important driving force for urban scientific and technological innovation, and universities have a significant role in promoting innovative activities and space creation at the micro-scale of cities. Taking Shanghai as an example, this study focuses on colleges and universities, the main innovation subject at the city block scale, and builds a Shanghai university linkage network based on mobile phone signaling big data to identify the actual crowd visit intensity between colleges and universities. The study found that Shanghai has not formed an obvious space for university agglomeration and innovation, and only Shanghai Jiao Tong University has a significant central advantage in the network as a leading university. Although in terms of spatial structure, colleges and universities in Shanghai have formed a group structure of "1+1+6", the trend of polarization in the scale of groups is obvious, and the degree of development is seriously unbalanced. Therefore, it is suggested that the future construction of urban innovation space should consider the cooperation of colleges and universities and the spillover effect of technological innovation.

■ 关键词 KEYWORDS

城市创新空间　高校联系网络　手机信令数据　网络聚类方法　上海
urban innovation space　university linkage network　mobile phone data　network clustering method　Shanghai

　　科技创新是人类社会发展的重要引擎，是应对许多全球性挑战的有力武器。世界经验显示随着全球化的不断深入和产业价值链的细化，全球经济中心正向全球科技创新中心转型，科技创新已经成为全球城市参与区域竞争的关键支撑[1]。如美国波士顿肯德尔广场、旧金山的硅谷、纽约的硅巷、美国北卡三角研究园区、伦敦的硅环岛、英伦黑科技三角、韩国板桥科技谷、日本筑波科学城、德国慕尼黑高科技工业园等，各类型的创新空间正越来越受到学者和政界的关注。李迎成和朱凯[2]提出创新空间具有突出的尺度特征属性，如创新楼宇、创新场所、创新地区和创新区域，不同尺度下的创新空间内涵、空间特征和形成机制各有特点。其中，创新区域强调地区间的创新资源和要素的空间流动，一些地理区位优越、产业基础较好、创新环境优良的城市能够集聚全球创新要素，成为创新网络中的重要节点和区域[3-5]。吴志强等[6]采用引力模型方法，通过创新引力和外向创新联系度，探究长三角创新城市聚落的组织特征和空间网络格局。张永波和张峰[7]通过北京科技企业对市外投资数据，发现北京科技企业对市外投资呈现的边缘扩散、散点集群和中心城市联动三种模式。吴家权等[8]以期刊合作数据与专利合作数据构建粤港澳大湾区城市间知识创新网络与技术创新网络，基于"流"视角探究两种网络的时空演化特征。许劼和张伊娜[9]使用手机信令数据以跨城人流表征城市间的关系，基于社会网络分析方法对长三角核心区的都市圈进行识别和节点分类。而城市和街区尺度强调创新空间的空间集聚效应，创新地理学指出，集聚是创新活动的重要空间特征[10]。企业、高校和科研院所等创新主体的组团状的空间集群式发展，能够有效刺激创新活动的多样性和丰富性，如郑德高和袁海琴[11]提出校区、园区、社区三区融合的创新活动组织新模式。顾洁等[12]发现上海云计算产业具有明显的地理性空间分布特征，呈现出中心集聚、多点联动的空间格局，随着产业链向后端延伸，企业的空间分布逐渐向中心城区集聚。赵佩佩等[13]发现杭州不同类型创新活动的区位选择开始分化，创新类活动更强化对核心企业和机构的黏性，已在空间上形成明显的创新圈。

事实上，基础研究是科技创新的源头。特别是城市街区尺度下创新空间营造，依托头部科研院校的"环高校创新圈"已在国内外得到广泛的实践，如美国硅谷、波士顿区域和中国北京中关村、上海杨浦区、武汉光谷。《上海市建设具有全球影响力的科技创新中心"十四五"规划》明确提出要深化高校创新能力建设，高校已成为城市创新活动的主要参与者。高校的等级、学科、空间上的差异是否已经导致高校创新圈的空间分异，高校间的创新活动是否已经连接并构成创新网络，如何发挥和释放高校的创新空间的空间溢出效应形成"锚"式发展，还有待进一步深化研究。

由社会学家曼纽尔·卡斯特提出的"流空间"概念为城市网络研究奠定了基石[14]。早期学者多采用物流、交通流和企业关联数据流来进行研究[15,16]。随着城市间和城市内部的知识流动与科技合作逐渐加强，基于信息流、知识流的城市创新网络研究成为城市网络研究的新热点[17,18]。然而，静态"流"数据缺乏反映网络的动态变化特征的要素，忽视了构成网络的微观个人的自主行动特征[19]。近年来，使用多源大数据，尤其是手机信令数据，来刻画个体活动模式的研究逐渐兴起[20]。世界范围内手机信息技术的流行和复杂化为基于手机信令数据的研究潜力赋能，任何给定的手机都能被距离最近的基站追溯到，而通过分析手机信号在基站间的转移则可以预估用户的地理移动[21]，手机信息技术具有广泛的应用前景。因此，富含人口时空迁移的地理编码轨迹的手机信令大数据，可用于识别人口的日常流动轨迹和活动地点[22]。不同于静态的信息流数据，手机信令大数据能够精确刻画城市内部的微观人群流动特征，刻画各类人群在其居住、工作和日常活动空间中的多种行为类型[23-25]，为城市内部街区尺度动态创新网络的构建提供了支持。

因此，本研究关注城市街区尺度创新空间营造，聚焦于高校这一创新主体，基于手机信令大数据通过识别高校之间实际人群到访强度构建上海市高校联系网络，利用网络聚类方法来探究高校的聚集特征和分布格局，为优化上海市科创空间布局、环高校创新圈建设提供理论依据，为上海市建设具有全球影响力的科技创新中心提供决策支撑。

一、数据与方法

（一）数据收集与特征

本研究涉及高校来自教育部公布的上海市普通高等学校名单，共64所。各个高校的校区边界来自从百度地图爬取的2020年5月的上海市AOI（Area of Interest）数据，主要字段包括AOI名称、AOI类别、AOI地址、GCJ_shape等信息。根据高校名单筛选出对应的校区AOI数据，由于部分高校存在一所高校有多个校区的情况，所以总计得到共125条校区信息。

校区之间的人流访问联系数据来源于联通公司提供的2020年11月的上海市手机信令数据。本研究采用两个校区之间的当月用户出行记录总数作为一对校区间的联系度。获取了2020年11月1—31日在上海市内以前述校区为出行起始点的用户出行信息，最终获得18 889条用户出行信息。按照校区对出行记录进行无向化处理和统计加和后，得到1873个校区联系对及其联系度。

（二）网络分析指标与算法

1. 联系度

根据复杂网络理论，一个具体网络可以抽象为一个由点集和边集组成的集合。本研究以高校校区为节点，以校区间的联系为边，构建上海市高校无向加权网络。当两个校区之间存在至少一条当月出行记录，则认为该校区对之间存在联系。每条联系的权重以联系度表示，联系度的值等于两个校区之间的当月手机用户出行记录总数。对于校区i和校区j来说，当月的联系度R_{ij}可以表示如下：

$$R_{ij}=R_{ji}=\sum_{k=1}^{31}U_{ij_k}+\sum_{k=1}^{31}U_{ji_k}\ (i \neq j)$$

式中，U_{ij_k}表示在当月第k日从校区i到校区j的出行记录数；U_{ji_k}表示在当月第k日从校区i到校区j的出行记录数。

2. 中心性

节点中心性分析是网络分析的重点之一，用于识别网络中最重要的节点。在网络分析中有三种最常见的中心性测度指标，即：度中心性（degree centrality）、接近中心性

（closeness centrality）和中介中心性（betweenness centrality）[26]。

节点的度是网络结构的最基本属性，代表邻接的边的个数。度中心性反映了网络中一个节点与其他节点的关联度。其值越高，表明该节点在网络中具有越多的关联。如果节点 v 与其他 i 个节点直接有边相连，则节点 v 的度中心性被定义为：

$$D(v) = i$$

接近中心性衡量从给定节点到达其他节点所需要的步数，由节点到网络中所有其他顶点的最短路径的平均长度的倒数来定义[27]。其值越高，反映某节点与其他节点之间的接近程度越高、联系越紧密。在非加权网络中节点 v 的接近中心性被定义为：

$$C(v) = \frac{1}{\sum_{k=1}^{N} d(v,k)} \quad (v \neq k)$$

式中，N 为网络中的节点个数；$d(v,k)$ 为节点 v 与节点 k 之间的最短路径长度。在加权网络中，$d(v,k)$ 为节点 v 与节点 k 之间的最短加权路径长度。

中介中心性定义为通过某一节点或边的捷径（最短路径）数量[28]，反映节点作为中转站的角色潜力。其值越高，说明该节点通过性越好。在非加权网络中节点 v 的中介中心性被定义为：

$$B(v) = \sum_{j=1}^{N} \sum_{k=1}^{N} \frac{g_{jk}(i)}{g_{jk}} \quad (v \neq j \neq k)$$

式中，N 为网络中的节点个数，g_{jk} 是节点 j 到节点 k 的最短路径数；$g_{jk}(v)$ 是从节点 j 到节点 k 经过节点 v 的最短路径数。在加权网络中，以上的最短路径是最短加权路径。

3. 社区检测算法

社区检测（community detection）算法在复杂网络理论中发展迅速，它可以用于揭示网络中节点与相邻节点的联系程度[29]。同一社区内的节点相互之间联系紧密，而社区之间的联系则比较稀疏。为了使得网络社区划分的优劣有一个明确的度量标准，有学者提出了模块度（modularity）的概念，用于测算不同类别节点之间的分离程度[30]。模块度被定义为：

$$Q = \frac{1}{2m} \sum_{i \neq j} \left(A_{ij} - \frac{k_i k_j}{2m} \right) \delta(c_i, c_j)$$

式中，m 是网络中边的数量；A_{ij} 是 A 邻接矩阵的第 i 行 j 列的元素；k_i 是节点 i 的度数，k_j 是节点 j 的度数；c_i 是节点 i 的类型，c_j 是节点 j 的类型；求和项遍历了所有顶点对 (i,j)；当 $x=y$ 时，$\delta(x,y)=1$，当 $x \neq y$ 时，$\delta(x,y)=0$。当该网络是加权网络时，边的权重被认为是 A 邻接矩阵的要素，k_i 是节点 i 的邻接边的权重之和。模块度值的范围在 0~1，值越大说明社区划分的准确度越高，或者社区之间的差异性越大。

由勃朗德尔（Blondel）等[31]提出的Fast Unfolding算法是一种基于模块度优化的快速发现社区方法，该算法适用于无向加权网络，在效率和效果方面表现均较好。本研究采用Fast Unfolding算法对上海市高校网络中的校区节点进行社区聚类，校区对(i,j)之间的边的权重定义如下：

$$W_{ij} = \frac{R_{ij}}{d_{ij}}$$

其中，R_{ij}是两个校区当月的联系度；d_{ij}表示两个校区质心之间的地理距离。

二、实证分析

（一）上海高校到访网络特征

基于上海市2020年11月的联通用户手机信令数据，上海高校校区之间的人群流动形成了1873条流。结果发现，最强的联系出现在上海海洋大学临港校区和上海电机学院临港校区之间，第二、三层级的联系对均出现在地理位置邻近的大学城地区，如临港大学城、闵行大学城、松江大学城。其中，松江大学园区的高校间关联最强，显著强于其他大学城，说明地理位置的临近性对高校间关联具有正向作用。

为了进一步研究高校间的联系特征，对属于同一高校的不同校区的联系度进行加和，汇总得到上海市高校之间的联系度总表，筛选出排名前20的联系对。表1显示在高校层面，上海海洋大学—上海电机学院之间的联系最强，上海工程技术大学在前十名中占据了四个席位，具有最多的强联系对。当聚焦于四所头部985高校时，图1显示上海交通大学在联系对的数量和联系量的强度上，均远超过其他三所985高校，排在第二至第四的分别为华东师范大学、同济大学、复旦大学。在这四所头部高校之间的相互联系中，上海交通大学与华东师范大学间的联系度最高，在量级上显著高于其他高校的两两联系。

（二）上海高校到访网络拓扑关系分析

1. 高校节点中心性分析

本研究以校区间联系度作为网络边加权的依据，对上海市高校网络中各校区的三类中心性进行分析。

使用R语言的i-graph包计算得到的128个高校校区的平均度中心性为29.97，表明在上海市高校联系网络中，平均每个高校校区与其他30个节点之间存在着集聚和辐射联系。标准差为23.41，表明此网络存在一定的不均衡性，具体表现为排名前十的节点的度中心性均远超过均值。表2显示了上海各高校校区度中心性、接近中心性、中介中心性分析结果。其中，上海大学宝山校区以值为94的度中心性位居所有高校之首，上海交通大学、同济大学、华东师范大学的校区在前十名中占据了五个席位，说明头部高校与较多的其他高校间存在关联。

表1 上海市高校总联系度表（前20名）

Tab.1 Total connectivity degree of universities in Shanghai (Top 20)

联系度排序	联系度	高校名称1	高校名称2
1	52 974	上海海洋大学	上海电机学院
2	29 173	上海交通大学	华东师范大学
3	23 705	华东政法大学	上海工程技术大学
4	18 795	上海对外经贸大学	上海工程技术大学
5	13 363	东华大学	上海工程技术大学
6	12 525	上海外国语大学	上海工程技术大学
7	7144	上海工程技术大学	上海视觉艺术学院
8	6605	上海师范大学	上海旅游高等专科学校
9	6231	上海海洋大学	上海建桥学院
10	4865	上海电机学院	上海建桥学院
11	4203	华东理工大学	上海师范大学
12	2604	上海电力大学	上海建桥学院
13	2336	华东政法大学	上海视觉艺术学院
14	2256	东华大学	上海视觉艺术学院
15	2243	东华大学	上海外国语大学
16	1589	上海交通大学	东华大学
17	1525	上海电力大学	上海海洋大学
18	1438	上海电力大学	上海电机学院
19	1237	上海交通大学	上海海洋大学
20	1000	上海外国语大学	上海视觉艺术学院
总体均值		320.6	
总体标准差		2 653.4	

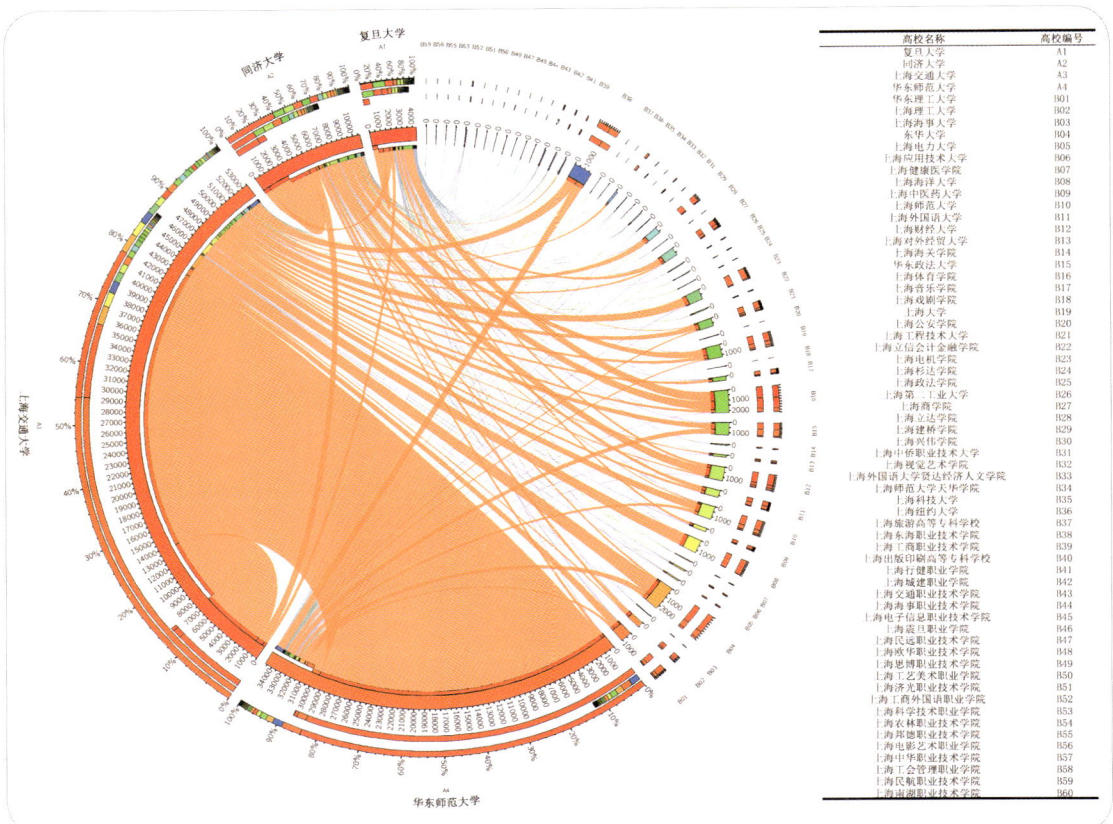

图 1 四所 985 高校与其他高校间总联系度弦图
Fig.1 Chord diagram of the total connectivity degree between the four 985 universities and other universities in Shanghai

表 2 上海各高校校区度中心性、接近中心性、中介中心性分析结果（前 10 名）
Tab.2 Results of degree/closeness/betweenness centrality of each university campus in Shanghai (Top 10)

联系度排序	度中心性	接近中心性	中介中心性
	校区名	校区名	校区名
1	上海大学宝山校区	上海立信会计金融学院浦东校区	上海交通大学闵行校区
2	上海交通大学徐汇校区	上海对外经贸大学长宁校区	上海立信会计金融学院浦东校区
3	上海交通大学闵行校区	上海杉达学院金海校区	上海对外经贸大学长宁校区
4	同济大学四平路校区	上海交通大学闵行校区	华东师范大学中山北路校区

续表2 上海各高校校区度中心性、接近中心性、中介中心性分析结果（前10名）
Tab.2 Results of degree/closeness/betweenness centrality of each university campus in Shanghai (Top 10)

联系度排序	度中心性 校区名	接近中心性 校区名	中介中心性 校区名
5	上海体育学院	上海理工大学复兴路校区	同济大学沪西校区
6	华东师范大学闵行校区	上海财经大学武川路校区	上海理工大学复兴路校区
7	华东理工大学徐汇校区	同济大学沪西校区	华东师范大学闵行校区
8	上海师范大学徐汇校区	上海视觉艺术学院	上海杉达学院金海校区
9	东华大学延安路校区	上海行健职业学院	上海大学宝山校区
10	华东师范大学中山北路校区	上海健康医学院浦东校区南苑	上海行健职业学院
均值	29.97	3.25×10^{-3}	86.02
标准差	23.41	0.38×10^{-3}	88.52
最大值	94.00	4.03×10^{-3}	501.93
最小值	2.00	1.84×10^{-3}	0.00

在本研究中，以最短路径的倒数来定义的接近中心性反映了校区与其他校区之间联系的紧密性。该指数越低，说明与该校区之间的流量传输越容易。中介中心性可以表征一个校区对其他校区的控制程度。当某一校区在高校创新网络中的不可替代性越强，通过该校区的流量越大，其中介中心性就越高。图2~图4显示了以三类中心性为节点的权重、采用Fruchterman-Reingold算法在Gephi软件中进行可视化图布局的结果。如图4显示上海交通大学闵行校区有最高的中介中心性，其在高校创新网络中的不可替代性最强、处于核心地位。

经对比研究发现，上海交通大学闵行校区同时具有高度中心性、高接近中心性、高中介中心性，是上海市高校联系网络中最重要的节点。同济大学沪西校区、上海对外经贸大学长宁校区、上海财经大学武川路校区、华东师范大学闵行校区也具有较高的三类中心性，说明这些校区也是网络中的核心节点。

2. 高校社区组团检测

采用社区检测算法中的Fast Unfolding算法对形成网络的125个高校节点进行聚类。聚类结果为8个组团，模块度值为0.79，说明社区划分的准确度较高。按照组团内校区数量递减进行编号，结果如表3所示。整体来看，上海市高校目前已经形成"1+1+6"的组团结构，存在1个大型组团、1个中型组团、6个小型组

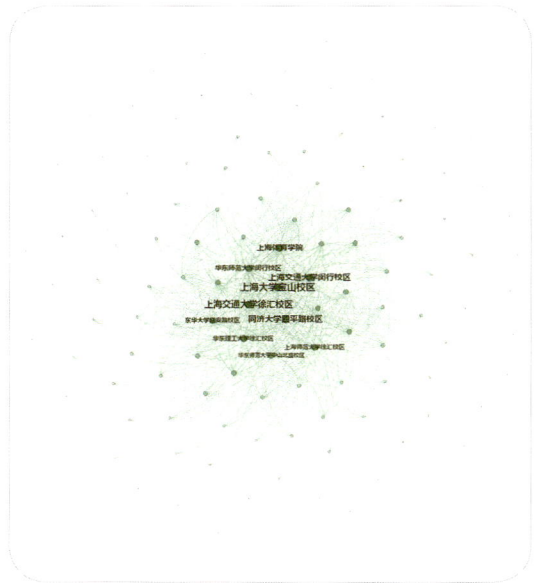

图 2 基于程度中心性的上海高校校区关系网络图
Fig.2 Relationship network of Shanghai university campuses based on degree centrality（注：本图由 Gephi 软件制作）

图 3 基于接近中心性的上海高校校区关系网络图
Fig.3 Relationship network of Shanghai university campuses based on closeness centrality（注：本图由 Gephi 软件制作）

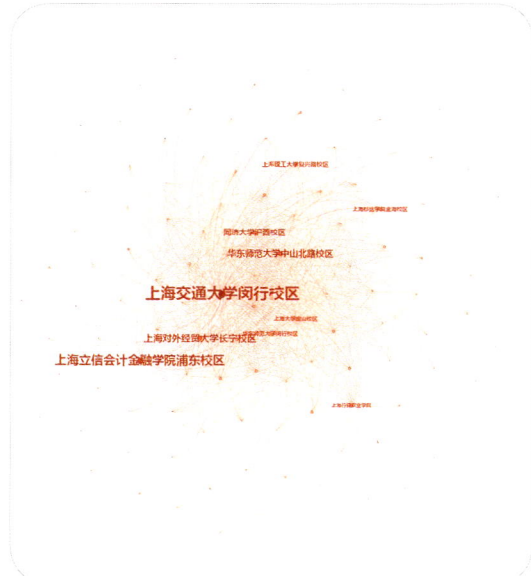

图 4 基于中介中心性的上海高校校区关系网络图
Fig.4 Relationship network of Shanghai university campuses based on betweenness centrality（注：本图由 Gephi 软件制作）

团。在等级规模上，各个组团的校区数量分布不均匀，两极化趋势明显。规模最大的组团占有57.6%的校区，而规模最小的组团仅有3个校区，占比2.4%。在空间格局上，大致以外环线为界分为环内组团和环外组团，浦西七区、宝山区、嘉定区的大部分高校校区聚类为一个大型组团，其他7个组团的分布与各区的大学城的分布具有较高的重合度，这些组团大多以区内的头部高校为核心，校区相互之间的地理位置较为邻近。

为了对比分析各组团的数量特征和空间特征，研究对平均度中心性和平均联系度进行描述性统计，度中心性反映发生联系的个数，联系度可反映联系总量。表3显示在特征强度上，网络中表现最强的组团是组团4（松江组团）和组团5（临港组团），这类组团的特点是小而精，空间上表现出局部的高度聚集，校区间地理邻近性强，说明这两处大学城的建设已经取得了初步的成效，社区的发育已经较为成熟。发育情况一般的社区有组团1（中心区组团）、组团2（浦东组团）和组团3（闵—奉组团）。中心区组团的特点是大而弱，在地理分布上横跨浦西七区、宝山区、嘉定区，虽然占有57.6%的校区数量，但是度中心性和联系度的值都不高，组团内既存在网络中的核心节点，也存在边缘节点。浦东组团的特点是散而弱，地理分布上较为分散，度中心性和联系度的值都不高。闵—奉组团的特点是散而强，以上海

表3 上海高校社区聚类结果表
Tab.3 Community clustering results of Shanghai university campuses

组别	组团名称	校区个数	占比	度中心性				联系度				发育情况
				平均值	标准差	最大值	最小值	平均值	标准差	最大值	最小值	
1	中心区组团	72	57.6%	31	25	94	2	809	1521	8342	2	一般
2	浦东组团	20	16.0%	22	14	55	2	181	167	675	4	一般
3	闵—奉组团	9	7.2%	27	33	90	3	7582	14 220	33 906	3	一般
4	松江组团	9	7.2%	43	15	66	25	19 860	23 683	77 390	128	成熟
5	临港组团	5	4.0%	41	17	59	14	28 960	29 710	62 217	2171	成熟
6	华贤组团	4	3.2%	26	15	43	11	5693	4710	11 406	112	不成熟
7	上交医学院组团	3	2.4%	32	23	54	8	2518	2126	3974	78	不成熟
8	上组组团	3	2.4%	11	2	12	8	1182	942	1744	94	不成熟

交通大学闵行校区、华东师范大学闵行校区为核心节点，组内校区分散在闵行区、金山区、奉贤区三个区。发育不成熟的组团包括奉贤区的组团6（奉贤组团）、黄浦区的组团7（上交医学院组团）、浦东新区的组团8（上纽组团）。这类组团的特点是小而弱，组内校区数量很少，在空间布局上未能融入周边发展相对较成熟的组团。如奉贤组团未能融入松江组团，上交医学院组团未能融入中心区组团，上纽组团未能融入浦东组团。产生异常隔离的原因可能与这些组团内高校的特殊性质有关，如上海交通大学医学院与其他综合类、专业类院校的联系较少，而上海纽约大学是中外合作办学的民办高校，与公办高校之间的联系较少。

（三）网络影响因素分析

为了进一步探究影响高校联系网络特征的因素，本文分别对网络节点的特征和网络边的特征进行常规最小二乘法（OLS）回归。在网络的节点方面，分别以高校校区的点联系度、高校校区网络中心性为因变量，将办学层次（是否为985/是否为211/是否为市属本科）、校区面积和校区数量作为自变量。办学层次代表高校教育水平和等级；校区面积和同一高校所拥有的校区数量在一定程度上可以反映办学规模。在网络的边方面，以高校校区间联系度为因变量，将校区质心间的距离作为自变量。由于在组团划分结果中，外环线内外的高校表现出不同的组团形态和规模特征，因此以上海市外环线为地理分界标准，将所有校区间联系分为外环内校区联系、跨外环校区联系、外环外校区联系。

表4显示在0.001的显著度水平下，校区面积与联系度和三个中心性均呈现显著正相关，且t值均较大，说明校区面积是影响节点联系度和三类中心性的最重要因素。985高校这一属性对程度中心性、接近性中心性、中介性中心性都有显著的积极作用，说明头部高校是网络中各个维度上的中心，有效发挥了龙头带动作用。211高校、市属本科高校对度中心性、接近性中心性有显著积极作用，但对于中介中心性的影响不显著，说明相较于头部高校而言，第二、第三层级的高校在扮演网络中"桥梁"角色时的优势微弱。

表5显示距离是影响校区间联系度的一个因素。距离的回归系数为负数，说明随着距离的增加，校区间的联系度减小，校区间的联系具有距离衰减效应。分组来看，对于外环内高校和外环外高校，回归模型均在0.001的水平下显著。距离的回归系数为负数，说明随着距离的增加，校区间的联系度减小，说明同处于外环内和同处于外环外的高校校区间的联系具有距离衰减效应。对于存在跨外环联系的高校来说，回归模型不显著，说明在存在跨环出行的时候，人们可能不在意空间距离的远近，出行的目的性更强。从四个回归模型的结果来看，整体校区联系、外环内校区联系和外环外校区联系都受到距离衰减效应的影响，而跨外环的

表4 网络节点特征回归结果
Tab.4 Regression results of network node characteristics

影响因素	联系度	度中心性	接近中心性	中介中心性
985 高校（否为参照）	1 767.636	25.399***	0.000*	74.245*
t	（0.428）	（3.429）	（1.988）	（2.358）
211 高校（否为参照）	-1 708.262	27.869***	0.000*	43.390
t	（-0.456）	（4.149）	（2.104）	（1.520）
市属本科（否为参照）	3 282.732	12.046**	0.000**	30.799
t	（1.421）	（2.909）	（2.690）	（1.750）
校区面积（m²）	0.015***	0.000***	0.000***	0.000***
t	（6.823）	（7.125）	（3.620）	（6.117）
校区数量	-331.606	-1.115	-0.000	-4.482
t	（-0.710）	（-1.334）	（-1.828）	（-1.261）
常量	-530.583	13.397***	0.003***	42.307*
t	（-0.242）	（3.407）	（39.589）	（2.531）
N	125	125	125	125
r^2	0.312	0.470	0.209	0.330
r^2_a	0.28	0.45	0.18	0.30

注：* 表示在0.05水平下显著，** 表示在0.01水平下显著，*** 表示在0.001水平下显著。

表5 网络边特征回归结果
Tab.5 Regression results of network edge characteristics

影响因素	整体	外环内	跨外环	外环外
距离（m）	-0.008***	-0.005***	-0.000	-0.041***
t	（-3.71）	（-4.73）	（-1.41）	（-3.60）
常量	308.797***	76.418***	26.506**	1 756.003***
t	（5.05）	（7.31）	（3.23）	（4.67）
N	1873	754	821	298
r^2	0.007	0.029	0.002	0.042
r^2_a	0.01	0.03	0.00	0.04

注：* 表示在0.05水平下显著，** 表示在0.01水平下显著，*** 表示在0.001水平下显著。

校区联系不受距离衰减效应的影响。这与本文基于网络划分的高校校区组团结果具有一致性，表明在上海市高校网络中，先以市区/郊区为分界线形成组团；在组团内部，地理位置越邻近的高校间联系越强。

三、结论与启示

本文聚焦于上海城市街区创新空间营造问题，关注上海高校间的网络关系特征和格局，探索高校之间的网络特征是否和空间上的集聚格局相关。研究基于复杂网络分析理论，运用手机大数据，来测量高校之间的到访联系特征，因为人群的移动是街区创新活动组织的基本形态[2]。通过网络特征和影响因素分析，研究发现：

（1）上海头部高校联系分层结构不明显。在中心性方面，上海交通大学闵行校区是网络中最重要的节点，同时具有程度、接近、中介的三维高中心性，但是其他三所985高校均未在网络中表现出明显的中心优势。

（2）上海市高校目前已经形成"1+1+6"的组团结构。以外环线为分界，可以大致划分为环内的1个大型组团和环外的1个中型组团、6个小型组团。各个组团的校区数量分布不均衡，发育程度的两极化趋势明显，规模最大的组团占据一半以上的校区数量。

（3）校区面积和办学层次是影响节点重要程度的因素。在组团内部，地理位置越邻近的高校间联系越强，在空间上表现出以头部高校为核心聚集。

世界经验显示高校对于城市微观尺度下创新空间的作用越发重要，上海市建设具有全球影响力的科技创新中心，需关注如何发挥上海高校资源在空间上溢出效应和带动作用，基于研究发现有以下几点建议：

（1）发挥龙头高校带动作用。目前在四所头部高校中，上海交通大学的带动作用较强，而同济大学、复旦大学、华东师范大学对其他高校的带动作用不显著。需要强化这三所高校在网络中的核心地位，充分发挥头部高校的辐射带动作用，围绕核心高校因地制宜制定发展战略，加强整体创新合作联系。

（2）优化高校组团结构。为了强化创新集聚空间，形成"多足鼎立"的创新格局，需要在规划层面对大学城布局模式进行系统性优化，推动创新空间格局往高效、均衡、成熟的方向发展。

一是做优。目前规模最大的城市中心区高校集群，地理位置分散，特色不明显。需要在功能联系的基础上进一步细分，围绕核心高校节点，打造有特色的环核心高校集群，做优做强，形成中心城区多足鼎立、融合发展的创新空间格局。

二是融入。目前郊区化的大学城布点模式不利于强创新集聚空间的形成。在分散的大学城布局模式下，高校校区往往在局部形成规模极小、发育不佳的弱组团，组团与组团之间由于地理位置的偏远而缺乏组间联系。对于地理距离相近、但功能距离疏远而形成的异常"弱弱"组团，如上海纽约大学组团、上海交通大学医学院组团，需要在功能上融入周边的"强强""强弱"组团，进一步挖掘其与周边组团之间的创新协作互动潜力，以实现区域创新合作成片成网发展。

三是增强。对于组内高校数量多但是联系不强的组团，需要在兼容周边弱组团的基础上，进一步加强跨院校的空间互动与协作，提高创新交流的机会和频率，增强创新集群优势。

（3）做好高校创新空间引领和支撑工作。双一流大学是科学研究和知识创造的重地。既有研究表明，知识溢出具有显著的距离衰减效应[32]，地理位置的临近可以加速创新扩散。不同类型、不同级别的院校应当充分利用地理临近性所带来的知识溢出效应，把握自身的差异化优势，提高在创新合作中的独立性和不可替代性。对于头部高校实施针对性的政策引导，使之成为地区的创新集聚中心，并带动相邻地区的发展。加强部署院校和地方院校之间的联动关系，打开创新扩散效应的接收端，实现高校创新圈"无界"的创新联系。

（4）优化城市创新空间体系和布局。目前上海的科创空间仍然是大规模的科技园的集群模式，而西方的创新空间在空间类型体系上更为多元和复杂，呈现出去中心化的特征，小规模的城市创新空间给城市发展和更新带来了活力和动力。因此，城市科创空间布局规划上需要结合高校地理空间网络的特征，信息流、知识流等数据互为补充，进一步吸收高校创新的溢出效应[33]。

本研究尚存在一定的局限性。受数据源的限制，本文选取的手机数据为一个月内的联通手机用户出行信令数据。因此，可能存在研究时间区间具有特殊性、个例性，不能全面反映高校间人群流动的年均水平的问题；可能存在为解决一人多机、不同市场占有率的数据壁垒，对手机信令数据进行扩样而产生的全局数据失真的问题。未来研究可考虑采用更长时间跨度、更多源运营商的手机信令数据刻画高校间人群流动特征，并辅以信息流、知识流等类型数据综合构建上海市高校间创新联系网络，更全面地认知高校创新网络特征，进而更好地为上海市创新圈层的营造提供支持。**研**

参考文献 REFERENCES

[1] 李凌月, 罗瀛, 张啸虎. 城市科技创新空间发展、影响因素与规划策略探讨：上海科创中心建设思考[J]. 上海城市规划, 2021 (5): 72-76.
[2] 李迎成, 朱凯. 创新空间的尺度差异及规划响应[J]. 国际城市规划, 2022, 37 (2):1-6.
[3] 王伟, 朱小川, 梁霞. 粤港澳大湾区及扩展区创新空间格局演变及影响因素分析[J]. 城市发展研究, 2020, 27 (2): 16-24.
[4] 王越, 王承云. 长三角城市创新联系网络及辐射能力[J]. 经济地理, 2018, 38 (9): 130-137.
[5] 李健, 屠启宇. 全球创新网络视角下的国际城市创新竞争力地理格局[J]. 社会科学, 2016 (9): 25-38.
[6] 吴志强, 陆天赞. 引力和网络：长三角创新城市群落的空间组织特征分析[J]. 城市规划学刊, 2015 (2): 31-39.
[7] 张永波, 张峰. 基于企业投资数据的京津冀科技创新空间网络研究[J]. 城市规划学刊, 2017 (S2): 72-78.
[8] 吴家权, 谢涤湘, 李超骕, 等. 知识创新与技术创新网络空间结构的演化特征：基于"流空间"视角的粤港澳大湾区案例研究[J]. 城市问题, 2021(4): 12-21.

[9] 许劼, 张伊娜. 基于跨城人流布局的都市圈识别与空间网络模式研究: 以长三角核心区为例[J]. 城市问题, 2021 (8): 24-35.
[10] 孙瑜康, 李国平, 袁薇薇, 等. 创新活动空间集聚及其影响机制研究评述与展望[J]. 人文地理, 2017, 32 (5): 17-24.
[11] 郑德高, 袁海琴. 校区、园区、社区: 三区融合的城市创新空间研究[J]. 国际城市规划, 2017, 32 (4): 67-75.
[12] 顾洁, 胡雯, 马双. 云计算产业空间格局、集聚模式与创新效应研究[J]. 科学学研究, 2022, 40 (4): 619-63.
[13] 赵佩佩, 刘彦, 杨驹. 杭州创新空间集聚规律与布局模式研究[J]. 规划师, 2021, 37 (5): 67-73.
[14] CASTELLS M. The network society[M]. Cheltenham, UK: Edward Elgar Londres, 2004.
[15] MATSUMOTO H. International urban systems and air passenger and cargo flows: some calculations[J]. Journal of Air Transport Management, 2004, 10 (4): 239-247.
[16] CARROLL W K. Global cities in the global corporate network[J]. Environment and Planning A, 2007, 39 (10): 2297-2323.
[17] 金钟范, 张广. 中国城市科技创新网络结构特点研究: 基于高水平论文合作网络的分析[J]. 城市与环境研究, 2016 (1): 29-48.
[18] 高爽, 王少剑, 王泽宏. 粤港澳大湾区知识网络空间结构演化特征与影响机制[J]. 热带地理, 2019, 39 (5): 678-688.
[19] 杨延杰, 尹丹, 刘紫玟, 等. 基于大数据的流空间研究进展[J]. 地理科学进展, 2020, 39 (8): 1397-1411.
[20] GONZALEZ M C, HIDALGO C A, BARABASI A-L. Understanding individual human mobility patterns[J]. Nature, 2008, 453 (7196): 779-782.
[21] PALMER J R, ESPENSHADE T J, BARTUMEUS F, et al. New approaches to human mobility: using mobile phones for demographic research[J]. Demography, 2013, 50 (3): 1105-1128.
[22] AHAS R, SILM S, JÄRV O, et al. Using mobile positioning data to model locations meaningful to users of mobile phones[J]. Journal of urban technology, 2010, 17 (1): 3-27.
[23] JÄRV O, AHAS R, WITLOX F. Understanding monthly variability in human activity spaces: a twelve-month study using mobile phone call detail records[J]. Transportation Research Part C: Emerging Technologies, 2014, 38: 122-135.
[24] JÄRV O, MÜÜRISEPP K, AHAS R, et al. Ethnic differences in activity spaces as a characteristic of segregation: a study based on mobile phone usage in Tallinn, Estonia[J]. Urban Studies, 2015, 52(14): 2680-2698.
[25] XIAO Y, WANG D, FANG J. Exploring the disparities in park access through mobile phone data: evidence from Shanghai, China[J]. Landscape and urban planning, 2019, 181: 80-91.
[26] 杨兴柱, 顾朝林, 王群. 南京市旅游流网络结构构建[J]. 地理学报, 2007 (05): 609-620.
[27] FREEMAN L C. Centrality in social networks conceptual clarification[J]. 1978, 1 (3): 215-239.
[28] BRANDES U. A faster algorithm for betweenness centrality[J]. The Journal of Mathematical Sociology, 2001, 25 (2): 163-177.
[29] JAVED M A, YOUNIS M S, LATIF S, et al. Community detection in networks: a multidisciplinary review[J]. Journal of Network and Computer Applications, 2018, 108: 87-111.
[30] NEWMAN M E, GIRVAN M. Finding and evaluating community structure in networks[J]. Physical review E, 2004, 69 (2): 026113.
[31] BLONDEL V D, GUILLAUME J L, LAMBIOTTE R, et al. Fast unfolding of communities in large networks[J]. Journal of statistical mechanics: theory and experiment, 2008(10): 10008.
[32] 侯纯光, 杜德斌, 史文天, 等. 世界一流大学空间集聚对研发密集型企业空间布局的影响: 以美国为例[J]. 地理研究, 2019, 38 (7): 1720-1732.
[33] 王垚, 钮心毅, 宋小冬, 等. 人流联系和经济联系视角下区域城市关联比较: 基于手机信令数据和企业关联数据的研究[J]. 人文地理, 2018, 33 (2): 84-91.

图片来源 CREDITS FOR PHOTOGRAPHS

作者自绘

作者简介 ABOUT THE AUTHOR(S)

罗淮英 LUO Huaiying
同济大学建筑与城市规划学院城乡规划系, 硕士研究生, 上海 200092
Department of Architecture and Urban Planning, Tongji University, Postgraduate, Shanghai 200092

李曼雪 LI Manxue
同济大学建筑与城市规划学院城乡规划系, 硕士研究生, 上海 200092
Department of Architecture and Urban Planning, Tongji University, Postgraduate, Shanghai 200092

肖扬 XIAO Yang
通信作者, yxiao@tongji.edu.cn, 同济大学建筑与城市规划学院城乡规划系, 上海市城市更新及其空间优化技术重点实验室, 副教授, 上海 200092
Corresponding Author, yxiao@tongji.edu.cn, Department of Architecture and Urban Planning, Shanghai Key Laboratory of Urban Renewal and Spatial Optimization Technology, Tongji University, Associate Professor, Shanghai 200092

上海城市创新网络结构韧性演化研究

A Research on the Structural Resilience Evolution of Urban Innovation Network in Shanghai

李艺伟　王承云　刘　波　杨苏琪　LI Yiwei　WANG Chengyun　LIU Bo　YANG Suqi

摘要 ABSTRACT

本文通过借鉴复杂网络指标，使用熵值法确定节点城市创新韧性值，结合2017—2020年专利授权数据构建创新网络结构韧性演化评价模型，将上海市作为研究对象，分析城市创新网络结构韧性的演化特征。结果表明：① 2017—2020年上海城市创新网络的节点韧性分布是以"闵行—浦东"为强韧性核心，向"闵行—浦东—嘉定"延伸，最终形成以"闵行—浦东—嘉定—松江"为强韧性核心的节点韧性格局；② 城市创新网络结构层级性呈现出不明显的分异现象，核心区县组群基本稳固，在匹配性上呈现出异配特征，在集聚性上呈现出随外界环境变化而产生波动的现象，传输性上符合地理邻近效应；③ 2017、2018、2019、2020年上海城市创新网络具备强度不一的"韧性网络"特征，另外，在创新网络具体形态特征方面存在差异。

By referring to the index of complex network, the entropy method was used to determine the innovation resilience value of node cities. Based on the data of patent authorization from 2017 to 2020, the evolution evaluation model of innovation network structure resilience was constructed. Shanghai was taken as the research object to analyze the evolution characteristics of urban innovation network structure resilience. The results show that: ① the node resilience distribution of Shanghai urban innovation network changed from "Minhang-Pudong" as the core of resilience to "Minhang-Pudong-Jiading", and then to "Minhang-Pudong-Jiading-Songjiang". ② The structure of urban innovation network shows no obvious differentiation phenomenon in hierarchy, and the core county group is basically stable, showing the characteristics of mismatch in matching, and the phenomenon of fluctuation with the change of external environment in agglomeration, and the transmission conforms to the effect of geographical proximity. ③ Shanghai urban innovation network in 2017, 2018, 2019 and 2020 is a kind of "resilience network", but the strengths and specific morphological characteristics of the network are different.

关键词 KEYWORDS

城市网络　创新网络　结构韧性　上海
urban network　innovation network　structural resilience　Shanghai

2021年1月，上海市人民政府发布了《上海市国民经济和社会发展第十四个五年规划和二〇三五年远景目标纲要》，确立了上海在"十四五"时期提升关键核心技术竞争力、打造产业高质量发展新动能的目标。技术创新是支撑上海经济腾飞的内生动力。上海紧跟科技创新的脚步，有志于建设具有全球影响力的科技创新中心，目前上海已经成为长三角创新网络乃至全国创新网络中关键的节点。

在全球化、金融危机以及产业链更迭布局及高校间创新能力存在差异等多变环境与危机冲击下，创新网络系统愈加呈现出非线性、不确定性特征[1,2]。而韧性作为一种新颖的、注重整体动态性和非线性的研究范式，为创新网络有效应对各种危机与挑战、维持区域创新潜力、保持和提高创新能力提供了新的发展理念与研究角度。随着上海逐渐上升为具有影响力的科创中心城市，加快区域内部创新要素的自由流动、发挥区域创新协同作用，组织各区创新功能联动、放大经济溢出效应，针对上海市创新网络抵御各方冲击的能力研究是本文的应有之义。

韧性，也被称作"弹性""复原力"。这一概念首次在工程领域被提出，生态学家首先将韧性概念引入生态学研究[3]，后又延伸至社会学、经济学、地理学、城市规划等范畴，韧性这一概念和有关理论得以深化。韧性被部分学者定义为区域空间的属性，是能够预估冲击大小，之后自身采取相应的行动和措施进行"保护"，来减轻冲击带来的后续影响，是一种在威胁突发情况下快速反应和恢复的能力，从而使区域处于不轻易被打破的平衡状态[4]。创新网络是城市网络中重要的组成部分，深刻影响着城市的高素质人才流动和经济发展，创新网络结构是创新网络在区域空间上的布局方式，涵盖构建创新网络中各级创新节点的分布、数量、排列、集聚性以及创新连线的数量、强度等[5]。结合创新网络结构和韧性的概念，可以得到创新网络结构韧性所研究的内容，即在受到外部威胁或影响之下，创新网络中节点、各节点间形成的连线抵抗恢复、适应调整、控制转型的能力。

国内外学者关于网络韧性的研究聚焦在以下方面：一是关于网络韧性概念的认知，韧性跳出结构工程学的研究框架，学者将其引入网络中，普遍认为网络韧性强调网络中相互联系的各组分之间所体现的韧性特征[2,3]；二是基于关联演化、协同治理或协同创新的视角对网络韧性进行研究[4-6]；三是关于网络韧性的应用方向，区域经济网络韧性[7,8]、城市网络韧性[9,10,12]、产业网络的韧性评估[13,14]等成为学者研究的热点领域。如何对某一网络的韧性进行测度，不同学者使用的方法也不尽相同，彭翀等[9,15]借助复杂网络理论、社会网络分析方法及工具对城市的分支网络（经济、信息及交通）进行测度；徐维祥等[6]基于网络的拓扑关系，构建了网络节点、结构及群落三个层次分析了长三角的创新网络韧性特征；吕彪等[14]通过定性描述及构建性能指标对地铁网络实现了测度，并使用遗传算法求解模型最大韧性策略。

在当前地理学研究中，正处于由经济地理学中"演化转向"向区域研究中"演进韧性"的转变[23]，与之相关的结构韧性逐渐成为网络研究的热点领域，从而获得学界普遍关注。本文基于这一现状，将上海市作为研究对象，通过利用专利授权数据生成的城市创新网络，进而建构城市创新网络结构韧性演化模型，以期为城市各类网络进行结构韧性的测度提供思路，同时，提升当前上海市区域内创新要素的组织性和流动性。

一、研究方法与数据来源

（一）研究区概况与数据来源

上海市位于华东地区的长三角城市群，是中国现有的四个直辖市之一，下辖黄浦、徐汇、长宁、静安、普陀、虹口、杨浦、宝山、闵行、嘉定、浦东、松江、金山、青浦、奉贤、崇明16区。2019年上海市实现生产总值38 155.32亿元，比上年增长5.95%，财政科技拨款占财政支出的4.94%，比上年增长0.55%。《中国区域科技创新评价报告2020》（中国科学技术发展战略研究小组编写）显示，在综合科技创新水平指数榜单中，上海连续三年排名第一；

表1 上海市各区间最短行车距离（km）
Tab.1 The shortest driving distance of each district in Shanghai

	黄浦	徐汇	长宁	静安	普陀	虹口	杨浦	闵行	宝山	嘉定	浦东	金山	松江	青浦	奉贤	崇明
黄浦	—	9.1	8.4	6.1	14.0	5.9	8.8	20.0	22.0	36.0	6.4	70.0	40.0	43.0	44.0	93.0
徐汇	9.3	—	6.7	11.0	12.0	14.0	16.0	12.0	30.0	36.0	15.0	64.0	31.0	40.0	37.0	103.0
长宁	8.3	5.7	—	3.4	5.5	11.0	13.0	17.0	27.0	30.0	14.0	69.0	36.0	38.0	42.0	99.0
静安	6.1	7.0	3.7	—	7.7	7.4	9.1	18.0	23.0	31.0	11.0	72.0	37.0	39.0	44.0	100.0
普陀	15.0	9.8	5.5	7.2	—	12.0	18.0	20.0	26.0	26.0	21.0	71.0	39.0	36.0	44.0	101.0
虹口	5.3	14.0	11.0	7.0	13.0	—	4.8	25.0	18.0	31.0	8.1	74.0	43.0	46.0	49.0	89.0
杨浦	7.6	16.0	14.0	9.8	18.0	4.8	—	27.0	20.0	36.0	5.5	77.0	45.0	48.0	49.0	86.0
闵行	21.0	11.0	16.0	17.0	19.0	25.0	27.0	—	42.0	38.0	26.0	53.0	20.0	34.0	24.0	116.0
宝山	24.0	31.0	27.0	23.0	27.0	18.0	21.0	41.0	—	26.0	25.0	94.0	63.0	61.0	67.0	93.0
嘉定	36.0	34.0	32.0	31.0	26.0	33.0	38.0	38.0	27.0	—	42.0	86.0	52.0	34.0	63.0	115.0
浦东	6.6	15.0	14.0	11.0	20.0	9.0	5.4	26.0	25.0	41.0	—	72.0	44.0	48.0	45.0	88.0
金山	73.0	63.0	70.0	70.0	71.0	78.0	78.0	54.0	94.0	84.0	73.0	—	41.0	60.0	29.0	168.0
松江	40.0	31.0	36.0	37.0	37.0	44.0	46.0	21.0	61.0	48.0	44.0	40.0	—	21.0	35.0	134.0
青浦	43.0	39.0	36.0	39.0	35.0	46.0	48.0	34.0	58.0	35.0	49.0	61.0	21.0	—	59.0	134.0
奉贤	46.0	35.0	35.0	44.0	43.0	50.0	49.0	24.0	66.0	62.0	45.0	29.0	38.0	59.0	—	137.0
崇明	93.0	103.0	103.0	98.0	104.0	91.0	87.0	114.0	97.0	117.0	88.0	169.0	136.0	135.0	137.0	—

在《2020 年全球创新指数报告》（世界知识产权组织发布）中，上海首次跻身全球科技城市集群榜单前十名，位列第九。

数据主要是表征上海市各区内创新能力的数据以及在创新网络中有相关联系的数据[20]。表征城市区内创新能力的数据主要来自《上海科技统计年鉴》及《上海市统计年鉴》，部分数据来源于上海市各区国民经济和社会发展统计公报；由于交通距离仍是各区创新实体实现创新联系的重要因素，且考虑目前各区的交通通达水平不一，公路仍是各区之间创新交流主要的交通方式，因此，各区之间相关创新联系表征数据使用高德地图中区间最短行车距离来衡量[16]。具体距离矩阵如表 1 所示。

（二）研究方法

目前，学者研究网络韧性使用的度量方法，主要是韧性指标体系构建、韧性代理及定性研究方法[7-10]。本文研究中拟采用构建创新网络韧性指标体系，通过社会网络分析中的度数中心度、接近中心度及中间中心度对上海市各区的创新网络的韧性进行评价，探究加权网络中节点韧性演化，通过四方面测度结果判定网络韧性类型，最后总结该创新网络韧性特征。

1. 城市创新网络构建

（1）创新网络节点韧性

在该指标体系中，表 2 中计算公式（1）中 a_{ij} 表示区域点 i 和其他区域的有效联系数量；

表 2　创新网络节点韧性指标体系
Tab.2　Indicator system of innovation network node resilience

准则层	指标层	计算公式		指标解释
抵抗与恢复能力	度数中心度 X_1	$C_D(C_i) = \dfrac{\sum_i a_{ij}}{n-1}$	（1）	与某节点直接相连的其他节点的个数，如果一个点与许多点直接相连，说明抵抗和恢复能力强
适应与调整能力	接近中心度 X_2	$C_C(C_i) = \dfrac{n-1}{\sum_{j \neq 1} d_{ij}}$	（2）	衡量节点重要性，一个节点与其相连节点间距离总和短，说明调整能力强
控制与转型能力	中间中心度 X_3	$C_B(C_i) = \sum_{i \neq j \neq l} \dfrac{D_{jl}(i)}{D_{jl}}$	（3）	处在许多交往网络路径上，该点具有较高的中间中心度，说明控制与转型的能力越强
本地知识基础	专利授权数量 X_4			本地知识基础好说明创新要素丰富，创新浓度高，依靠自身抵御外界威胁的能力强

公式（2）中 d_{ij} 指节点 i 与 j 之间的最短路径；公式（3）中，D_{jl} 表示连接区域点 i 的另外 2 个区域点 j 与 l 之间的最短路径，$D_{jl}(i)$ 为连接区域点 j 与 l 并通过节点 i 的路径。本文研究采用熵权法为四个指标赋予权重，加权计算得到上海各区的网络节点韧性。

2. 网络结构韧性演化评价模型

（1）网络结构韧性指标选取

选取网络结构韧性的指标，已有研究者从网络拓扑结构入手，通过各属性之间的差异进行整体韧性的测度。克雷斯波等[11]使用节点的层次结构级别和组合性级别这两个指标测度集群的反应和执行能力；彭翀、林樱子等[8,9]将层级性、匹配性、传输性、集聚性四方面的属性引入城市网络结构，对长江中游城市网络结构的韧性进行了探讨。通过借鉴前人的研究方法，本研究拟使用层级性、匹配性、传输性及集聚性 4 项指标表征创新网络结构的韧性，构建网络结构韧性评价模型（图1），最终计算演化水平。

① 层级性——度、度分布。通过应用位序—规模法则，将创新网络中各节点的度值对网络中的所有节点城市进行排序生成幂律曲线[9]，则创新网络的度分布公式：

$$k_i = C(k_i^*)^a \quad (4)$$

进一步取对数可得：

$$\log k_i = \log c + a \log k_i^* \quad (5)$$

式中，k_i 为节点 i 的度；k_i^* 表示节点 i 的度在网络中的位序排名；C 即常数项；a 是度分布的斜率，且 $a<0$。

② 匹配性——度关联。建构的网络之中，任一个节点都存在与其他节点直接相连的相邻节点（V_i）[19]。是故，对与节点 i 直接连接的所有相邻节点的度取平均值 $\bar{k}_i$：

$$\bar{k}_i = \frac{1}{k_i}\sum_{j \in v_i} k_j \quad (6)$$

式中，k_j 是与节点 i 相邻节点 j 的度；V_i 代表节点 i 所有相邻节点 j 的集合。

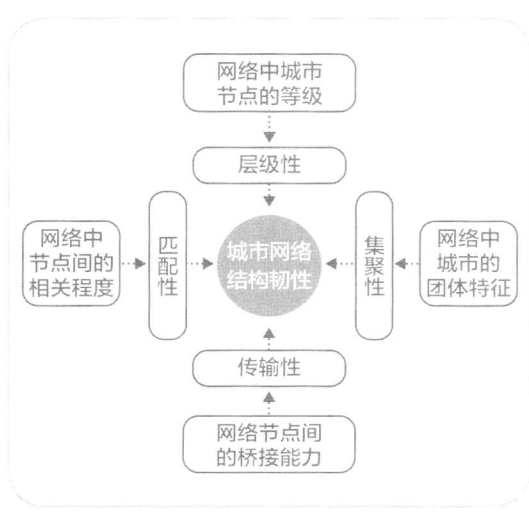

图1 城市网络结构韧性评价模型[8-10,15]
Fig.1 Resilience evaluation model of urban network structure

然后，对 k_i 与 $\bar{k}_i$ 之间采用线性关系估计：

$$\bar{k}_i = D + bk_i \qquad (7)$$

式中，D 即常数项；b 是度关联系数。假使 $b>0$，表明该网络具备同配性，即度正关联；若 $b<0$，说明该网络呈现异配性，为度负关联[21]。

③ 传输性——引力模型。将物理学中的万有引力模型引入经济地理学领域[16]，是测算各区域间空间相互作用强度的一种方法。公式如下，其中 S_A、S_B 代表 A、B 两地的节点韧性得分，距离参数 R 用表1中 A、B 两区最短行车距离表示。F 为两地之间的创新联系强度，G 是引力系数，通常取1。

$$F = \frac{GS_A S_B}{R^2} \qquad (8)$$

④ 集聚性——聚类系数。在一定程度上反映网络结构中的"小世界"效应[17]，展示节点与其邻居之间的嵌入关系。

一般使用局部聚类系数和平均聚类系数表征网络集聚程度。局部聚类系数是从单个节点角度，考察与其相邻节点连接的集聚性：节点 i 与其相连节点实际产生的边数与可能形成边数的比值[18]，即：

$$C_i = \frac{2E_i}{k_i(k_i - 1)} \qquad (9)$$

式中，k_i 是节点 i 的度，即节点 i 的邻居数；E_i 是节点 i 邻居间实际产生的边数。

平均聚类系数可以展现出节点与节点之间产生集聚和抱团的可能，平均聚类系数即利用所有节点局部聚类系数的平均值：

$$C = \frac{1}{n} \sum_i^n C_i \qquad (10)$$

（2）网络结构韧性类型判定

根据创新网络层级性、匹配性两个静态的指标特征，结合克雷斯波等[11]关于网络结构韧性的理论成果，具备韧性程度的网络被分为以下三类（表3）。

随机网络：结构层次单一，没有或者很少出现核心节点，而且核心节点相连节点数量较少，移除任一节点，对网络整体功能的发挥不会产生影响，因而有较强的抵抗来自网络外界干扰的能力。

表3 网络结构韧性类型
Tab.3 Resilience types of network structure

		随机网络	同配型核心—边缘网络	韧性网络
层级性	度分布	$|a|\approx 0$	$|a|>0$	$|a|>0$
匹配性	度关联	$b\approx 0$	$b>0$	$b<0$

同配性核心—边缘网络：在度分布上，斜率为正值（a>0），同时，网络结构上层次明显，连接方式多样化。但是，这种网络会出现边缘节点与核心节点联系不紧密的现象，节点与节点间可能会出现同质抱团现象（b>0），即同配性，协调性降低，在一定程度上产生区域锁定的问题，从而弱化网络抵抗外界冲击的能力，即韧性值降低。

韧性网络：通常度分布（a>0）为正值，且数值较大，但度相关为负（b<0），所以该种网络具备异配特征。一方面，度相关为负值说明网络中核心节点和边缘性节点之间产生连接的机会比较多，各种创新要素能够在核心—外围之间串联流动，点对点之间连线多，连接程度高，因此，在该网络中，核心节点具备一定的可替代性，随机缺失对网络整体的影响比较小，所以说具备一定抵御外界冲击的能力。另一方面，在韧性网络中，头部节点或组织利用在网络中的扩散和涓滴效应，将封闭与桥接模式相结合，将自身的优势或者有利资源拓展到边缘节点，边缘节点的发展也会弥补头部节点的不足。

二、创新网络结构韧性特征分析

（一）上海城市创新网络节点韧性测度结果

以上海市黄浦区为例，根据黄浦区在上海市网络中的度数中心度、接近中心度、中间中心度和专利授权数四个三级指标进行熵权赋值，分别得到2017—2020年创新网络节点韧性值为0.032、0.026、0.030及0.034，数值的变化说明每年的节点韧性处于波动状态，2020年韧性值最大，因此可以说2020年黄浦区在上海市创新网络四年间中，韧性最强，受外界影响下及时回应、抵抗和适应扰动的能力最强（表4）。

基于前文所建构的指标体系，熵权法进行赋权，计算得到上海城市网络节点韧性（表4）。总体上看，上海城市网络节点韧性在空间上呈现出异质性的分布格局，而且时间上是动

表4　2017—2020年上海城市创新网络节点韧性
Tab.4　Node resilience score of Shanghai urban innovation network during 2017—2020

城区	2017年	2018年	2019年	2020年
黄浦区	0.032	0.026	0.030	0.034
徐汇区	0.055	0.047	0.044	0.042
长宁区	0.019	0.020	0.021	0.018
静安区	0.026	0.024	0.023	0.022
普陀区	0.023	0.024	0.024	0.022
虹口区	0.017	0.015	0.014	0.013

续表 4　2017—2020 年上海城市创新网络节点韧性
Tab.4　Node resilience score of Shanghai urban innovation network during 2017—2020

城区	2017 年	2018 年	2019 年	2020 年
杨浦区	0.065	0.057	0.054	0.053
闵行区	0.114	0.113	0.111	0.110
宝山区	0.053	0.054	0.048	0.044
嘉定区	0.091	0.099	0.139	0.106
浦东新区	0.258	0.251	0.229	0.218
金山区	0.050	0.049	0.047	0.053
松江区	0.089	0.098	0.090	0.106
青浦区	0.049	0.052	0.050	0.054
奉贤区	0.056	0.060	0.057	0.081
崇明区	0.005	0.010	0.018	0.023

表 5　上海城市各区县节点韧性分级
Tab.5　Resilience classification of Shanghai urban nodes of districts

	低韧性 （0~0.025）	中低韧性 （0.025~0.05）	中韧性 （0.05~0.075）	中高韧性 （0.075~0.1）	高韧性 （0.1~∞）
2017 年	长宁区、虹口区、崇明区、普陀区	黄浦区、静安区、青浦区	徐汇区、杨浦区、宝山区、金山区、奉贤区	嘉定区、松江区	闵行区、浦东新区
2018 年	长宁区、静安区、普陀区、虹口区、崇明区	黄浦区、徐汇区、金山区	杨浦区、宝山区、青浦区、奉贤区	嘉定区、松江区	闵行区、浦东新区
2019 年	长宁区、静安区、普陀区、虹口区、崇明区	黄浦区、徐汇区、宝山区、金山区	杨浦区、青浦区、奉贤区	松江区	闵行区、嘉定区、浦东新区
2020 年	长宁区、静安区、普陀区、虹口区、崇明区	黄浦区、徐汇区、宝山区	杨浦区、金山区、青浦区	奉贤区	闵行区、嘉定区、浦东新区、松江区

态演进的。整理表 4 中上海各区韧性值，得到上海城市各区县节点韧性分级，如表 5 所示。2017—2020 年上海城市创新网络的节点韧性分布是以"闵行—浦东"为强韧性核心，向以"闵行—浦东—嘉定"延伸，最终形成以"闵行—浦东—嘉定—松江"为强韧性核心的节点韧性

格局。具体来看，2017 年创新网络节点中，最低韧性值为 0.005（崇明区），最高为 0.258（浦东新区），两者数字差值大，网络节点韧性值高于 0.075 的城区仅有嘉定、松江、闵行及浦东。统计结果表明，2017 年上海城市创新网络节点韧性结果偏低，加之各区网络节点韧性差值较大，一定程度上表明创新网络的整体协同性有待提升。2018 年创新网络节点韧性值较上一年变化幅度最大的是松江区，韧性值提升了 0.009，松江上升成为上海创新要素集聚的又一高地。

（二）上海城市创新网络结构韧性测度结果

1. 层级性

基于上海城市创新网络的度分布情况，2017—2020 年四个创新网络度分布拟合曲线斜率均呈负值，且差异不大（图 2），在此期间未发生差异性演化，因此在城市网络结构层级性，创新网络结构呈现出不明显的分异特征，说明核心区县组群基本稳固。

在创新网络层级性上，2017—2020 年表现为：2020>2017>2019>2018。2020 年，创新联

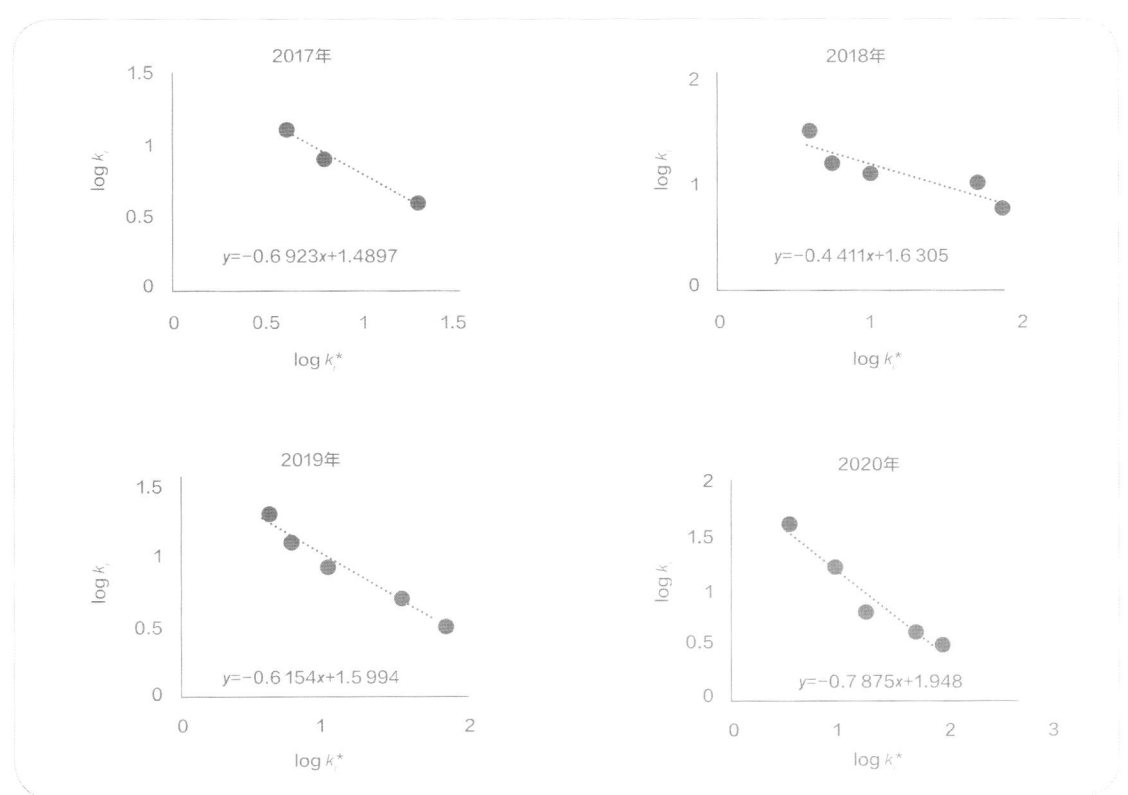

图 2　2017—2020 年上海城市创新网络度分布
Fig.2　Degree distribution of Shanghai urban innovation network during 2017—2020

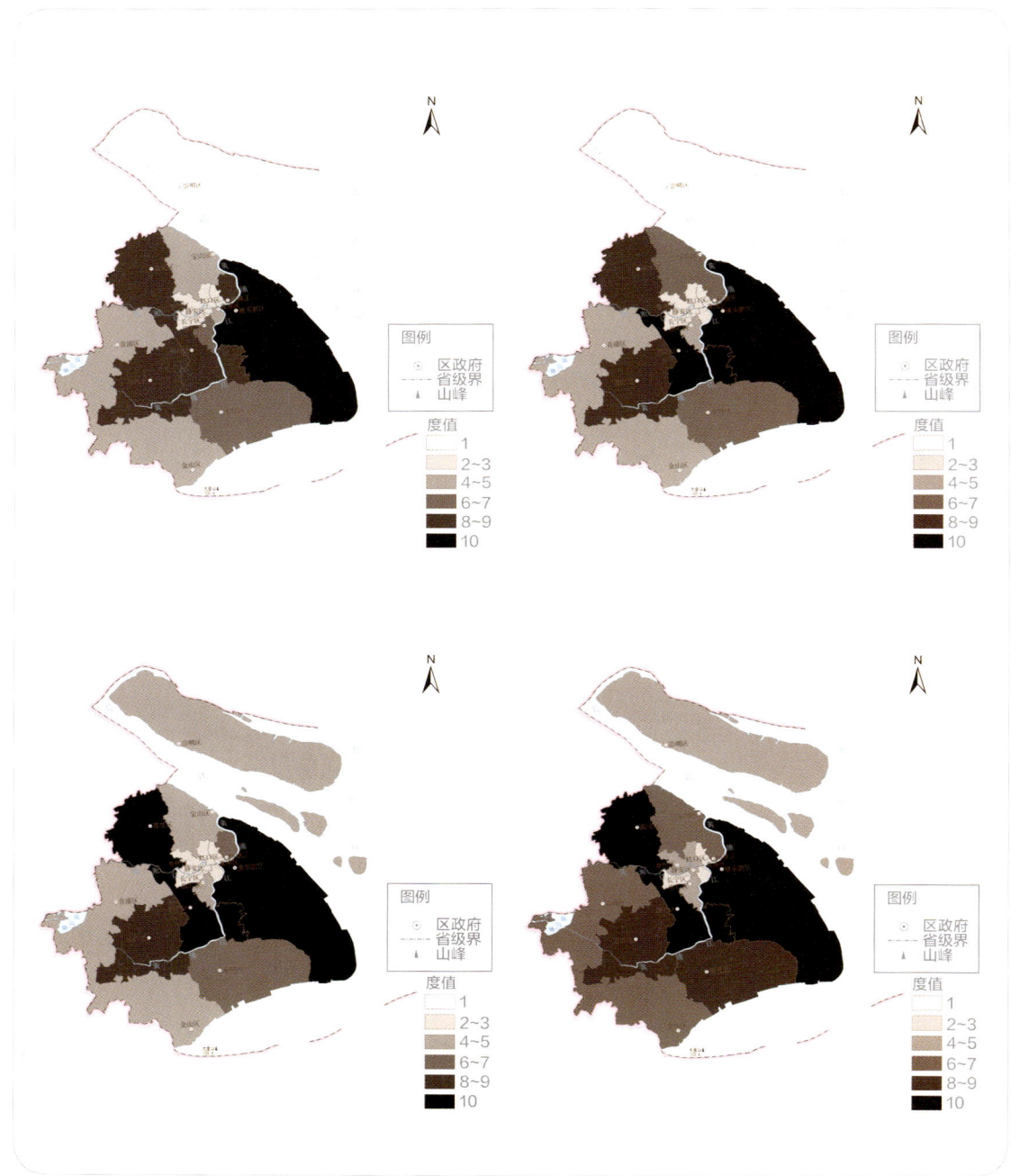

图3 2017—2020年上海城市创新网络度值的空间分布
Fig.3 Degree distribution of Shanghai urban innovation network during 2017—2020

系网络 |a| 值最大，为 0.787 5，说明该年份创新网络层级性表现最好，核心区县的地位最为突出；2018 年上海城市创新网络 |a| 值最小，为 0.441 1，表明这一年网络层级性最低，与市政府大力倡导全域创新的政策是密切相关的，使得核心区县地位下降。而到 2019 年，由于首位区县具备丰富的创新资源及其虹吸效应，致使创新高地区县地位开始回升，|a| 值取到了 0.615 4，2020 年初，创新要素的流动受到抑制，较难打破区与区之间的行政壁垒，从而造成该年度创新网络层级性最高、核心区县地位最突出的局面，同时，创新网络由区域的扁平化向区域立体化发展，就创新核心区县而言，其相应的创新网络韧性加强，但对于整体上海城市创新网络，易于形成创新要素集聚的马太效应，不利于上海创新网络结构韧性的提升。

从 2017—2020 年创新网络度值的空间分布变化来看，如图 3 所示，4 个年份网络中，各区创新网络度值都呈现逐步提升态势，浦东新区始终独占鳌头，闵行区、嘉定区及松江区三区作为次核心，其度值在不同年份网络中表现具有差异，形成了"一极多强"的度值分布格局。具体而言，2017—2020 年上海城市创新网络的核心为浦东新区及其周边地区，核心地位相对稳固，相比 2017 年，2018 年闵行区持续发力，成为毗邻浦东新区的度值核心区，杨浦区度值有所下降；2019 年嘉定区成为继浦东、闵行之后的创新网络空间第一层级区县。2020 年创新联系网络核心区范围扩大，辐射到与浦东新区西南邻接的奉贤区，但嘉定和闵行区的度值有所下降。2020 年整体度值得到一定的提升，其中 2—3 梯队的度值由 2019 年的四个区县降低到两个，崇明区在创新联系网络中的度值由 2017 年的最小值逐渐上升到 2020 年的第三度值梯队，在一定程度上说明边缘区县开始参与到创新联系中来。

2. 匹配性

度关联指数计算结果显示（表 6），上海城市创新网络呈现出异配特征。具体来看，2017—2020 年网络分别为 -0.093 3、-0.348 7、-0.326 4 及 -0.125 5，根据数值结果来看，2018 年和 2019 年具有网络联系扁平化趋势，也就是说，单个节点的度值，与其相联系的节点比较多，关系更密切，且呈现出负相关关系，在节点间连接上出现异质化、多元化现象，将会增加创

表 6 上海城市创新网络度关联指数
Tab.6 Degree correlation index of Shanghai city innovation network

年份	2017 年	2018 年	2019 年	2020 年
度关联指数	0.093 3	-0.348 7	-0.326 4	-0.125 5

新活动发生和外界信息交流的机会[9]。在克服路径依赖及摆脱区域锁定等潜在问题时,度关联指数高的年份能够强化核心节点和组群之间的联系,从而实现高效互联互通。在外界受到不确定性干扰时,有利于网络结构及时作出适应性的调整,使之向抵抗风险干扰的结构进行转变。相对而言,2017年度关联指数为-0.093 3,在一定程度上说明上海各区之间联系路径较为单一、同质抱团发展现象突出,2020年次之,该现象是其韧性能力受到抑制的主要原因。

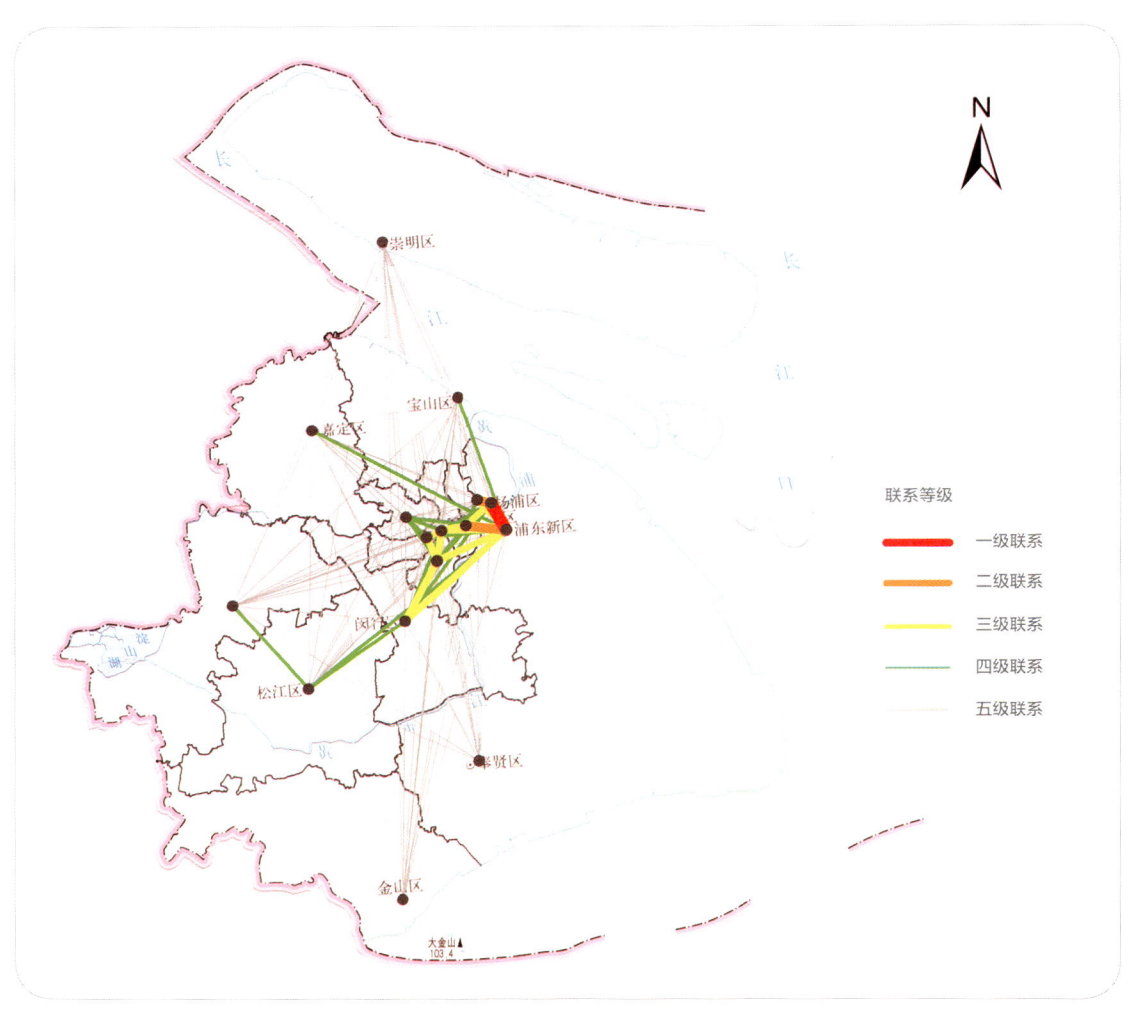

图4 2017—2020年上海城市创新联系空间分布
Fig.4 Spatial distribution of urban innovation linkages in Shanghai during 2017—2020

基于前文所用熵值法确定的节点韧性得分，以及得到的上海市各区最短行车距离矩阵，并确定上海各区政府所在地，根据引力模型公式，在 Excel 中进行数据处理，结合 ArcGIS 软件导出上海各区联系图，结果发现连续四年间上海城市内部空间联系变化较小，通过对 2017、2018、2019 及 2020 年创新网络空间联系分布所存在的共性现象进行提取，得到上海城市创新联系空间分布图（图4）。

根据 2017—2020 年上海城市创新联系空间分布图可以发现，一级联系作为联系强度最大的一条传输线，仅产生一条，存在于浦东新区和杨浦区之间的创新要素流动；其次是杨浦区—虹口区、浦东新区—黄浦区的二级联系；三级联系有 10 条，分别是浦东新区—闵行区、浦东新区—徐汇区、浦东新区—静安区、浦东新区—虹口区、杨浦区—黄浦区、黄浦区—静安区、静安区—长宁区、静安区—徐汇区、长宁区—徐汇区及徐汇区—闵行区。上海 16 区之间有四级联系 16 条，五级联系强度最小但数量最多。三级及三级以上较强的联系主要存在于上海市核心地区，表明上海核心城区间联系紧密，资金流、信息流、人才流及各种创新要素的流动畅通且频繁；联系强度越高，说明地区之间的流动性越好，联系发生次数多。五级联系在所有联系中占比较多，表明在上海城市网络中，还有比较大的发展空间，尤其是上海城市的边缘城区，诸如青浦区、金山区及奉贤区，五级联系向更高强度联系转化的过程，也就是网络节点之间的桥接能力逐级提升的过程。从区域联系的角度入手，可以发现联系强度级别较高的地区，是相近或者相邻的，因此符合地理邻近性的特点。

4. 集聚性

2017 年和 2018 年的平均聚类系数均在 0.4 左右（表7），说明在上海城市创新网络中有不足一半的节点城市，与其"邻居"城市发生联系，组成小集团，孤立节点或两个抱团联系现象比较多，网络的聚类效应不明显。根据图 5 看相应的网络形态，2017 年形成以黄浦区、徐汇区及杨浦区为核心的集聚团体，2018 年呈现出以浦东新区—杨浦区为核心集聚的网络形态。2019 年平均聚类系数为 0.644，有所提高，其集聚覆盖面有所扩大，至 2020 年，平均聚类系数达到了 0.762，而且在较不活跃的地区之间

表7 上海城市创新网络聚类系数
Tab.7 Clustering coefficient of Shanghai urban innovation network

年份	2017 年	2018 年	2019 年	2020 年
平均聚类系数	0.425	0.463	0.644	0.762

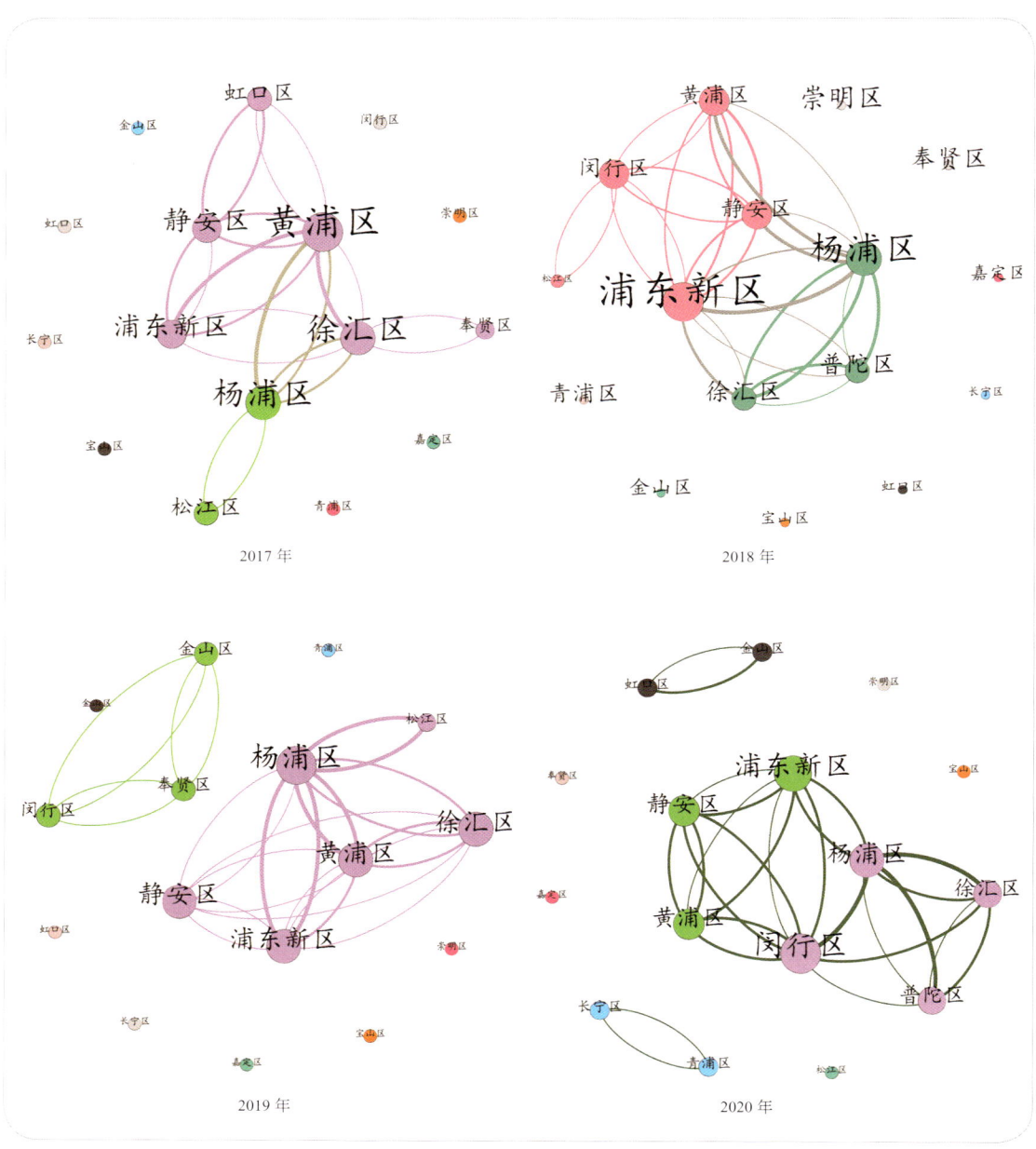

图 5 2017—2020 年上海城市创新韧性网络
Fig.5 Shanghai urban innovation resilience network during 2017—2020

也发生了联系。但是2017—2020年核心地区与上海其他地区的联系并不能全覆盖,更多的是与几个固定的地区之间的联系,而且缺乏非核心城市间的联动效应,即使这一情况在2020年有所好转,网络化状态还不能充分显现,网络化结构的优势也不能发挥到最大。基于韧性视角进行分析,城市作为一个各组分相互联系的整体,其聚集程度较高有利于小集团成员间信任氛围的产生和机会主义的减少;另外,处在网络中心的城市,如果与其邻接城市联系较少,将会增加与外部信息交流交换的机会,一定程度上提升网络抵抗外来扰动的"鲁棒性"[22]。

(三)网络结构韧性类型判定

根据网络结构韧性类型判别标准,对上海城市创新网络类型进行划分(表3)。由于2017—2020年城市创新网络度分布中$|a|>0$,且度关联中$b<0$,因此可以判定2017—2020年间上海城市创新网络归属于"韧性网络",但是在网络形态上存在特征差异,具体表现为总体联系相似(图4),局部形态模式异化(图5)。

三、结论与讨论

(一)结论

根据对已有相关理论及实证研究的梳理和总结,文章从城市创新网络要素入手,在网络的节点和结构两方面,基于已有研究的测度方法之上,细化了测度韧性值的实证方法,将地理临近性考虑到研究中,以上海市为研究对象,探究上海城市创新网络结构的本质和演化方向。本研究得到以下结论:

(1)2017—2020年上海城市创新网络的节点韧性分布呈现由以"闵行—浦东"为强韧性核心向以"闵行—浦东—嘉定",再向以"闵行—浦东—嘉定—松江"为强韧性核心的格局转变;

(2)在城市创新网络结构层级性上,上海呈现出不显著的分异现象,核心区组群基本形成,2020年创新联系网络$|a|$值最大,该年份创新网络层级性最高,核心区县的地位最为突出;在匹配性上呈现出异配特征,2018年上海市创新网络匹配性较强;在集聚性上呈现出随外界环境变化而产生波动的现象;传输性上,一级联系在浦东和杨浦之间,符合地理邻近效应;

(3)2017—2020年上海城市创新网络均属于"韧性网络",但其网络具体形态特征存在差异。

(二)讨论

后疫情时代下,关于城市创新网络结构韧性的探索对提高城市创新要素流动性和再分配具有一定的指导意义,特别是举足轻重的科创城市,内部网络的构建更需要韧性理论的加持,创新网络结构韧性是促进城市创新持续、稳定、深入的重要保障,织密创新网,打赢创新战,才能激发城市经济发展的动力和活力。

通过对上海城市创新网络结构韧性演化研究发现，虽然2017—2020年四年间城市创新网络的结构形态不同，可以发现网络逐渐趋于多元和相对成熟的状态。但是边缘性节点的发育还有待成熟，比如宝山、青浦、松江等地区，2017年提出、2021年上海市政府着力建设的上海"五大新城"这一实践正契合了增强网络边缘节点强度，进而增强上海市创新网络联系的目标。

但一味强化城市节点之间的联系不能提升城市网络结构的韧性[23]。在具体发展阶段，应当采取针对性的措施。在网络发育初期，着力增强全域网络连接的方法，小组团的韧性会显现出来；在创新网络形成后，重视网络结构韧性的发展，将其作为高质量科创城市发展的原则之一。对比已有研究成果，这一观点并非某一时刻得到的结论，而是基于结构韧性的演化视角提出的分析结果。

本文的研究，一方面能够为城市和区域创新资源的网络布局和优化提供一些借鉴，在一定程度上丰富了城市创新领域在网络结构和韧性方面的相关研究。同时，基于城市群、城市带的网络韧性已有丰硕成果，以某一地市的创新网络为对象研究相对较少，延伸了研究范围，但在影响城市创新网络韧性的具体因素方面，还有待学者的进一步探索。另一方面，从城市网络协同的角度来看，文章仅从知识流动的角度进行探讨，城市创新网络结构的韧性与人才流动、资金投入、信息扩散等方面有密切关系[24]，未来研究的方向需要综合考虑创新网络的联结因素，从而全面理解城市创新网络结构韧性的分异。研

参考文献 REFERENCES

[1] 朱华友, 李娜, 庄远红, 等. 危机冲击下长三角地区电子信息产业集群韧性特征及其影响因素 [J]. 地理研究, 2021, 40 (12): 3420-3436.
[2] 魏冶, 修春亮. 城市网络韧性的概念与分析框架探析 [J]. 地理科学进展, 2020, 39 (3): 488-502.
[3] 李艳, 陈雯, 孙阳. 关联演化视角下地理学区域韧性分析的新思考 [J]. 地理研究, 2019, 38 (7): 1694-1704.
[4] 罗黎平. 协同治理视角下的产业集群韧性提升研究 [J]. 求索, 2018 (6): 43-50.
[5] 徐维祥, 周建平, 周梦瑶, 等. 长三角协同创新网络韧性演化及驱动机制研究 [J]. 科技进步与对策, 2022, 39 (3): 40-49.
[6] 苏杭. 经济韧性问题研究进展 [J]. 经济学动态, 2015 (8): 144-151.
[7] 孙久文, 孙翔宇. 区域经济韧性研究进展和在中国应用的探索 [J]. 经济地理, 2017, 37 (10): 1-9.
[8] 彭翀, 林樱子, 顾朝林. 长江中游城市网络结构韧性评估及其优化策略 [J]. 地理研究, 2018, 37 (6): 1193-1207.
[9] 林樱子. 城市网络结构韧性评估及其优化策略研究 [D]. 武汉: 华中科技大学, 2017.
[10] 彭翀, 陈思宇, 王宝强. 中断模拟下城市群网络结构韧性研究: 以长江中游城市群客运网络为例 [J]. 经济地理, 2019, 39 (8): 68-76.
[11] CRESPO J, SUIRE R, VICENTE J. Lock-in or lock-out? How structural properties of knowledge networks affect regional resilience[J]. Social Science Electronic Publishing, 2012, 14 (1): 199-219.
[12] 俞国军, 贺灿飞, 朱晟君. 产业集群韧性: 技术创新、关系治理与市场多元化 [J]. 地理研究, 2020, 39 (6): 1343-1356.
[13] 王鹏, 钟敏. 产业集群网络、技术创新与城市经济韧性 [J]. 城市问题, 2021 (8): 63-71.
[14] 吕彪, 管心怡, 高自强. 地铁网络服务韧性评估与最优恢复策略 [J]. 交通运输系统工程与信息, 2021, 21 (5): 198-205+221.
[15] 彭翀, 袁敏航, 顾朝林, 等. 区域弹性的理论与实践研究进展 [J]. 城市规划学刊, 2015 (1): 84-92.
[16] 王承云, 沈泽洲. 江苏省城市综合创新竞争力时空联系研究 [J]. 华东经济管理, 2020, 34 (11): 9-17.
[17] 李建成, 王庆喜, 唐根年. 长三角城市群科学知识网络动态演化分析 [J]. 科学学研究, 2017, 35 (2): 189-197.
[18] 李科. 中国城际人口流动分布及城市网络分析研究 [D]. 上海: 上海师范大学, 2021.
[19] 李博, 曹盍. 基于涉海A股上市公司的中国沿海地区海洋经济网络结构韧性演化研究 [J]. 地理科学进展, 2022, 41 (6): 945-955.
[20] 史慧君, 王承云. 上海城市内部创新能力测度及区域差异分析 [J]. 城市学刊, 2020, 41 (1): 64-69.
[21] 王越, 王承云. 长三角城市创新联系网络及辐射能力 [J]. 经济地理, 2018, 38 (9): 130-137.
[22] 吕大刚, 宋鹏彦, 崔双双, 等. 结构鲁棒性及其评价指标 [J]. 建筑结构学报, 2011, 32 (11): 44-54.
[23] 谢永顺, 王成金, 韩增林, 等. 哈大城市带网络结构韧性演化研究 [J]. 地理科学进展, 2020, 39 (10): 1619-1631.
[24] 王智勇, 李瑞. 人力资本、技术创新与地区经济增长 [J]. 上海经济研究, 2021, 394 (7): 55-68.

图片来源 CREDITS FOR PHOTOGRAPHS

作者自绘。图3、图4底图来源于 https://www.tianditu.gov.cn/，审图号：GS（2019）3333号

作者简介 ABOUT THE AUTHOR(S)

李艺伟 LI Yiwei
上海师范大学环境与地理科学学院，硕士研究生，上海 200234
School of Environmental and Geographical Sciences, Shanghai Normal University, Postgraduate, Shanghai 200234

王承云 WANG Chengyun
通信作者，chengyun@shnu.edu.cn，上海师范大学环境与地理科学学院，教授，上海 200234
Corresponding Author, chengyun@shnu.edu.cn, School of Environmental and Geographical Sciences, Shanghai Normal University, Professor, Shanghai 200234

刘 波 LIU Bo
上海师范大学环境与地理科学学院，硕士研究生，上海 200234
School of Environmental and Geographical Sciences, Shanghai Normal University, Postgraduate, Shanghai 200234

杨苏琪 YANG Suqi
上海师范大学环境与地理科学学院，硕士研究生，上海 200234
School of Environmental and Geographical Sciences, Shanghai Normal University, Postgraduate, Shanghai 200234